알고리즘으로
철학하기

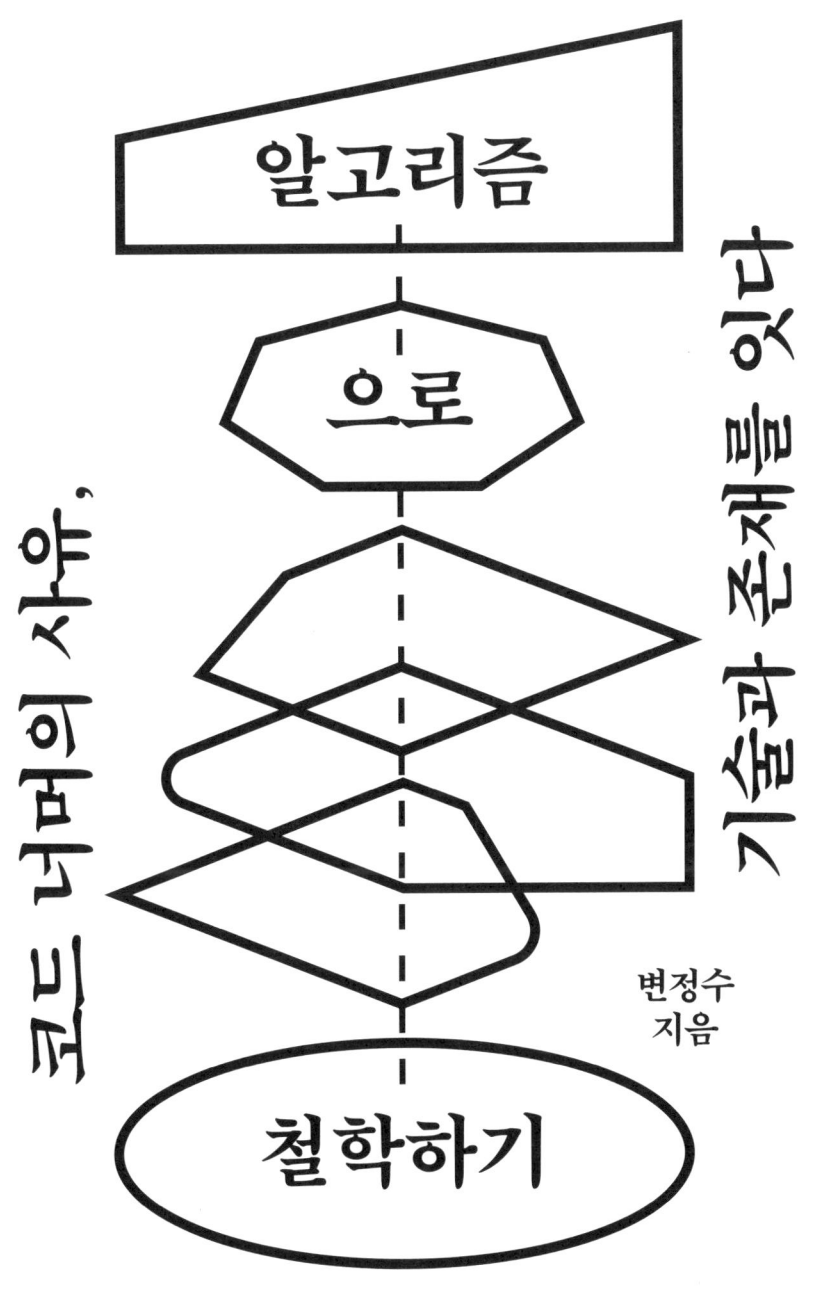

차례

들어가며 7

1부 ___ 왜 '알고리즘으로 철학하기'일까?

1장 | 알고리즘의 두 얼굴 13
2장 | 고대, 바빌로니아·이집트 문명과 알고리즘의 유래 17
3장 | 고대, 동아시아의 문제 해결 방식 23
4장 | 중세, 이슬람 세계의 체계적인 문제 해결 방법 34
5장 | 근대, 수학과 논리를 통한 알고리즘의 체계화 44
6장 | 현대, 컴퓨터과학의 발전과 알고리즘의 역할 58

2부 ___ 알고리즘 용어 이해하기

1장 | 표상과 데이터 구조 85
2장 | 언어와 의미 91
3장 | 제어 구조와 반복문 97
4장 | 재귀와 자기참조 104
5장 | 유형과 제네릭 프로그래밍 111
6장 | 언어와 알고리즘 118

3부 ___ 알고리즘 용어로 철학 개념 잡기

1장 | 탐욕 알고리즘과 도구적 합리성 137
2장 | 병렬 처리와 다원성 143
3장 | 재귀 알고리즘과 재귀성 149
4장 | 분할정복 방식과 분석적 사고 157
5장 | 백트래킹과 귀류법 163
6장 | 그래프와 네트워크 사유 168
7장 | 유전자 알고리즘과 자유의지 혹은 결정론 177
8장 | 엔트로피와 오토포이에시스 185
9장 | 확률 알고리즘과 우연성 194

4부 ____ 알고리즘으로 철학하기

1장 | 구문분석 알고리즘과 언어철학   205
2장 | 패턴 인식 알고리즘과 게슈탈트 이론   212
3장 | 강화학습과 경험주의   221
4장 | 범죄 예측 알고리즘과 정의론   229
5장 | 베이즈 알고리즘과 과학적 추론   236
6장 | 객체지향프로그래밍과 객체지향 철학   251
7장 | 에이전트 기반 모델링과 신유물론   264
8장 | 외부 메모리 관리 알고리즘과 기억의 외부화   274
9장 | GAN 알고리즘과 이드·자아·초자아   284
10장 | 추론 알고리즘과 온톨로지   295
11장 | 마스터 알고리즘과 전일론   307

5부 ____ 우리가 선택하지 않은 미래, 알고리즘 사회

1장 | 맞춤형 광고 알고리즘과 프라이버시 제로 사회   323
2장 | 블랙박스 알고리즘과 블랙박스 사회   332
3장 | 데이터 자본주의의 핵심 도구로서의 알고리즘   339
4장 | 알고리즘의 힘과 플랫폼 자본주의   348
5장 | 테크노퓨달리즘, 알고리즘이 만든 새로운 종속 구조   354

나오며   362

참고문헌   366
찾아보기(용어)   369
찾아보기(인명)   372

일러두기

1. 주요 개념과 용어는 명확한 의미 전달을 위해 필요한 경우에 한해 원어나 한자를 병기했다. 외국 인명은 국립국어원 외래어 표기법과 용례를 따라 표기했고, 가독성을 위해 본문에서는 한글로만 표기하고 "찾아보기"에 영문을 병기했다.
2. 책 제목은 《 》, 잡지·보고서·드라마·영화 제목은 〈 〉, 신문기사·논문·시·그림·노래 제목 등은 " "로 표기했다.
3. 국내 출간된 해외 도서의 경우 맨 처음 나올 때에 한해 괄호 안에 국내 출판사와 국내 출간연도를 표기했다. 국내 미출간 도서는 원어를 적절히 해석해 표기하고 맨 처음 나올 때만 첨자로 원서 제목을 적었다.

들어가며

　철학은 오랜 세월 동안 인간의 존재, 인식, 그리고 현실에 대한 근본적인 질문들을 탐구해 왔습니다. '나는 누구인가?' '세계는 무엇인가?' '우리는 어떻게 존재를 이해할 수 있는가?'와 같은 본질적 물음들이 그 중심에 있었습니다. 그러나 현대에 이르러 철학은 인간 중심적 사고의 틀을 넘어서기 시작했습니다. 기술이 인간의 사고와 행동, 그리고 세계와의 관계를 근본적으로 재구성하면서 철학은 인간과 비인간, 기술과 자연, 객체와 네트워크의 복잡한 상호작용을 탐구하는 방향으로 확장되고 있습니다. 많은 현대 철학자들은 기술, 인간, 그리고 자연이 서로 얽히고 영향을 주고받는 방식을 분석하며, 이를 기반으로 새로운 존재론과 인식론을 제시하고 있습니다. 인공지능, 자동화, 빅데이터, 알고리즘이 철학적 사유의 중심 주제로 떠오른 오늘날, 이러한 변화의 메커니즘을 이해하고 현대 철학의 논의를 온전히 따라가기 위해서는 IT 지식이 필수적입니다.

특히 알고리즘은 현대 사회를 조직하고 구조화하는 핵심 원리입니다. 알고리즘은 인간의 사고방식, 행동 양식, 사회적 관계를 결정짓는 새로운 존재론적 토대가 되고 있습니다. 이러한 흐름에 발맞추어 전통적인 철학적 주제들도 IT 기술의 발전과 함께 새롭게 재해석되고 있습니다. 인식론에서는 지식의 생성과 확산이 알고리즘에 의해 어떻게 변형되는지를, 존재론에서는 디지털 세계와 물질적 세계 사이의 경계가 어떻게 흐려지고 재구성되는지를, 그리고 윤리학에서는 인공지능의 자율성과 도덕적 책임이라는 새로운 문제를 다루고 있습니다. 가상 현실 속에서 자아 개념은 어떻게 변화하는가? 인공지능은 과연 도덕적 주체가 될 수 있는가? 데이터는 진실을 대체할 수 있는가? 이러한 질문들이 오늘날 철학적 탐구의 최전선에 자리하고 있습니다.

이런 흐름은 결코 새로운 것이 아닙니다. 근대 철학의 기틀을 세운 프랜시스 베이컨과 르네 데카르트가 그 시대의 새로운 과학기술을 철학적 사유의 중심에 두었던 것처럼, 현대 철학 역시 컴퓨터과학과 IT 기술을 매개체로 세계와 인간을 이해해야 합니다. 베이컨이 실험과 경험을 통해 지식의 확장을 꿈꾸었고, 데카르트가 수학적 사유를 통해 세계를 이해하려 했던 것처럼, 우리는 이제 알고리즘과 데이터를 통해 인간과 세계를 탐구하는 새로운 도구를 발견하게 되었습니다. IT 기술은 철학적 분석 도구로서 비판적 사유의 새로운 가능성을 열어주고 있습니다.

이 책은 다음과 같이 구성되었습니다. 서론 격인 "1부 왜 '알고리즘으로 철학하기'일까?"에서는 인간과 알고리즘에 대한 간략한 역사를 기술했습니다. 알고리즘은 컴퓨터과학에서 주로 사용되지만 그 배경은 수학입니다. 그래서 약간의 수식과 알고리즘, 그리고 간단한 프로그래밍 코드가 추가되었지만 최대한 이해하기 쉽게 쓰려고 했습니다. "2부 알고리즘 용어 이해하기"에서는 이 책 전반에서 사용되는 알고리즘의 가장 기초적이면서 근본적인 개념과 프로그래밍 언어에 관해 소개합니다. 계산에 대한 다양한 개념과 상호 상관성을 미리 파악하고 읽기를 권합니다. "3부 알고리즘 용어로 철학 개념 잡기"에서는 알고리즘의 기본 용어들을 철학의 주요 개념들과 대조하며, 알고리즘 접근방식이 철학의 사유방식이나 이론과 어떻게 연결될 수 있는지 살펴봅니다. 알고리즘이 철학의 문제를 명료하게 설명하는 방식에 집중하여 논의를 전개합니다. "4부 알고리즘으로 철학하기"에서는 알고리즘을 철학 사상과 연결하여, 각각의 알고리즘이 철학적 이론을 어떻게 설명하고 새로운 해석 가능성을 열어주는지 구체적 사례를 통해 알아봅니다. 마지막 "5부 우리가 선택하지 않은 미래, 알고리즘 사회"는 알고리즘이 현대 사회를 어떻게 재구성하고 있는지 대표적 사례와 그 철학적 함의를 살펴보며 알고리즘 사회의 본질에 대한 논의로 마무리합니다.

이 책은 순서대로 읽기를 권장하지만, 반드시 처음부터 끝까지 차례대로 읽을 필요는 없습니다. 각 부는 독립적으로 구성되어 있어 어느 주제부터 접근해도 전체적 흐름을 이해할 수 있습니다. 또 일부 중복되는 설명이 등장할 수 있습니다. 반복해 등장하는 개념은 그만큼 핵심적이라는 의미이므로 이를 불필요하다고 생각하기보다는 한 번 더 정리하고 사유할 기회로 삼기를 바랍니다.

우리는 알고리즘과 함께하는 시대를 살고 있습니다. 알고리즘은 우리 삶을 조직하고, 사회를 재구성하며, 인간과 자연의 관계를 새로운 방식으로 연결합니다. 그렇기에 알고리즘을 비판적으로 성찰하고 철학적으로 탐구하는 일은 우리 시대에 반드시 필요한 과제입니다. 이 책은 알고리즘이라는 도구를 통해 철학적 사고의 지평을 확장하려는 시도입니다. 또한 연구공동체 '수유너머 파랑'에서 진행된 "알고리즘으로 철학하기"라는 동명의 세미나를 통해 이러한 생각을 더욱 확신하게 된 여정의 기록이기도 합니다. 세미나에 참여해 같이 공부한 많은 분께 특히 감사드립니다.

아무쪼록 알고리즘이라는 도구를 통해 기술과 철학의 경계를 가로지르는 여정을 즐기시기 바랍니다.

구기동에서
변정수

1부

왜 '알고리즘으로 철학하기'일까?

1장

알고리즘의 두 얼굴

파르마콘으로서의 알고리즘

'알고리즘으로 철학하기'는 21세기 기술 혁명과 철학적 사유가 만나는 지점에서 알고리즘의 체계적인 사고방식을 철학 개념에 적용하기 위한 시도입니다. 소크라테스의 대화법으로부터 칸트의 순수이성비판에 이르기까지, 철학은 인간 사고의 본질을 탐구하며 인류 지성사에 중요한 역할을 해왔죠. 그리고 디지털 시대에 접어들면서 인공지능, 빅데이터, 알고리즘 같은 기술 개념들이 철학의 전통적 질문들을 새로운 방식으로 사유할 것을 요구하고 있습니다. 이런 접근법을 효과적으로 활용하려면 전문성이 요구됩니다. 철학과 컴퓨터과학 모두에 대한 깊은 이해가 필요하죠. 요즘은 내 손 안의 컴퓨터인 '스마트폰'과 24시간 함께하기에 상당한 수준의 IT 지식을 가진 사람이 많습니다. '알고리즘으로 철학하기'라는 접근 방식이 가능한 이유이기도 합니다.

이 책을 쓰는 동안 복잡한 사회 현상이나 철학 사상을 알고리즘과 연결하는 과정에서 중요한 요소를 간과하지 않는 데 가장 주의를 기울였습니다. 과도한 단순화로 인해 본래 의미가 왜곡되거나 핵심 맥락이 누락될 위험이 있기 때문입니다. 알고리즘을 객관적 도구로 보는 시각도 있지만, 실제로는 개발자의 가치관이나 데이터 편향성에 영향을 받아 윤리적인 문제가 발생할 수 있다는 시각 또한 상존합니다. 이러한 편향성은 철학적 분석에도 부정적인 영향을 미치며, 알고리즘의 결정이 공정하지 않을 가능성을 키우는 요인이 되기도 합니다. 하지만 알고리즘의 편향성을 극복하는 방법 역시 존재합니다. 철학적 사유와 윤리적 성찰을 통해 알고리즘이 더 투명하고 공정하게 작동할 수 있도록 만드는 것이죠. 알고리즘의 구조적 한계나 편향성을 논의하는 철학적 사고 훈련은 알고리즘을 정교하게 다듬고, 더 나아가 그 사회적 책임성을 높이는 중요한 역할을 할 수 있습니다.

여느 기술과 마찬가지로 알고리즘은 파르마콘적인 성격을 지니고 있습니다. 파르마콘pharmakon은[1] 그리스어로 '독'과 '약'을 동시에 뜻하는 단어로,

[1] 플라톤의 《파이드로스》에서 처음 등장한 개념으로, 글쓰기를 논의하는 과정에서 언급된다. 소크라테스는 글쓰기를 '기억을 돕는 약'으로 칭송하면서도 기억력을 약화시키는 '독'으로 비판한다. 자크 데리다는 저서 《산종》(Dissemination)에 실린 에세이 "플라톤의 약국"(Plato's Pharmacy)에서 플라톤의 《파이드로스》를 정밀하게 분석하며 서구 사상체계에 내재된 음성중심주의(phonocentrism)를 비판적으로 드러낸다. 데리다는 플라톤이 말하기와 쓰기의 상호 연관성을 암묵적으로 인식하고 있었음을 지적하며, 말하기를 쓰기보다 우위에 두는 로고스중심주의(logocentrism)의 기원을 플라톤의 텍스트에서 추적한다. 데리다는 플라톤의 철학이 말하기를 진리와 이성의 본질적 매개로 간주하면서, 쓰기를 열등하거나 부차적인 것으로 여기는 관념을 내포하고 있음을 밝혀낸다. 그러나 이러한 음성중심주의는 플라톤의 텍스트 내부에서도 모순을 드러내며, 오히려 말하기와 쓰기 간의 관계가 단순히 위계적이지 않음을 보여준다고 데리다는 주장한다. 이를 통해

철학자 자크 데리다가 이 개념을 깊이 탐구했죠. 알고리즘은 그 자체로 도구일 뿐 어떻게 사용하느냐에 따라 결과가 달라집니다. 그동안 전통적 철학 연구는 주로 텍스트 분석, 역사적 맥락 이해, 그리고 논리적 추론에 초점을 맞추었습니다. 철학자들의 저서를 읽고 그들의 사상을 해석하며, 역사적 배경과 사회적 영향 등을 고려하면서 말이죠.

AI 시대의 철학, 알고리즘과 윤리적 사유의 필요성

'알고리즘으로 철학하기'는 철학 개념을 명확하고 체계적으로 분석하는 데 초점을 둡니다. 알고리즘의 논리적 구조를 활용해 복잡한 철학적 문제를 세분화하고, 그 해결책을 단계적으로 도출하는 방식이죠. 이 방식은 철학과 과학기술을 융합하여 복잡한 문제를 해결하는 데 유용합니다. 특히 컴퓨터과학, 물리학, 인공지능 등 다양한 분야의 지식과 철학적 사고를 결합하여 더 넓은 관점에서 문제를 바라볼 수 있습니다.

알고리즘으로 철학을 해야 하는 중요한 이유 중 하나는 인공지능 윤리와 밀접한 관련이 있습니다. 알고리즘의 편향성과 책임성에 대한 철학적 논의를 통해 보다 윤리적인 알고리즘을 개발할 수 있기 때문입니다. 최근 천재 컴퓨터과학자 스티븐 울프램의 인터뷰 기사에서 AI가 넘쳐나는 시대에 왜 고전철학이 필요한지 역설한 바 있습니다. 울프램은 AI 개발 회사 관

데리다는 서구 철학 전반에 뿌리 깊이 자리 잡은 로고스중심주의의 한계를 폭로하고, 텍스트의 복잡성과 다의성을 재해석하려는 해체적 접근을 제시한다.

계자들과 소크라테스 대화법으로 난상 토론을 벌인 후 경영진과 개발자 모두 '아무 생각 없음'에 큰 충격을 받았다고 하죠. 그래서 지금은 여러 대학의 철학과 학생들을 대상으로 강연을 한다고 합니다. 'AI가 세상을 지배한다면, AI가 인류에게 어떻게 행동하기를 원하는가?' 'AI 시대에 정치철학이란 어떤 의미인가?', 이런 물음들을 통해 플라톤이 물었던 근본적인 질문으로 되돌아가서 다시 시작하자고 말합니다. 컴퓨터과학의 최전선에 있는 울프램이 철학과 기술, 특히 철학과 컴퓨터과학 간의 연관성을 보고 있습니다. 이것은 AI 개발에 관한 질문을 수학이나 컴퓨터과학의 문제로만 다루기보다 철학적 접근이 보다 중요하다는 것을 철학자가 아닌 컴퓨터과학자가 역설적으로 말해주는 것입니다.

알고리즘을 활용한 철학을 본격적으로 논의하기에 앞서 인간과 알고리즘에 대한 역사를 간략히 살펴보겠습니다. 알고리즘은 컴퓨터가 등장하면서 널리 알려진 개념이지만, 그 본질은 인간 역사만큼 오래되었습니다. 고대부터 축적되어 온 지혜의 산물로서 그 흔적은 수천 년 전 고대 이집트와 바빌로니아의 수학에서부터 발견됩니다. 고대인들은 이미 복잡한 계산을 체계적으로 해결하는 방법을 알았고, 그러한 방법들이 오늘날 알고리즘이라는 이름이 붙여지기 전부터 이미 인간의 사고와 손끝에 깊이 새겨져 있던 것이죠. 그럼 이제 4천 년 전 고대 이집트 문명으로 떠나보겠습니다.

2장

고대, 바빌로니아·이집트 문명과 알고리즘의 유래

파피루스에 기록된 인류 최초의 알고리즘

고대 바빌로니아와 이집트 문명에서는 수학적 계산을 위한 절차적인 방법이 이미 사용되고 있었습니다. 이집트의 '린드 수학 파피루스'Rhind Mathematical Papyrus에는 기하학적 문제와 해결 방법이 기록되어 있는데, 이 문서에 담긴 문제들은 일종의 알고리즘을 적용한 것으로 볼 수 있습니다. 바빌로니아에서도 복잡한 계산과 방정식을 풀기 위한 절차적 방법이 사용되고 있었고요.

파피루스에 기록된 계산 방법들은 특정 문제에 국한되지 않으며, 다양한 상황에 적용할 수 있는 보편적 절차임을 알 수 있습니다. 가령 주어진 길이를 가진 도형의 면적을 구하는 방법은 도형 종류에 상관없이 동일한 절차를 통해 풀 수 있도록 구성되어 있죠. 이런 보편적 규칙과 절차를 따르는 문제 해결 방식은 알고리즘의 중요한 특징 중 하나입니다. 알고리즘이 다양한 문제에 반복적으로 적용될 수 있는 체계로 구성된다는 점에서, 파피루스에 기록된 계산 방식은 일종의 알고리즘으로 볼 수 있습니다.

이 파피루스에 기록된 인류 최초의 알고리즘을 알아볼까요? 이집트인들의 빠른 곱셈 방법은 '이진 곱셈법'이라고도 불리며, 덧셈과 두 배씩 차례대로 계산하는 매우 간단하면서도 효율적인 방식이었죠. 13×12를 계산하려면 먼저 곱할 숫자 중 하나인 12를 오른쪽에 적고, 그 수의 두 배(24), 네 배(48), 여덟 배(96) 등을 차례로 계산해 나갑니다. 그리고 왼쪽에는 각 배수를 나타내는 1, 2, 4, 8 등의 숫자를 순서대로 기록합니다. 파피루스는 제한된 도구와 계산 방법으로 문제를 풀어야 했기 때문에, 가능한 한 효율적인 방법을 사용해 계산을 단순화하려 했죠. 이러한 계산 방식은 알고리즘의 목표 중 하나인 효율성과도 일맥상통합니다. 단계별로 규칙을 따르는 방식은 문제가 커지거나 복잡해지더라도 비교적 쉽게 해결할 수 있게 만들어줍니다. 이제 나머지 곱할 숫자(13)를 이진수 형태로 분해합니다. 13은 8+4+1로 쓸 수 있으므로, 왼쪽 열에서 8, 4, 1에 해당하는 오른쪽 값을 선택합니다. 마지막으로, 선택한 오른쪽 값들을 더해 최종 곱셈 결과인 96+48+12=156을 구합니다.

유클리드 알고리즘, 기하학에서 알고리즘으로

유클리드의 《원론》은 고대 그리스의 수학적 사고 체계를 정립한 책으로, 기하학적 원리와 논리를 기반으로 한 알고리즘의 탄생을 잉태한 기념비적 저작이라 할 수 있습니다. 이 작품은 기하학적 원리와 논증을 통해 알고리즘으로 문제를 해결하는 기본 구조를 설명하는데, 여기에 기술된 절차들은 논리적 사고의 발전은 물론 철학적 논증 구성에도 많은 기여를 했습니다. 이를 잘 보여주는 대표 사례가 바로 바뤼흐 스피노자의 윤리학, 즉 《에티카》입니다. 원제는 *Ethica ordine geometrico demonstrata*로, 직역하면 '기하학적 순서에 따라 증명된 윤리학'이라는 뜻입니다. 제목에서도 드러나듯, 스피노자는 유클리드의 기하학적 논증 방식을 철학적 체계에 적용하려 했습니다. 아이디어를 공리로 선언하고 개념을 정의한 뒤, 이를 통해 명제를 연역적으로 도출하는 구조였는데, 이러한 논리 구조 자체가 스피노자 철학을 과학적이고 체계적으로 설명하려는 시도라고 할 수 있습니다.

유클리드는 정의definition, 공리axiom, 명제proposition를 체계적으로 제시하며, 각 명제를 증명하기 위한 논리적 단계들을 설명하는데, 지금의 알고리즘 사고와 유사한 방식으로 단계적 절차를 정의하고 논리적으로 문제를 해결합니다. 유클리드는 먼저 개념을 정의하고 그다음에 공리를 설정한 다음 각각의 명제를 증명하는데, 코딩을 시작하기 전인 알고리즘 설계 단계에서 데이터를 어떻게 정의하고 처리할지를 결정하는 과정과 비슷합니다. 공리는 증명 없이 받아들여지는 기본 규칙인데, 알고리즘에서는 이 공리가 주어진 입력 데이터나 기본 조건에 해당할 수 있죠. 유클리드는 이런 공리를 바탕으로 명제를 하나씩 논리적으로 증명해 나가는데, 알고리즘도 이렇게 이전 단계의 결과를 활용해 다음 단계를 처리하며 문제를 해결하는 방식으로 진행됩니다. 또 유클리드의 논증 방식은 알고리즘의 재귀적 구조와도 잘 맞아떨어집니다. 복잡한 문제를 작은 문제로 나누어 단계적으로 해결해 나가는 알고리즘처럼, 유클리드도 각 명제를 이전 명제의 논리적 결과를 바탕으로 증명하면서 점진적으로 더 복잡한 문제들을 해결해 나갑니다. 문제를 작은 단계로 나누고 체계적으로 접근하는 방식은 알고리즘의 본질이기도 하죠. 유클리드의 수학적 논증 과정은 현대적인 알고리즘 사고방식의 전형이라고 할 수 있습니다.

유클리드의 작업에서 중요한 점은 반복적 접근입니다. 명제를 증명하는 과정에서 각각의 단계는 이전의 단계에 의존하며, 결과적으로 재귀적 절차가 만들어집니다. 이런 전개 과정은 오늘날 알고리즘이 재귀적recursive 또는 반복적iterative 구조를 통해 문제를 해결하는 방식이기도 합니다.

유클리드 알고리즘은 두 수의 최대공약수를 구하는 방법으로 《원론》에 등장하는 알고리즘입니다. 역사적으로 최초의 체계적 알고리즘 중 하나로, 알고리즘의 개념과 발전에 있어 중요한 기념비적 의미를 지닙니다. 두 수 a와 b의 최대공약수를 찾기 위해 나머지 연산자를 사용합니다. 알고리즘의 핵심은 한 수를 다른 수로 나누고, 이 과정을 나머지가 0이 될 때까지 반복한다는 거죠. 이때 나머지가 0이 되는 단계에서 나누는 수가 바로 a와 b의 최대공약수입니다.

수학적으로 표현하면 다음과 같이 표현되는데요. 초반부터 수학식이 나와서 다소 부담스러울 수 있지만, 과정 자체는 직관적이고 단계적이어서 눈으로 과정을 따라가기만 해도 이해할 수 있습니다.

1. $a = bq_1 + r_1$
2. $b = r_1 q_2 + r_2$
3. $r_1 = r_2 q_3 + r_3$
4. 반복적으로 계속하여, $r_{n-1} = r_n q_{n+1}$

이 수식은 최대공약수를 구하는 과정으로 두 수를 계속 나누면서 나머지를 구하는 방식을 수식으로 표현하고 있습니다. 이 방법을 단계별로 설명해 볼게요. 첫 번째 단계에서 큰 수 a를 작은 수 b로 나눕니다. 이때 몫은 q_1이고, 나머지를 r_1이라고 합니다. 수식으로는 $a=bq_1+r_1$로 표현됩니다. 두 번째 단계에서는 a 자리에 b, b 자리에 r_1을 넣고 다시 나눕니다. 그러면 새로운 몫 q_2와 나머지 r_2가 나옵니다. $b=r_1q_2+r_2$로 표현되죠. 세 번째 단계도 앞의 r_1 자리에 r_2를 넣고, 계속해서 같은 방식으로 나눗셈을 반복합니다. 수학식으로는 $r_1=r_2q_3+r_3$처럼 표현되겠죠? 이 과정을 계속 반복하여 나머지 r이 0이 될 때까지 계속 나눗셈을 합니다. 마지막 단계는 나머지가 0이 되는 단계고, 나머지가 0이 되기 바로 직전의 값이 두 수의 최대공약수 GCD가 됩니다. 즉, 더 이상 나눌 수 없을 때, 마지막으로 나온 나머지가 두 수를 나눌 수 있는 가장 큰 공통된 수라는 뜻이죠.

이젠 알고리즘 형태로 표현해볼까요? 알고리즘 이름을 '유클리드 알고리즘'(a, b)이라고 하겠습니다.

유클리드 알고리즘(a, b)

입력: 두 정수 a와 b (a > b)

출력: a와 b의 최대공약수(GCD)

1. 시작

2. 만약 b = 0이면:

   a. a를 반환(이때 a가 GCD)

3. 그렇지 않으면:

   a. a를 b로 나눈 나머지 r을 구한다.

b. a에 b의 값을 할당하고, b에 r의 값을 할당한다.

c. 2단계로 돌아간다.

4. 끝

수식보다는 쉽게 이해할 수 있지만 여전히 쉽지는 않습니다. 알고리즘을 시작하기 위해 a와 b, 두 수를 준비합니다. 여기서 a가 b보다 큰 수라고 가정합니다. 그런 다음 큰 수를 작은 수로 나눕니다. 즉 a를 b로 나누어 나머지를 구합니다. 이때 나머지를 r이라고 합니다. 만약 나머지 r이 0이면, 이때 b가 최대공약수^{GCD}가 됩니다. 나머지 r이 0이 아니면, 계속 진행합니다. 그 다음 새로운 두 수로 바꾸는데요. 이번에는 a에 b의 값을 넣고, b에는 r의 값을 넣습니다. 이 과정을 계속 반복합니다. 다시 a를 b로 나누어 나머지를 구하고, 나머지가 0이 될 때까지 반복합니다. 최종 결과로서 나머지가 0이 되는 순간의 b 값이 두 수의 최대공약수가 됩니다.

이를 간단한 의사 코드^{pseudocode}로 표현할 수도 있습니다. 의사 코드는 특정 프로그래밍 언어에 종속되지 않고, 알고리즘을 이해하기 쉽게 설명하기 위해 사용하는 일종의 가짜 코드입니다. 즉, 의사 코드는 실제 프로그래밍 언어로 작성된 코드가 아니라, 알고리즘이 어떤 방식으로 작동하는지 설명하기 위한 도구로만 사용됩니다. 앞서 설명한 유클리드 호제법을 의사 코드로 표현하면 다음과 같습니다.[2]

---

[2] 프로그래밍에서는 쿠리어(Courier)체와 같은 고정 폭 글꼴을 사용하는데, 그 이유는 코드의 가독성을 높이고 작업을 효율적으로 만들기 때문이다. 쿠리어체는 모든 글자가 동일한 너비를 가지는 글꼴로, 이를 통해 코드의 각 문자가 일정한 간격으로 정렬된다. 특히 이 고정 폭 글꼴은 코드 작성 시 들여쓰기와 여백을 일관되게 유지할 수 있어, 코드의 논리 구조가 명확하게 드러난다. 이를 통해 복잡한

```
GCD(a, b)
  while b ≠ 0:
    r ← a mod b
    a ← b
    b ← r
  return a
```

우선 함수의 이름은 GCD이고, 두 개의 자연수 a와 b를 입력값으로 받습니다. 여기서 중요한 점은 b가 0이 될 때까지 특정 과정을 계속 반복하는 것입니다. 어떻게 이 과정을 반복하는지 살펴볼까요? b가 0이 아닌 경우 먼저 a를 b로 나눈 나머지를 구합니다. 이 나머지를 r이라고 부릅니다. 그러면 r = a mod b 이렇게 나머지를 계산할 수 있죠. 여기서 mod는 나머지 연산을 의미합니다. 그 다음으로 a의 값을 b로 바꾸고, b의 값은 방금 구한 나머지 r로 바꿔줍니다. 그래서 a ← b, b ← r 이런 식으로 값이 서로 교체되죠. 이제 이 과정을 b가 0이 될 때까지 계속 반복합니다. 반복이 끝나면, a의 값이 두 수의 최대공약수가 되겠죠. 그래서 최종적으로 a를 반환하면 ^{return} 됩니다. 여기서 while, mod, return 같은 표현은 특정 프로그래밍 언어에 종속되지 않고 알고리즘의 흐름을 쉽게 설명하는 데 사용됩니다. 프로그래밍을 잘 모르는 사람도 대략적인 절차를 이해할 수 있도록 만들어져 있습니다. 따라서 의사 코드는 복잡한 알고리즘을 사람들에

코드일수록 구조를 파악하기가 더 쉬워지며, 코드 블록의 시작과 끝이 한눈에 들어온다. 쿠리어체는 범용성이 높아서 텍스트 에디터와 통합 개발 환경(IDE)에서 기본 글꼴로 설정되어 있다.

게 쉽고 명확하게 전달하기 위한 설명 방식이라고 할 수 있습니다.

유클리드 알고리즘, 반복과 재귀를 통한 수학적 사고

이 의사 코드를 이해했다면 가장 많이 사용되는 프로그래밍 언어 중 하나인 파이썬으로 작성된 코드를 이해하는 것도 어렵지 않을 것입니다.

```
def gcd(a, b):
    while b != 0:
        r = a % b      # 나머지 계산
        a = b          # a에 b 할당
        b = r          # b에 나머지 할당
    return a           # b가 0이 되었을 때, a가 최대공약수
```

파이썬 프로그램을 단계별로 설명해 보겠습니다. 우선 gcd 함수는 두 수 a와 b를 입력으로 받아서 시작합니다. 그다음 while b != 0:는 b가 0이 아닐 때까지 while 반복문을 실행한다는 의미입니다. 유클리드 알고리즘에서는 b가 0이 되는 시점에서 a가 최대공약수가 되기 때문이죠. 따라서 b가 0이 될 때까지 반복하면서 나머지를 계산해 나갑니다. r = a % b는 a를 b로 나눈 나머지를 r에 저장하라는 의미입니다. 이 연산에서 %는 나머

지 연산자로, a를 b로 나눴을 때 남는 값인 나머지를 구해줍니다. 예를 들면 a = 48이고 b = 18일 때, r = 48 % 18 = 12가 되겠죠? a = b, b = r 의 의미는 a에는 현재의 b 값을 넣고, b에는 방금 계산한 나머지 r 값을 넣으라는 명령입니다. 이렇게 하면 이제 다음 반복에서 이전의 b와 r을 가지고 같은 과정을 반복하게 됩니다. 이 과정은 점차 b가 0에 가까워지도록 하며, 반복을 거치면서 두 수의 최대공약수를 찾아갑니다. return a는 while 반복문이 종료되는 시점, 즉 b가 0이 되었을 때, 그때의 a 값을 반환하라는 return 의미입니다.

여기까지 잘 이해했다면 이제 난이도가 약간 높은 프로그래밍 기법인 재귀적 방식으로 작성해보겠습니다.

```
def gcd(a, b):
    if b == 0:
        return a              # b가 0이면 a가 최대공약수
    else:
        return gcd(b, a % b)  # b와 나머지(a % b)로 재귀 호출
```

앞의 파이썬 프로그램과 다른 부분만 부각시키면서 설명하겠습니다. gcd 함수의 첫 번째 단계에서는 종료 조건을 확인합니다. 즉, if b == 0: 조건문을 통해 b가 0인지 확인합니다. 만약 b가 0이라면, 현재 a의 값이 두 수의 최대공약수이므로 a를 반환합니다. b가 0이 될 때까지 계속해서 나머지 연산을 반복하기 때문입니다. else 절에서는 gcd(b, a % b)를 호출합니다. 이때 a % b는 a를 b로 나눈 나머지입니다. 이 재귀 호출을 통해

a와 b의 위치가 바뀌고, b가 새로운 a가 되며, a % b(즉, 나머지)가 새로운 b가 됩니다. 이렇게 새로운 a와 b로 gcd 함수를 호출하는 과정이 반복되며, 나머지가 0이 될 때까지 계산이 이어집니다. 이 재귀적 호출이 반복되는 동안 각 호출마다 b의 값이 줄어들고, 결국 나머지가 0이 되는 시점에서 종료 조건에 도달합니다. 이때 반환되는 a 값이 두 수의 최대공약수입니다. 마지막 호출에서 b가 0이 되면, 함수는 현재의 a 값을 반환하며, 그 값이 a와 b의 최대공약수로 결정됩니다.

그럼 while 반복문을 사용하는 방식과 재귀적 방식의 함수를 비교해볼까요? 이 재귀성은 컴퓨터과학뿐만 아니라 철학에서도 애용되는 개념이므로 좀 더 상세히 분석해볼까 합니다. 재귀적 방식의 gcd 함수는 자기 자신을 반복 호출하는 방식으로 문제를 단계적으로 해결해 나갑니다. 즉 b가 0이 아니면, 함수는 gcd(b, a % b)를 호출합니다. 이때 b를 새로운 a로, a % b를 새로운 b로 설정하여 다음 호출에 전달합니다. 이러한 과정이 반복적으로 수행되며, 각 호출이 새로 호출을 불러와 스택stack에 쌓이게 됩니다. 결국 나머지가 0이 되는 순간, 최종 호출에서 반환된 값이 두 수의 최대공약수가 됩니다.

재귀적 방식의 장점은 코드가 간결하고 수학적인 정의와 유사하여, 논리 구조가 직관적으로 이해되기 쉽다는 점입니다. 재귀는 함수가 자기 자신을 호출하는 방식으로, 문제를 작게 쪼개면서 해결해 나가는 과정이기 때문에 논리적 흐름이 명확하게 드러나서 코드가 간단하게 보입니다. 하지만 이 방식은 함수를 반복적으로 호출하는 특성 때문에 메모리를 많이 사용할 가능성이 있습니다. 컴퓨터는 함수가 호출될 때마다 현재 함수의 상태를 스택이라는 메모리 영역에 차곡차곡 쌓아놓는데, 이를 호출 스택call stack이라고 부릅니다. 호출 스택이 쌓이다 보면 메모리 부족 문제가 발생할 수 있으며, 스택 오버플로 stack overflow [3]라는 오류가 발생할 수 있습니다. 특히 다루는 숫자가 크거나 반복 호출이 많이 필요한 경우에는 재귀적 방식이 메모리 효율이 떨어질 수 있습니다. 따라서 재귀적 방식은 코드가 간결하고 수학적 정의와 잘 맞아떨어져서 논리적으로 이해하기 쉽다는 장점이 있지만, 큰 규모의 데이터를 다루거나 반복 횟수가 많을 때는 메모리 부담을 고려해야 하는 방식이죠. 반면에 반복문 방식의 장점은 메모리 사용이 효율적이고 안정적이라는 점입니다. 반복문은 함수 호출을 추가로 사용하지 않고 하나의 함수 내에서만 연산을 반복하기 때문에, 불필요한 메모리 낭비가 없고 호출 스택이 쌓이지 않습니다. 특히 큰 수나 여러 단계의 반복이 필요한 경우에도 메모리 부담이 적어 안정적으로 작동하며, 코드가 절차적으로 흐르기 때문에 실행 순서를 파악하고 따라가기가 상대적으로 쉽습니다. 따라서 재귀와 반복은 각각의 특성과 장점을 살려 상황에 맞게 선택하는 것이 중요합니다. 코드의 간결성과 직관성을 중시할 때는 재귀가 유리하고, 메모리 효율과 안정성을 중시할 때는 반복문이 더 적합합니다.

---

[3] 프로그램이 너무 많은 함수를 호출하여 스택이라는 메모리 공간이 초과될 때 발생하는 오류. 스택은 함수 호출 정보를 저장하는 한정된 메모리 영역으로, 호출된 함수가 완료되면 그 자리가 해제되지만, 재귀 함수가 종료 조건 없이 계속 호출되거나 호출 횟수가 과도하게 많아지면 스택이 가득 차면서 프로그램이 중단된다. 예를 들어, 종료 조건 없이 자기 자신을 무한히 호출하는 재귀 함수는 스택 오버플로를 초래할 수 있다. 이를 방지하려면 함수 호출을 멈추게 하는 종료 조건(base case)을 반드시 설정해야 한다.

3장

고대, 동아시아의 문제 해결 방식

분할 정복, 고대 중국의 알고리즘적 사고

알고리즘의 역사는 서양은 물론 다양한 문화에서 독립적으로 발전해온 수학의 역사와도 밀접하게 연결되어 있습니다. 이러한 역사적 배경 속에서 고대 중국과 인도의 수학자들도 중요한 기여를 했죠. 고대 중국의 대표적인 수학서인《구장산술》九章算術과 이를 포함한《산경십서》算經十書('산경'이라고도 불림)에는 문제를 작은 단위로 분할하고 단계적으로 해결하는 방식이 체계적으로 기록되어 있습니다. 이런 접근법은 오늘날 알고리즘의 핵심 개념인 분할정복divide and conquer 전략과 유사하며, 문제를 체계적으로 분석하고 논리적으로 해결하는 알고리즘 사고의 원형이라 할 수 있습니다.

류후이는 3세기경 삼국지의 배경이었던 위나라에서 활동했던 수학자로, 그의 저작인《구장산술》에서 수학적이면서 실용적인 문제 해결 방식을 체계적으로 발전시켰습니다. 이 책은 당시 중국의 수학 지식을 집대성했는데, 특히《구장산술》의 첫 번째 장인 "방전"方田에 나타나는 토지 측량 문제는 복잡한 문제를 단순한 단위로 나누어 해결하는 분할 정복 방식의 초기 사례로 볼 수 있습니다. 특히 불규칙한 형태의 토지 면적을 계산할 때,《구장산술》은 이 토지를 여러 개의 간단한 기하학적 도형으로 분할한 뒤 각 도형의 면적을 개별적으로 계산한 후 다시 합산하여 전체 면적을 구하는 접근 방식을 제시했죠.

이 과정은 세 개의 단계로 구성됩니다. 첫째, 문제 '분할'devide 단계에서는 복잡한 형태의 토지를 측정하기 쉽게 직사각형, 삼각형, 사다리꼴 등의 기본 기하학적 도형으로 분해합니다. 둘째, 단위 계산 단계에서 분할된 각 도형의 면적을 개별적으로 계산합니다. 직사각형은 가로와 세로의 곱으로, 삼각형은 밑변과 높이의 곱의 절반으로 계산하듯 각 도형에 적용되는 면적 공식이 반복적으로 사용됩니다. 이 과정은 각각의 작은 문제를 해결하는 것으로, 알고리즘에서 '정복'conquer 단계에 해당되죠. 셋째, 결과 합산 단계에서는 각각의 단위 면적을 모두 더해 전체 토지 면적을 구합니다. 앞서 계산한 결과들을 합산하여 최종 해답을 도출하는 이 단계는, 분할된 문제들의 결과를 결합해 전체 문제의 해답을 구하는 알고리즘 방식과 유사합니다.

예를 들어보죠. 어떤 토지를 직사각형 A_1과 삼각형 A_2, 사다리꼴 A_3, 이렇게 세 개의 도형으로 나눈다면, 전체 면적 S는 어떻게 구할 수 있을까요? 먼저 가로가 a, 세로가 b인 직사각형 A_1의 면적은 $A_1 = a \times b$가 되겠죠. 그리고 밑변 c, 높이 h_1인 삼각형 A_2의 면적은 $A_2 = \frac{1}{2} c \times h_1$이 됩니다. 마지막으로 윗변이 d, 아랫변 e, 높이 h_2인 사다리꼴 A_3의 면적은 $A_3 = \frac{1}{2}(d+e) \times h_2$가 됩니다.

따라서 전체 면적 S는 다음과 같은 수식으로 나타낼 수 있습니다.

$$S = A_1 + A_2 + A_3 = (a \times b) + (\frac{1}{2} c \times h_1) + (\frac{1}{2}(d+e) \times h_2)$$

이처럼 《구장산술》의 토지 측량법은 복잡한 문제를 단순한 기하 도형으로 분할하고, 각 도형의 면적을 개별적으로 계산한 뒤 합산하여 전체 면적을 구하는 방식으로 구성되어 있습니다. 즉 복잡한 문제를 해결 가능한 작은 단위로 나누고, 각 단위 문제를 해결한 뒤 이를 합하여 전체 문제를 해결하는 절차적 접근 방식을 보여주고 있죠.

구장산술, 가승법에서 현대 알고리즘까지

《구장산술》의 여덟 번째 장 "방정"方程의 또 다른 문제를 보겠습니다. 중국 고대 수학에서는 연립 방정식을 푸는 방법으로 가승법加乘法이라는 기법이 사용되었는데, 오늘날의 가우스 소거법과 유사합니다. 이 방법에서는 여러 개의 방정식을 단계적으로 단순화해 최종 해를 구해 나갑니다. 복잡한 연립 방정식을 푸는 과정에서 각 방정식의 계수를 줄이고, 문제를 작은 부분으로 나누어 계산하는 방식이 사용되었습니다. 첫 번째 단계에서는 전체 연립 방정식을 단순화해 해결 가능한 작은 단계로 분해합니다. 그런 다음 각 단계에서 하나의 변수를 제거하거나 단순화해 최종적으로 해를 찾죠. 마지막으로 모든 방정식을 풀어 얻은 해를 결합하여 전체 문제의 해를 도출합니다. 이 방식은 연립 방정식을 풀 때 각 단계에서 작은 문제를 해결하고 이를 합산해 전체 해를 구하는 분할 정복 사고를 보여줍니다.

예시를 보면서 설명해보겠습니다. 상품 좁쌀 3다발, 중품 좁쌀 2다발, 하품 좁쌀 1다발로 알맹이가 39말 있고, 상품 2다발, 중품 3다발, 하품 1다발로 34말이 있고, 상품 1다발, 중품 2다발, 하품 3다발로 26말이 있다고 가정해볼게요. 그러면 각 품질의 좁쌀 1다발에는 각각 몇 말의 알갱이가 있을까요?

이 문제는 연립 방정식을 사용해 상품, 중품, 하품 좁쌀 1다발씩에 포함된 알갱이 양을 구하는 문제입니다. 주어진 정보를 바탕으로 각 품질의 좁쌀 1다발이 몇 말인지 알아보겠습니다. 문제를 다시 정리하면 상품, 중품, 하품의 좁쌀 다발 수와 각각의 총량이 주어져 있습니다. 이를 연립 방정식으로 표현하여 각 품질의 좁쌀 1다발의 양을 구하겠습니다. 위 내용을 바탕으로 다음과 같은 연립 방정식을 세울 수 있습니다.

$$3x + 2y + z = 39$$
$$2x + 3y + z = 34$$
$$x + 2y + 3z = 26$$

우선 첫 번째 방정식에서 두 번째 방정식을 빼면 z가 소거됩니다. 즉 $(3x+2y+z)-(2x+3y+z)=39-34$가 되고, 이를 다시 정리하면 $x-y=5$가 됩니다. 다음 단계에서는 첫 번째 방정식에 3을 곱한 후 세 번째 방정식을 빼면 z가 소거되죠. 즉 $3(3x+2y+z)-(x+2y+3z)=91$이 되고, 이를 다시 정리하면 $8x+4y=91$을 얻게 됩니다. 따라서 두 개의 새로운 방정식을 얻게 됩니다.

$$x - y = 5$$
$$8x + 4y = 91$$

두 개의 방정식을 풀면 $x=9.25$, $y=4.25$가 됩니다. 이들을 첫 번째 방정식에 대입하면 $z=2.75$를 얻게 됩니다. 이렇듯 주어진 연립 방정식을 가승법을 통해 풀이한 결과, 상품 좁쌀 1다발에는 9.25말, 중품 좁쌀 1다발에는 4.25말, 하품 좁쌀 1다발에는 2.75말의 알갱이가 들어 있음을 알 수 있습니다.

가승법과 가우스 소거법 모두 연립 방정식을 풀기 위해 단계적 소거와 역대입을 활용하는 체계적 알고리즘 구조를 가지고 있습니다. 이런 접근법은 복잡한 문제를 단순화된 단계로 나누어 해결하는 분할 정복 사고에 기반하고 있으며, 동서양 수학이 효율적으로 문제를 해결하는 공통된 방법론을 보여주는 좋은 사례라 할 수 있습니다.

《구장산술》은 우리나라와 일본과 베트남, 특히 인도까지 전파되어 동아시아 수학의 기초가 된 중요한 저작으로 유클리드의《원론》에 비견될 만큼 지대한 영향을 미쳤습니다. 신라시대에는 국립대학인 국학에서《구장산술》이 수학 교육 교재로 사용되었으며, 고려시대에는 당시 경제 관료인 산사算士를 선발하는 시험에 대해서 "첫날에는《구장산술》의 9장 10조를 접어서 암송시키고, 다음날에는 6장을 접어 그 일부를 암송시키며, 그 다음날에는 여섯 문제를 풀어서 네 문제를 통과해야 한다"고《고려사》에 기록되어 있습니다.[4] 조선시대에는《구장산술》을 해설한《구장술해》九章術解가

---

[4] 9장 10조(九章十條)는《구장산술》의 9개 장(章)과 그 안에 포함된 10개 주요 조항(條)을 의미한다. 총 9개의 장은 다양한 수학적 개념과 문제 해결 방법을 다루고 있는데, 특히 6장은 균수(均輸)로 세금 배분과 물자 운송에 대한 계산법을 다루는

저술되었고, 특히 최석정의 《산학계몽》 같은 독창적인 수학서로 발전하기도 했습니다. 일본에서는 에도시대에 《구장산술》이 번역되어 일본 수학의 전통인 와산和算으로 이어졌고, 이를 통해 기하학적 문제 풀이와 새로운 해법을 창출하는 산쿠算額 문화가 형성되었습니다.

장으로, 행정과 경제 실무에 중요한 내용을 포함하고 있다.

4장

중세, 이슬람 세계의 체계적인 문제 해결 방법

알 콰리즈미와 알고리즘의 탄생

중세 이슬람 세계에서는 수학과 과학 분야에서 혁신적 발전이 이루어졌고, 오늘날 알고리즘의 개념 형성에 중요한 역할을 했습니다. 특히 9세기경 페르시아 수학자이자 천문학자였던 알 콰리즈미는 '알고리즘'이라는 용어의 어원이면서, 현대 알고리즘 개념의 토대를 마련한 인물로 평가됩니다. 그는 바그다드 지혜의 집 House of Wisdom[5]에서 활동하면서, 힌두-아랍 수

[5] 8세기경 아바스왕조 시기인 칼리프 알만수르와 알마문의 통치 시기에 설립된 세계적 학문 연구소이자 번역 센터로 고대 그리스, 페르시아, 인도, 이슬람의 지식을 융합한 지적 허브였다. 특히 칼리프 알마문은 학문적 열정이 넘치는 인물로 유명했는데, 꿈에서 고대 그리스 철학자 아리스토텔레스를 만난 일화를 자주 이야기하곤 했다. 꿈속에서 알마문은 아리스토텔레스에게 진리의 본질을 묻고, "이성적 사고와 논리적 추론을 통해 진리를 찾으라"는 조언을 들었다고 한다. 이 꿈은 지혜의 집을 통해 그리스 철학과 과학을 번역하고 연구하는 데 더 큰 열정을 쏟게

학 전통과 그리스 수학 지식을 결합해 체계적이고 논리적인 문제 해결 방법을 연구했습니다.

알 콰리즈미의 대표 저서 《복원과 상쇄에 관한 간략한 책》Al-Kitab al-Mukhtasar fi Hisab al-Jabr wal-Muqabala은 방정식 풀이를 단계적으로 정리한 방법론을 담고 있습니다. 각 문제 해결 과정에서 단계별로 해결책을 제시하며 문제를 논리적으로 접근했으며, 이런 과정은 알고리즘의 기본 원리인 체계적 절차와 순차적 구조와 밀접하게 맞닿아 있습니다. 특히 문제를 단순화하고 변수를 정리해 점진적으로 해답에 도달하는 과정은 대수학의 토대를 마련했을 뿐 아니라 현대 알고리즘 개념의 초기 모델로 평가받습니다. 알 콰리즈미의 저서는 라틴어로 번역되면서 유럽 전역에 전파되었습니다. 이 책은 수학적 사고와 방정식 풀이의 새로운 길을 제시했으며, 특히 '알 자브르'al-Jabr와 '알 무카발라'wal-Muqabala라는 개념을 통해 대수학의 기초를 확립했습니다. 알 자브르는 '복원'을 의미하며, 방정식 풀이 과정에서 마이너스 항을 이항하여 플러스로 전환하는 것을 나타냅니다. 이 개념은 방정식 형태를 간단하게 바꾸는 기법을 상징하며, 오늘날 대수적 변형의 기초가 되었습니다. 반면 알 무카발라는 '상쇄'를 뜻하며, 방정식의 양변에서 동일한 항을 소거하거나 동류항을 묶는 과정을 나타냅니다. 이런 개념들은 방정식 풀이법은 물론 대수적 사고의 핵심 원리를 제시해 수학 문제 해결 방식을 체계화하는 기초가 되었습니다.

《복원과 상쇄에 관한 간략한 책》의 서문은 당시 수학의 중요성과 실생

> 만든 계기가 되었다. 특히 인도와 페르시아의 과학과 수학, 즉 십진법과 제로(0)의 개념도 번역되어 이슬람 세계에 소개되었고, 이러한 번역은 중세 유럽으로 다시 전달되어 르네상스의 기초를 형성하는 데 기여했다.

활에서 수학적 문제 해결의 필요성을 강조하며 시작됩니다.

> 이 책에서 내가 선택한 소재는 수학에서 가장 쉽고도 가장 유용한 소재이며, 또한 사람들이 다음과 같은 일을 처리할 때 자주 필요로 하는 것들이다. 가령 유서 또는 유산 상속 문제에서, 재산을 따지고 심리하는 소송에서, 타인과의 모든 상업적 거래에서, 토지를 측량하고 운하를 건설하는 경우에, 기하학적 계산과 기타 각종 학과에서….

알 콰리즈미는 이 서문에서 자신의 저술 목적이 실용적 문제를 해결하는 방법을 제공하는 데 있음을 명확히 밝히고 있죠. 또 다양한 일상 문제, 특히 토지 측량, 무게 측정, 상업적 계산, 상속 문제 등 여러 실용적 영역에서 방정식 풀이법이 활용될 수 있음을 언급하고 있습니다.

> 어떤 사람이 당신에게 묻는다. "나는 십을 두 부분으로 나눴다. 그 중 하나를 다른 것에 곱하면 그 결과는 이십일이다." 그러면 당신은 그 부분들 중 하나가 무엇이라면, 나머지 하나는 십 빼기 무엇임을 안다.

이것을 간단히 하면 $x(10-x)=21$임을 알 수 있습니다. 당시에는 미지수를 의미하는 x와 같은 기호가 발명되지 않았죠. 그럼에도 불구하고 문제를 해결하기 위해 절차적 사고와 연산 과정을 단계별로 설정하는 알고리즘적 접근이 필요했습니다. 주어진 문장은 자연스럽게 다음과 같은 과정을 생각

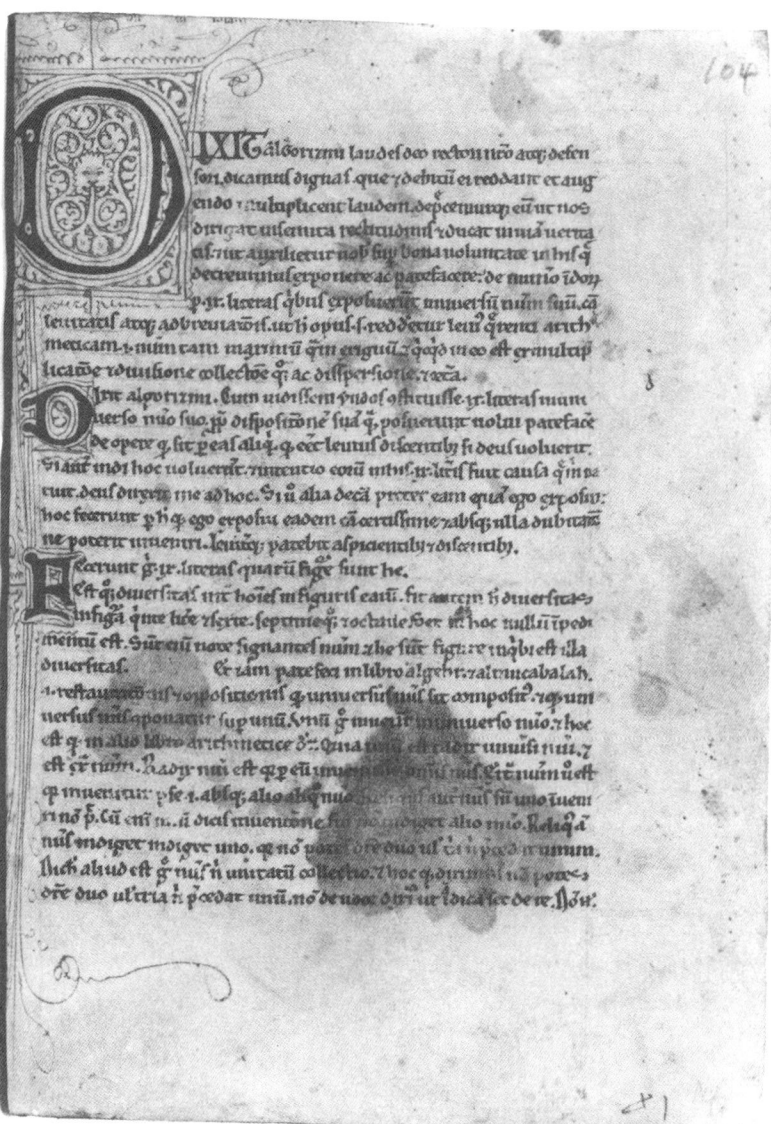

[그림 1]　알 콰리즈미의 또 다른 저서인 《인도 숫자에 대한 알 콰리즈미의 책》 *Algoritmi de numero indorum* 은 인도 숫자와 10진법 체계가 아랍 세계를 거쳐 유럽에 전파된 중요한 계기로 평가받는다. 이 책은 아라비아어에서 라틴어로 번역되었으며, 인도 숫자를 기반으로 한 산술 체계를 설명하는 내용이다. 이 책 첫머리는 "Dixit Algorizmi…"로 시작되는데 'Algorizmi가 말하기를'이라는 뜻으로, 첫 글자 'D'가 화려하게 장식되어 있다. 이 첫 문구로 인해 저자 알 콰리즈미의 이름은 후에 '*Algorizmi*'라는 형태의 라틴어로 불렸고, 이 용어는 점차 '알고리즘'이라는 현대 용어로 사용되었다.

할 수 있습니다.

우선 나누어진 두 부분 중 하나를 미지수로 가정합니다. 여기서는 첫 번째 부분을 '무엇'이라고 할 수 있죠. 첫 번째 부분을 '무엇'이라고 설정하면, 두 번째 부분은 10-무엇으로 표현됩니다. 마지막으로 두 부분을 서로 곱하면 결과가 21이라는 조건을 반영하여, 무엇×(10-무엇)=21이라는 방정식을 세웁니다. 미지수나 특정 기호 없이도 문장 속에서 숨어 있는 연산 절차를 추출하고 이를 일련의 해결 과정으로 만드는 사고방식이 당대의 수학 문제 해결 방식이었으며, 현대 알고리즘의 초기 형태라 할 수 있습니다.

피보나치 수열, 자연에서 발견한 수학적 원리

피보나치는 12-13세기에 활동한 이탈리아 수학자로, 유럽에 이슬람 세계의 수학적 개념을 소개한 중요한 인물입니다. 피보나치는 '산술의 책'이라는 의미의 《산반서》*Liber Abaci*에서 힌두-아라비아 숫자를 유럽에 소개하면서 상업적 계산뿐 아니라 복잡한 수학적 문제를 푸는 데 이 숫자 체계가 필수적임을 설파했습니다. 특히 피보나치 수열은 오늘날 자연 현상을 설명하는 중요한 도구로 자리 잡고 있죠. 토끼 번식 문제부터 생명체의 개체 수 증가, 조개껍질과 파인애플의 나선형 패턴, 식물의 잎 배열 등 다양한 자연의 구조를 설명하는 데 활용됩니다. 피보나치 수열의 핵심은 이전 두 항의 합으로 다음 항을 구하는 재귀적 구조에 있습니다. 이 수열은 알고리즘 교과서에서 하노이 탑과 함께 하위 문제의 해결을 통해 전체 문제를 해결하는 재귀적 사고의 전형적 예제로 사용되고 있는데요. 각 항이 그 앞의 두 항을 더한 값으로 이루어진 수열로, 그 정의 자체가 이미 재귀적 알고리즘의 성격을 갖고 있습니다. 수학식으로 표현하면 다음과 같습니다.

$F(0)=0$

$F(1)=1$

$F(n)=F(n-1)+F(n-2) (n \geq 2)$

여기서 $F(n)$은 피보나치 수열의 n번째 항을 의미합니다. 주어진 숫자 n이 0이라면 결과는 0이고, n이 1일 경우 결과는 1이 됩니다. 이 외의 경우, 두 개의 변수를 준비하여 첫 번째 변수는 0, 두 번째 변수는 1로 초기화되는데, 피보나치 수열의 첫 번째와 두 번째 항을 설정하는 과정이라 할 수 있습니다. 이후 n번째 항이 나올 때까지 두 변수를 더해가며 계산을 이어 나갑니다. 반복마다 최신 값은 새로 계산된 값으로 업데이트되고, 이전 값은 그 전 항으로 갱신됩니다. 이 과정을 n번째 항이 계산될 때까지 반복하고, 마지막으로 얻어진 값이 바로 n번째 피보나치 수입니다. 따라서 피보나치 수열의 항은 0, 1, 1, 2, 3, 5, 8, 13, 21, 34…와 같은 형태로 전개됩니다.

그럼 알고리즘 형태로 다시 정리하겠습니다.

입력: 자연수 n(피보나치 수열의 n번째 항을 구하려는 수)

출력: $F(n)$, 피보나치 수열의 n번째 항

1. 시작
2. 만약
   a. 만약 $n=0$이면, $F(0)=0$을 반환한다.

b. 만약 n=1이면, F(1)=1을 반환한다.

3. 그렇지 않으면:

   a. F(n)=F(n-1)+F(n-2)를 수행한다.

   b. F(n)을 반환한다.

4. 끝

이 알고리즘은 피보나치 수열에서 n번째 항을 구하는 방법을 표현하고 있습니다. 피보나치 수열은 앞의 두 항을 더해 다음 항을 만드는 규칙을 따르며, 첫 두 항은 각각 0과 1로 시작합니다. 알고리즘은 자연수 n을 입력받아 n=0인 경우 0을, n=1인 경우 1을 반환합니다. n이 2 이상일 때는 피보나치 수열의 규칙에 따라 F(n)=F(n-1)+F(n-2)를 계산합니다. 이때 먼저 F(n-1)과 F(n-2) 값을 구해 더한 결과를 F(n)으로 저장하고, 이 값을 최종적으로 반환하여 n번째 피보나치 항을 출력합니다. 이 알고리즘을 통해 우리는 피보나치 수열의 원하는 위치의 항을 손쉽게 구할 수 있습니다.

F(n)=F(n-1)+F(n-2)라는 수학적 정의는 문제를 재귀적으로 해결하는 원리를 그대로 표현하고 있습니다. 재귀는 자기 자신을 참조하여 정의되는 함수를 의미하는데, 피보나치 수열의 정의는 특정 n번째 항의 값을 구하기 위해 이전 두 항의 값을 참조하라고 표현되어 있죠. 그러나 이 방식은 중복된 계산이 매우 많이 발생해서 비효율적입니다. 즉 F(5)를 계산하려면 F(4)와 F(3)을 계산해야 하고, 이 과정에서 다시 F(3)과 F(2)를 중복 계산하게 됩니다. 시간 복잡도가 지수적으로 증가해 입력값이 커질수록 계산 시간이 급격히 늘어나는 문제가 있죠. 결과적으로 시간 복잡도는 $O(2^n)$에 이르며, 입력값이 커질수록 계산량이 지수적으로 증가해 비효율적입니다.

동적 계획법, 재귀의 한계를 넘어서다

동적 계획법dynamic programming은 재귀적 방식의 비효율성을 해결하기 위해 중복 계산을 피하는 방법입니다.[6] 두 가지 접근법을 통해 중복 계산을 방지하는데, 메모이제이션memoization 또는 하향top-down 방식과 상향bottom-up 방식이 있습니다. 메모이제이션은 재귀적으로 호출하되, 이미 계산된 값을 저장하여 중복 계산을 피하는 방식입니다. 동적 계획법의 핵심이 되는 기술로써 필요할 때만 새로 계산하므로 불필요한 계산이 줄어들어 효율성이 높아지죠. 메모이제이션이라는 용어는 아무래도 학술적인 느낌이 강해서 실제 개발 현장에서는 주로 캐싱caching이라는 표현이 더 자주 쓰입니다. 머릿속에 필요한 정보를 '바로 꺼낼 수 있게 기억해 두는' 것처럼, 프로그램도 반복 계산을 줄이기 위해 미리 계산된 값을 저장해 두는 것이죠. 반면 하향 방식은 큰 나무를 가지치기하듯 큰 문제에서 시작해 점차 작은 가지들로 나누며 문제를 해결합니다. 위에서 언급한 피보나치 수열 함수인 $F(4)$를 구하려면 $F(3)$과 $F(2)$라는 두 가지를 먼저 잘라내야 하고, 그중 $F(3)$은 또다시 $F(2)$와 $F(1)$로 나눠야 하죠. 이렇게 가지치기를 이어가다 보면 결국 가장 작은 문제들에 다다르고, 다시 그 결과를 모아 나무 꼭대기까지 계산을

---

[6] 동적 계획법의 유래는 1950년대로 거슬러 올라가는데, 이 용어를 처음 사용한 사람은 미국 수학자 리처드 벨만(Richard Bellman)이다. 벨만이 '동적'(dynamic)이라는 단어를 사용한 이유는 두 가지다. 첫째, 문제를 해결하는 방식이 시간이 흐르면서 단계적으로 이루어진다는 의미를 담았고, 둘째, 당시 그가 연구하던 것이 '계획법'(programming)과 관련된 최적화 문제였기 때문이다. 여기서 '프로그램'이라는 단어는 컴퓨터 프로그램이 아닌 수학적 계획이나 절차를 의미한다. 당시엔 컴퓨터과학이 지금처럼 발달하지 않았고, '프로그램'이라는 용어가 주로 최적화 문제를 설명하는 용어로 사용되었다.

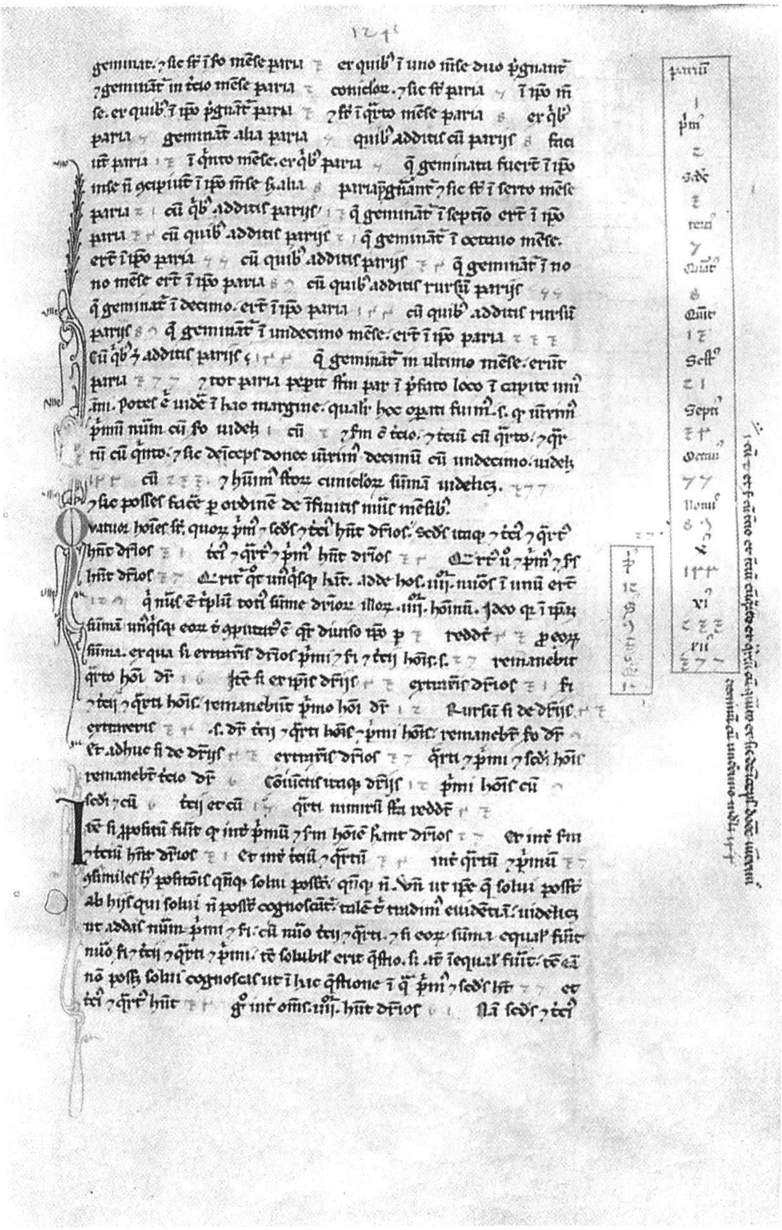

[그림 2] 이탈리아 수학자 피보나치가 저술한 《산반서》의 한 페이지에는 피보나치 수열이 각 항의 위치와 값을 표시하는 형식으로 기록되어 있다. 이 책은 이탈리아 피렌체 국립도서관에 소장되어 있으며, 각 항의 위치는 라틴어와 로마숫자로, 수열 값은 힌두-아라비아 숫자로 표기되어 있다.

완성할 수 있습니다. 반대로 상향 방식은 작은 벽돌을 하나씩 쌓아 올라가듯, 작은 문제들을 차근차근 해결하며 점점 큰 문제로 확장해 가는 방법입니다. 첫 번째와 두 번째 피보나치 수를 계산해 그다음 피보나치 수를 쌓아 올리고, 계속해서 앞의 결과를 사용해 다음 계산을 완성하는 것이죠. 이렇게 작은 계산을 토대로 큰 구조를 만들어나가 결국 n번째 피보나치 수에 도달하게 됩니다.

동적 계획법을 사용하면 시간 복잡도가 $O(n)$이 되어, 입력값이 커져도 빠르게 계산할 수 있습니다. 따라서 재귀적 방식에 비해 훨씬 효율적이며, 입력값이 큰 경우에도 계산 속도가 크게 느려지지 않습니다. 알고리즘의 시간 복잡도는 빅오$^{\text{Big-O}}$ 표기법을 사용합니다. 입력값이 증가할 때 알고리즘의 실행 시간이 증가하는 속도를 나타내죠. $O(2^n)$이란 재귀적 방식의 피보나치 계산처럼, 입력값이 커질수록 지수적으로 시간이 증가함을 의미합니다. 이 방식은 실질적으로 비효율적이어서 큰 수를 다루기 어렵습니다. 반면 $O(n)$은 동적 계획법에서 나타나는 선형적 시간 복잡도로, 입력값이 커질 때 시간이 비례해 증가하므로 효율적입니다. 빅오와 같은 낯선 용어들이 나오지만, 다시 설명되니 가벼운 마음으로 넘어가면 됩니다.

다시 피보나치의 업적으로 돌아와서, 《산반서》는 피보나치 수열은 물론 이슬람 세계에서 배운 수학적 개념들을 유럽에 도입하고, 체계적으로 정리해 수학 문제를 해결하는 방법을 발전시켰죠. 유럽에서 근대 수학이 시작되는 중요한 전환점이었다 해도 과언은 아닐 정도로 의미 있는 수학사적 유산입니다.

5장

근대, 수학과 논리를 통한 알고리즘의 체계화

논쟁이 있을 때는 계산하라!

근대에 이르러 알고리즘은 단순한 수학적 계산을 넘어, 논리적 사고와 문제 해결 방법으로 체계화되기 시작합니다. 이 시기 수학자들은 알고리즘의 본질을 탐구하고, 수학적 증명뿐 아니라 논리적 사고를 체계적으로 처리하는 방법을 연구하죠. 이런 연구는 알고리즘을 수학적 증명, 논리 연산, 그리고 기계적 처리로 확장하게 만든 중요한 계기가 되었습니다.

고트프리트 빌헬름 라이프니츠는 17세기 철학자이자 수학자로, 알고리즘 사고방식을 철학과 수학의 영역을 넘나들면서 논리와 사고 과정에까지 확장한 중요한 인물입니다. 그의 업적은 너무도 많아 알고리즘 사유체계로 한정해 세 가지 정도만 정리하겠습니다.

첫째, 미적분학 기초를 세운 공로입니다. 한때 수학은 도형의 정적 아름다움을 탐구하는 학문이었습니다. 고대 그리스의 수학자들은 직선과 원의 세계에서 진리를 찾으려 애썼죠. 하지만 세상은 움직입니다. 사과가 떨어지고, 강물이 흐르며, 별이 궤도를 그립니다. 그래서 등장한 것이 미적분학입니다. 미적분학은 '세상은 어떻게 변하는가?'라는 질문에 답하기 위해 탄생한 수학의 진화입니다. 미분은 속도와 같은 순간의 변화율을 포착하는 도구고, 적분은 작은 조각들을 모아 전체를 이해하는 기술입니다. 현대 수학은 패턴을 이해하는 학문으로 진화했습니다. 자연에서 나타나는 모든 현상은 사실 거대한 패턴의 집합체입니다.

물리학에서 가장 중요한 패턴 중 하나는 속도입니다. 속도는 공간과 시간의 비율로 나타나며, 미분을 통해 계산됩니다. 강물이 얼마나 빨리 흐르는지, 별이 어느 정도 속도로 움직이는지 모두 미분 값으로 드러납니다. 더 나아가 적분은 작은 패턴들이 모여 만들어내는 큰 구조를 이해하게 합니다. 강물이 흐르며 만들어낸 강바닥의 총 깊이나 우주 중력에 의한 궤도는 적분이 풀어내는 신비입니다. 미적분학은 우주의 언어라 할 수 있습니다. 물리학에서 속도는 거리를 시간으로 나눈 값이 아니라, 우주의 가장 기본적인 패턴을 담고 있습니다. 속도가 느려지면 생명이 약해지고, 속도가 빨라지면 역동적 변화가 일어납니다. 아이들이 끊임없이 움직이며 삶을 채워가는 모습은 자연에서 가장 활기찬 미분의 표현일지도 모릅니다. 그렇기에 미적분학은 자연을 읽고 이해하려는 사람들에게 없어서는 안 될 도구입니다. 반면, 알고리즘은 '이 문제를 어떻게 풀어낼까?'라는 실행 계획을 세웁니다. 가령 인공지능은 알고리즘을 통해 데이터를 학습하며, 여기에는 경사 하강법 같은 미적분 기반의 계산이 숨어 있습니다. 두 도구는 각각 사고와 실행을 담당하며, 자연의 법칙을 이해하고 이를 기술적으로 실현하는 데 필수적입니다. 이런 이유로 수학자 데이비드 벌린스키는 《수학의 역사》 (을유문화사, 2014)에서 미적분학과 알고리즘에 대해 이렇게 이야기합니다.

> 이제 사고의 역사에 충격파가 울리고 있다. 미적분학이 발견되기 이전의 수학은 커다란 흥미를 다루는 학문이었다. 이후의 수학은 커다란 힘을 다루는 학문이 됐다. 오직 20세기의 알고리즘의 도래 정도만이 그것에 비견할 만한 영향력 있는 수학적 개념을 제시한다. 미적분학과 알고리즘은 서구과학의 쌍두마차다.

현대 과학과 공학의 혁신은 이 두 도구가 얼마나 완벽하게 협력하느냐에 달렸습니다. 미적분학은 연속적인 세상의 비밀을 풀어내고, 알고리즘은 이를 효율적으로 계산하여 적용합니다. 이 둘이 만나면 자연과 기술의 경계는 흐려지고, 인간은 세상의 복잡함 속에서 새로운 가능성을 발견하게 됩니다. 미적분학은 생각의 지도이며, 알고리즘은 실행의 나침반입니다.

라이프니츠의 두 번째 공로는 단계 계산기 stepped reckoner 입니다. 이 기계는 당시로서는 매우 혁신적인 장치였으며, 수학 연산을 자동화함으로써 사람이 아닌 기계가 계산을 수행하도록 한 최초의 시도 중 하나로 평가받고 있죠. 덧셈과 뺄셈뿐만 아니라 곱셈과 나눗셈까지 자동으로 처리하는 이 기계는 주로 바비네트식 기어라고 불리는 특수한 기어 장치를 사용해 각 연산을 처리합니다. 기어는 각 연산을 수행할 때 기계적 회전으로 숫자 값을 이동시키며, 복잡한 연산을 간단한 기계적 조작으로 바꾸는 방식으로 설계되었습니다. 라이프니츠는 이 기계를 설계할 때, 수학적 연산을 하나의 절차적 procedural 과정으로 보았습니다. 즉, 수학적 계산을 일련의 단순한 단계로 나누고, 그 단계를 차례차례 수행하는 방식으로 문제를 해결하는 것을 목표로 했죠.

라이프니츠는 모든 논리적 추론과 수학적 증명을 규칙에 따라 기호로 표현하고, 이를 기계적으로 처리할 수 있는 '유니버설 계산 기계'Calculus Ratiocinator 개념을 제안했습니다. 라이프니츠는 논리와 수학의 문제를 사람이 일일이 논쟁하거나 수동으로 계산하는 것이 아니라, 기계적으로 처리할 수 있도록 했습니다. 그의 목표는 '논쟁이 있을 때는 계산하자'Let us calculate! 라는 원칙 아래, 복잡한 논리와 계산을 기계적으로 해결할 수 있는 체계를 만드는 것이었습니다.

라이프니츠에서 배비지까지, 알고리즘과 논리 연산의 기원

라이프니츠의 이런 구상은 이후 논리 프로그래밍과 컴퓨터 알고리즘 이론의 기초가 되었으며, 특히 앨런 튜링의 튜링 기계 개념에도 큰 영향을 주었습니다.

라이프니츠의 유니버설 계산 기계는 모든 문제를 절차적 혹은 알고리즘적으로 해결할 수 있는 사고방식을 제시한 것으로, 현대 컴퓨터 프로그래밍의 기초인 절차적 계산 모델로 이어졌습니다. 이 절차적 계산 모델은 이후 프로그래밍 언어의 절차적 요소인 프로시저procedure 개념으로 발전했습니다. 프로시저라는 용어는 ALGOL ALGOrithmic Language이라는 프로그래밍 언어에서 처음 공식적으로 사용되었으며, ALGOL 60에서 프로시저는 반복

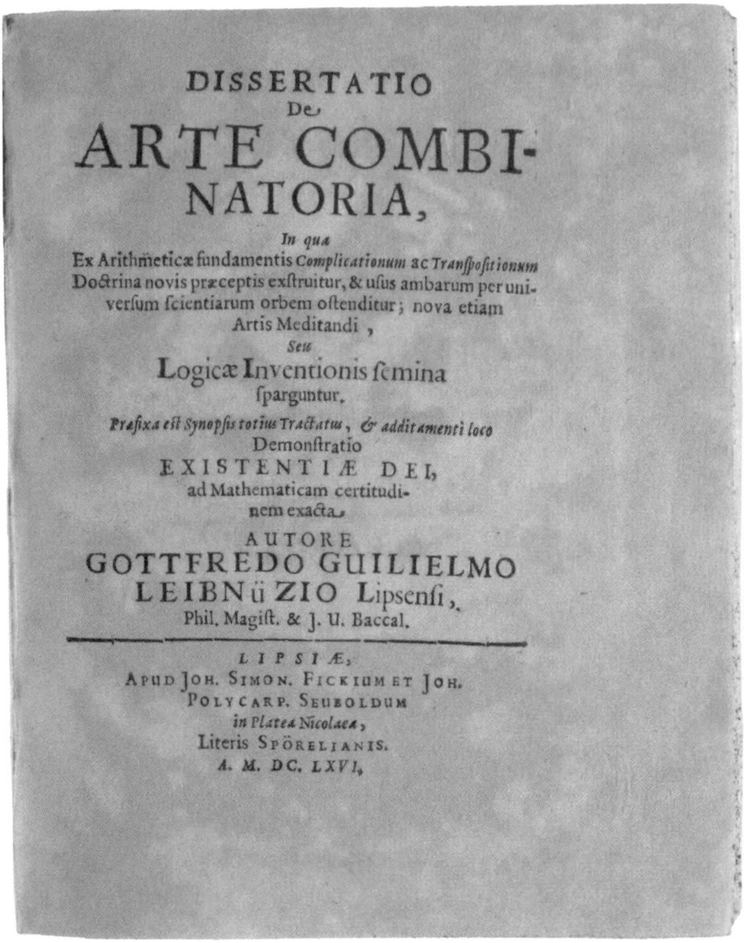
DISSERTATIO
De
ARTE COMBI-
NATORIA,
In qua
Ex Arithmeticæ fundamentis Complicationum ac Tranſpoſitionum
Doctrina novis præceptis exſtruitur, & uſus ambarum per uni-
verſum ſcientiarum orbem oſtenditur; nova etiam
Artis Meditandi,
Seu
Logicæ Inventionis ſemina
ſparguntur.
Præfixa eſt Synopſis totius Tractatus, & additamenti loco
Demonſtratio
EXISTENTIÆ DEI,
ad Mathematicam certitudi-
nem exacta.
AUTORE
GOTTFREDO GUILIELMO
LEIBNüZIO Lipſenſi,
Phil. Magiſt. & J. U. Baccal.
LIPSIÆ,
Apud Joh. Simon. Fickium et Joh.
Polycarp. Seuboldum
in Platea Nicolaea,
Literis Spörelianis.
A. M. DC. LXVI.

[그림 3]　라이프니츠의 박사학위 논문 "Dissertatio de Arte Combinatoria"(조합술에 관한 논문, 1666)는 조합론과 기호 논리를 통해 지식을 체계화하려는 시도를 담았다. 이 논문에서 순열, 조합과 같은 용어가 최초로 사용되었고, 특히 논리적 추론과 수학적 연산을 기호로 표현해 기계적으로 처리할 수 있는 보편적 계산 체계, 즉 '유니버설 계산 기계'에 대한 구상을 소개하고 있다. 1671년, 라이프니츠는 사칙연산을 수행할 수 있는 기계 개발을 시작했고, 이후 수년에 걸쳐 이를 점차 발전시켰다. 그는 이 기계를 '단계 계산기'라 명명했으며, 이 발명품은 많은 이들의 주목을 받았다. 그 결과 1673년 라이프니츠는 이 업적으로 영국 왕립협회 회원으로 선출되는 영예를 안았다.

적으로 호출 가능한 코드 블록code block[7]으로 정의됩니다. 이 프로시저는 특정 작업을 수행하는 일련의 절차를 코드로 표현하고 실행할 수 있는 개념으로, 복잡한 문제를 해결하기 위한 계산 절차를 체계적으로 분리하고 반복하여 사용할 수 있습니다. 이 프로시저 개념은 이후 Pascal, C, Fortran 같은 절차적 프로그래밍 언어에 도입되었으며, 자바, 파이썬, C++ 등 현대 프로그래밍 언어에서는 함수나 메서드method라는 형태로 발전해 널리 사용되고 있습니다. 라이프니츠의 아이디어는 복잡한 문제를 구조화하고 절차적으로 해결하는 프로그램 설계로 이어져 오늘날 컴퓨터 알고리즘 이론과 프로시저 기반 프로그래밍 언어에 큰 영향을 주었으며, 그의 원칙은 현대 프로그래밍의 기반을 이루는 중요한 유산으로 남아 있습니다.

 라이프니츠의 세 번째 공로는 기호 논리symbolic logic의 기초를 구축한 것입니다. 유니버설 계산 기계 개념과도 밀접히 연결된 이 기호 논리는, 논리적 추론을 기호로 표현하고, 이 기호를 통해 복잡한 논리 문제를 체계적이면서 절차적으로 해결할 방법을 제안한 것인데요. 조지프 마주르는《수학 기호의 역사》(반니, 2017)에서, 라이프니츠의 기호 논리는 모든 사유와 추론을 기계적으로 처리할 수 있다는 생각을 품었으며, 오늘날 컴퓨터 연산에서 추구하는 기계적 사고 처리 방식의 시초라고 평가합니다. 마주르는

---

[7] 프로그래밍에서 특정 작업을 수행하기 위해 여러 줄의 코드를 하나로 묶어 사용하는 영역. 보통 중괄호()나 들여쓰기를 통해 코드 블록을 구분하며, 코드가 실행되는 순서와 범위를 명확히 정의하는 역할을 한다. 가령 조건문(if)에서 특정 조건을 만족할 때 실행되는 명령들을 코드 블록으로 묶거나, 반복문(for, while)에서 반복적으로 실행될 명령들을 코드 블록으로 정의한다. 이렇게 코드를 묶으면 프로그램 구조가 더 이해하기 쉬워지고, 코드를 읽거나 수정하는 것도 간단해진다. 또 코드 블록은 특정 작업이나 연산을 재사용할 수 있도록 함수를 만들 때도 자주 사용된다.

라이프니츠의 기호 논리를 기호적 표현을 통해 복잡한 논리를 명확하게 해결할 가능성을 처음으로 제시한 획기적 시도로 평가하며, 그의 아이디어가 논리학과 컴퓨터과학의 핵심 원리를 형성했다고 강조합니다. 라이프니츠의 이러한 논리적 접근은 이후 조지 불에 의해 더욱 발전하는데, 불은 이를 바탕으로 불대수를 구축했죠. 불대수Boolean Algebra는 참True과 거짓False의 이진 논리를 바탕으로 모든 컴퓨터 연산의 논리적 기초를 형성합니다. 오늘날 컴퓨터 연산에서 사용되는 논리적 연산들은 이 불대수를 기반으로 하며, 불대수는 모든 디지털 시스템과 컴퓨터 연산의 필수적인 구성 요소가 되었습니다. 그의 혁신적 구상은 이후 찰스 배비지와 에이다 러브레이스로 이어지면서 현대 컴퓨터 프로그래밍과 논리 연산의 기초가 될 개념으로 발전합니다.

19세기 영국 수학자이자 발명가인 찰스 배비지는 복잡한 계산 과정을 자동으로 수행할 수 있는 기계인 분석 엔진analytical engine을 설계하여 오늘날 컴퓨터의 개념을 처음으로 구체화한 인물입니다. 그의 분석 엔진은 덧셈과 뺄셈만을 수행하는 당시의 기계적 계산기를 뛰어넘어 복잡한 수학적 연산과 논리 연산을 자동으로 처리할 수 있도록 설계되었죠. 기계가 계산 수행을 넘어 명령을 받아 실행하고, 결과를 저장하고 관리하는 기능을 포함하는 개념적 컴퓨터로서는 최초의 구상이었습니다. 배비지가 설계한 이 기계는 오늘날 컴퓨터와 유사한 요소를 지니고 있는데, 특히 저장 장치memory와 산술 연산 장치arithmetic logic unit, 그리고 제어 장치control unit와 같은 현대 컴퓨터의 기본 구조를 미리 보여주는 구성이었습니다.

배비지는 기계에 명령을 입력하고, 연속적인 연산 절차를 실행할 방법으로 펀치 카드 방식을 도입했습니다. 이 펀치 카드는 당시 프랑스 발명가

조제프 마리 자카르가 개발한 자카르 직기에서 영감을 얻은 방식으로, 섬유 공장에서 패턴을 자동으로 직조할 수 있도록 한 아이디어에서 비롯되었습니다. 자카르 직기에서 특정 구멍이 뚫린 카드에 따라 바늘 위치가 자동으로 조정되는 것처럼, 배비지의 분석 엔진은 펀치 카드에 기록된 특정 명령을 인식하고 그에 따라 연산을 수행하게 했습니다. 이 펀치 카드 방식 덕분에 분석 엔진은 미리 프로그램된 명령을 따라 복잡한 연산을 자동으로 수행할 수 있었습니다. 예를 들어, 덧셈과 곱셈 연산이 번갈아 진행돼야 한다면, 펀치 카드가 명령을 적절한 순서로 입력해 각 연산이 차례로 실행되도록 했습니다. 이런 방식은 기계가 명령을 해석하고, 정해진 순서대로 명령을 실행하는, 프로그램 가능programmable한 기계 개념을 구현한 첫 사례였습니다. 배비지의 분석 엔진은 그 구상이 매우 혁신적이었지만, 당시의 기술적 한계로 인해 완성되지 못했습니다. 배비지의 구상은 이후 에이다 러브레이스에 의해 더욱 구체화되어 다양한 수학적 연산과 논리적 처리를 수행할 수 있는 가능성을 열었습니다.

에이다 러브레이스와 최초의 알고리즘, 컴퓨터 프로그래밍의 서막

에이다 러브레이스는 찰스 배비지의 분석 엔진을 이해하고 그 진가를 알아본 최초의 인물로, 이를 활용할 수 있는 알고리즘 개념을 구체적으로 제안했습니다. 러브레이스는 찰스 배비지가 설계한 분석 엔진이 단순화된 산술 연산에 국한되지 않는다고 보았죠. 배비지의 분석 엔진이 가진 기본 구조와 기능을 면밀히 이해한 러브레이스는, 이 기계가 계산을 반복하는 계산기와는 달리 패턴을 인식하고 규칙을 적용할 수 있는 도구가 될 수 있다고 보았습니다. 러브레이스는 이 가능성을 실제로 시험하기 위해 베르누이 수Bernoulli number를 계산하는 알고리즘을 작성했습니다. 베르누이 수는 미적분학과 정수론에서 매우 중요한 역할을 하며, 특정한 수학적 규칙과 수식에 따라 순차적으로 계산됩니다. 러브레이스는 이처럼 복잡한 계산을 처리하기 위해서는 단순한 계산보다 고도의 알고리즘 사고와 구조화된 절차가 필요하다는 점에 주목했죠. 따라서 분석 엔진이 수학적 규칙을 따라 수열의 각 항을 자동으로 계산할 수 있다면, 기계의 복잡한 문제 해결 가능성을 입증하는 중요한 시도가 될 것이라고 판단했습니다.

베르누이 수는 일반적으로 $B_0=1, B_1=-\frac{1}{2}, B_2=\frac{1}{6}, B_3=0, B_4=-\frac{1}{30}\cdots$ 이렇게 순서대로 이어지며, 각 숫자는 이전 숫자들을 바탕으로 정해집니다. 홀수 위치의 베르누이 수에서는 B_1을 제외하고는 모두 0이 됩니다. 예를 들어, B_3, B_5, B_7 등은 모두 0입니다. 이 알고리즘의 핵심은, 이전 항의 값을 바탕으로 다음 항을 계산하는 구조입니다. 러브레이스는 이 계산을 단계별로 기계가 수행할 수 있도록 알고리즘을 구성했습니다. 알고리즘 형태로 구성하면 다음과 같습니다.

입력: 자연수 n(베르누이 수열의 n번째 항을 구하려는 수)

출력: $B(n)$, 베르누이 수열의 n번째 항

1. 시작
2. 만약
   a. 만약 $n=0$이면, $B(0)=1$을 반환한다.

b. 만약 n=1이면, $B(1) = -\frac{1}{2}$을 반환한다.

3. 그렇지 않으면:

a. $B(n) = -\frac{1}{n+1} \sum_{k=0}^{n-1} \binom{n+1}{k} B(k)$을 수행한다.

이전 값들을 이용해 $B(n)$을 계산하기 위해, 먼저 $B(0)$부터 $B(n-1)$까지 값을 차례로 구한 뒤, 이를 사용해 $B(n)$을 계산한다.

4. $B(n) = -\frac{1}{n+1} \sum_{k=0}^{n-1} \binom{n+1}{k} B(k)$을 반환한다.

5. 끝

n이 2 이상인 경우, 이전에 구해놓은 베르누이 수 값들을 활용해 $B(n)$을 계산합니다. 이때 재귀적 정의에 의해 이전 값을 모두 사용하여 새로운 값을 구합니다. $B(n)$을 계산하려면, 먼저 $B(n), B(1), B(2), \cdots B(n-1)$까지의 값이 필요하죠. 즉 각 베르누이 수는 그 앞의 값들과 특정 규칙에 따라 계산됩니다. 이렇듯 베르누이 수를 계산하는 알고리즘에는 동일한 부분 계산이 여러 번 반복됩니다. 러브레이스는 이러한 중복 계산 문제를 해결하기 위한 효율적인 알고리즘을 고안했습니다. 가령 수열의 특정 항을 구하기 위해 이미 계산된 항을 저장하여 다시 사용할 수 있도록 설계해, 기계가 동일한 계산을 반복하지 않도록 했습니다. 앞서 설명한 메모이제이션으로 기계가 불필요한 연산을 줄이고 효율적으로 작업을 수행하도록 한 방식이죠. 이런 처리 방식은 분석 엔진이 복잡한 연산을 수행할 때 중복된 계산을 최소화하고 성능을 높이는 효과를 가져왔습니다.

러브레이스가 작성한 베르누이 수의 계산 알고리즘은 수식을 나열하는 것이 아니라 분석 엔진이 실제로 따라야 할 단계별 명령을 기술하여, 기계가 논리적으로 진행할 경로를 설계했습니다. 오늘날 최초의 컴퓨터 프로그

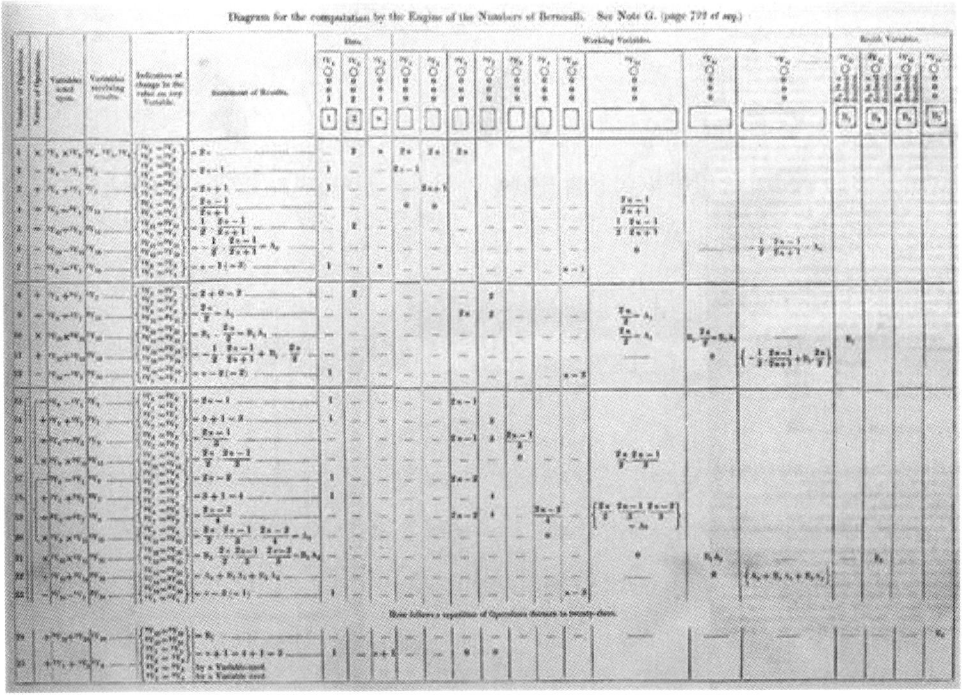

[그림 4] 에이다 러브레이스는 1843년, 찰스 배비지의 분석 엔진을 설명하는 논문 "찰스 배비지의 해석 기관 설계 개요"(Sketch of the Analytical Engine invented by Charles Babbage, Esq.)에 주석을 추가했는데, 이 주석은 A부터 G까지로 구성되었으며, 특히 주석(note) G에서 러브레이스는 베르누이 수를 계산하는 알고리즘을 상세히 설명한다. 러브레이스는 베르누이 수를 구하기 위해 기계가 따라야 할 일련의 계산 단계, 즉 알고리즘을 체계적으로 제시하는데, 기계가 특정 수학적 규칙과 단계를 반복 수행해 결과를 산출하는 프로그램의 초기 형태를 보여주고 있다. 또 러브레이스는 이 논문에 "기계가 단지 수학적 계산에 그치지 않고, 다양한 기호와 패턴을 처리할 수 있다면 예술과 음악 같은 창의적 분야에도 응용될 수 있을 것"이라는 통찰을 담아냈다.

램으로 평가받죠. 또 이 작업은 현재의 프로그래밍 개념에서 논리적 흐름과 순차적 명령 수행을 구현한 초기 사례로 볼 수 있으며, 컴퓨터가 복잡한 수학적 문제를 자동으로 처리할 가능성을 입증한 것으로도 평가받습니다. 러브레이스는 오늘날 프로그래밍 언어에서 사용하는 제어 구조인 루프, GOTO문, IF문과 같은 개념을 제안하여 기계가 순차적으로 복잡한 연산을 수행하는 방식을 구상했습니다. 특히 서브루틴^{subroutine}에 관한 개념도 고안했는데, 1948년 모리스 윌키스가 개발한 최초의 어셈블리어에 이 개념이 최초로 추가되었습니다. 이런 공로를 기리기 위해 그녀의 이름을 딴 프로그래밍 언어인 에이다^{Ada}가 만들어졌고요.[8]

불대수, 디지털 혁명의 기초

조지 불은 수학자이자 논리학자로, 알고리즘과 컴퓨터과학의 핵심인 논리적 사고 체계를 수학적으로 정립했습니다. 1854년 저서 《논리와 확률의 수학적 기초를 이루는 사고의 법칙 연구》*An investigation into the laws of thought on which are founded the mathematical theories of logic and probabilities*에서 논리적 사고를 수학적으로 표현할 수 있는 체계를 개발하며, 이를 불대수로 정리했죠.

---

[8] 에이다는 1980년대 초 미국 국방부가 복잡한 시스템과 임베디드 소프트웨어 개발을 위해 설계한 고급 프로그래밍 언어로, 병렬 처리, 예외 처리, 강력한 타입 검사와 같은 기능을 제공하여 고품질, 안정성, 신뢰성을 요구하는 군사 및 항공우주 응용 프로그램에 적합하다. 특히 모듈성과 재사용성을 강조하여 대규모 소프트웨어 개발에 유리하며, 현재 군사 시스템, 항공 제어, 의료 장비 등 안전이 중요한 분야에서 널리 사용된다.

조지 불의 논리 체계는 이후 디지털 연산의 핵심이 되었으며, 현대 컴퓨터 하드웨어와 소프트웨어의 기초를 이루는 알고리즘 설계에 중요한 역할을 했습니다. 예를 들어, 컴퓨터의 게이트 논리gate logic는 불대수의 AND, OR, NOT 연산을 전자회로로 구현한 것입니다.[9] 또 검색엔진이나 데이터베이스에서 정보를 찾을 때 불 연산자를 활용하면 좀 더 정확하고 효율적으로 찾을 수 있습니다. 먼저 AND 연산자는 두 조건이 모두 참인 경우에만 결과를 반환하죠. 예를 들어 '피보나치 AND 알고리즘'을 검색하면, 검색엔진은 '피보나치'와 '알고리즘'이라는 단어가 모두 포함된 결과만을 필터링합니다. 원하는 조건을 정확하게 반영한 결과를 얻고 싶을 때 사용합니다. OR 연산자는 두 조건 중 하나라도 참인 경우에 결과를 반환합니다. '피보나치 OR 알고리즘'을 입력하면, 검색엔진은 '피보나치' 또는 '알고리즘' 중 하나라도 포함된 문서를 반환하죠. 다양한 결과를 더 넓은 범위에서 검색할 수 있게 하며, 관련성을 넓게 보고자 할 때 유용합니다. NOT 연산자는 특정 조건을 제외할 때 사용됩니다. '피보나치 NOT 알고리즘'을 입력할 경우, 검색엔진은 '피보나치'가 포함되지만 '알고리즘'이라는 단어가 포함되지 않은 문서만 반환합니다. 불대수는 현대 컴퓨팅의 논리적 기반입니다,

[9] 불의 논리 체계는 참(True)과 거짓(False)을 이용한 이진 논리 연산을 바탕으로 하며, 디지털 컴퓨터에서의 연산, 명제 논리, 그리고 퍼셉트론(Perceptron)과 같은 초기 신경망 모델의 동작 원리에 직접적인 영향을 주었다. 특히 AND, OR, NOT과 같은 기본적인 논리 연산이 뉴런 간의 활성화 함수 및 가중치 조정 방식과 연결되면서 인공신경망의 구조 설계에도 응용되었다. 불의 논리 체계는 오늘날 딥러닝과 같은 AI 모델에서 사용되는 활성화 함수 및 가중치 최적화 과정의 개념적 기초를 제공했으며, 그의 외고손자인 제프리 힌턴(Geoffrey Hinton)이 인공신경망 연구를 발전시키는 데 중요한 토대가 되었다. 제프리 힌턴은 2024년 노벨 물리학상을 받았다.

트랜지스터 기반의 논리 게이트와 결합해 디지털 회로와 알고리즘의 작동 원리를 구성하기 때문이죠. 또 하드웨어와 소프트웨어를 이어주는 다리로서 물리적 세계와 추상적 사고가 만나는 접점에서 작동하는 논리의 언어이기도 합니다.

6장

현대, 컴퓨터과학의 발전과 알고리즘의 역할

비트와 엔트로피, 컴퓨터과학의 근본 원리를 찾아서

20세기에 들어서면서 알고리즘은 컴퓨터과학의 핵심 개념으로 자리 잡으며 복잡한 시스템을 제어하고 데이터를 처리하는 필수 도구로 발전합니다. 컴퓨터과학은 알고리즘 없이는 작동할 수 없을 정도로 밀접한 관계를 맺고 있으며, 오늘날 우리가 사용하는 거의 모든 기술의 근간이 되었습니다.

클로드 섀넌은 MIT 석사 논문인 "계전기와 스위치 회로의 기호학적 분석"A Symbolic Analysis of Relay and Switching Circuits(1937)에서 불대수를 통해 전기 회로를 체계적으로 설계할 가능성을 열었습니다. 섀넌은 불대수를 활용해 논리적 상태를 수학적 표현으로 다루고, 회로의 상태와 조건을 수학적 규칙에 따라 분석하는 방법을 제안했습니다. 이러한 접근은 전기적 회로 설계의 정확성과 효율성을 크게 높였으며, 디지털 논리 설계의 핵심 원리로 자리 잡게 됩니다. 특히 불대수를 통해 플립플롭flip-flop, 카운터counter, 레지스터register와 같은 디지털 논리 요소가 설계되었으며, 이 요소들은 컴퓨터 시스템의 기본적인 동작 원리를 형성하게 됩니다. 섀넌은 논리 구조를 수학적으로 표현하고 설계하는 체계를 마련해 정보이론과 디지털 기술 발전의 기초를 확립한 선구자로 평가받으며, 이 석사 논문은 "역사상 가장 중요한 석사 논문 중 하나"로 언급됩니다.

섀넌은 이후 1948년에 발표한 획기적인 논문 "통신의 수학적 이론"A Mathematical Theory of Communication에서 처음으로 비트bit라는 단어를 공식적으로 사용했죠. 비트는 '이진 정보 자릿수'binary digit를 줄인 용어로, 정보를 0과 1이라는 두 가지 상태로 표현하는 이진법 체계입니다. 특히 이 논문은 정보이론의 탄생을 알린 기념비적 연구로, 정보의 정량적 측정과 데이터의 효율적 전달에 관한 혁신적 개념들을 제시합니다. 정보이론information theory은 정보를 어떻게 표현하고, 효율적으로 전달하며, 저장할 수 있는지를 설명하는 이론입니다. 비트를 통해 정보의 엔트로피entropy를 수치화하고, 데이터를 압축하거나 효율적으로 전송할 수 있게 되었는데, 이 엔트로피는 데이터의 불확실성이나 예측하기 어려운 정도를 나타냅니다.

엔트로피는 원래 물리학에서 태동한 개념으로, 독일 물리학자 루돌프 클라우지우스가 1868년 열역학 제2법칙을 연구하면서 도입한 용어입니다. 열역학 제2법칙은 고립된 계에서 에너지가 점차적으로 분산되며, 엔트로피는 항상 증가하는 방향으로 변화한다는 원리를 설명합니다. 에너지가 사용될 때 되돌릴 수 없는 형태로 변환되며, 자연계에서 무질서도가 증가하는 경향이 있음을 의미하죠. 즉, 엔트로피는 계system의 무질서도disorder

또는 에너지의 비가용성unavailability을 측정하는 개념으로, 열역학적 과정에서 에너지가 점점 사용 불가능한 형태로 변화하는 필연성을 나타냅니다.

사이버네틱스와 정보이론, 질서와 불확실성의 조화

이후 오스트리아 물리학자 에르빈 슈뢰딩거는 1931년 생물학적 시스템에서 엔트로피 개념을 확장하며 네겐트로피negentropy, 즉 부정적 엔트로피라 개념을 제안합니다. 슈뢰딩거는 생명체가 외부에서 에너지를 받아들이고 이를 질서 있는 구조로 변환해 엔트로피 증가를 억제하는 과정을 강조했죠. 일반적으로 물리적 시스템은 엔트로피가 증가해 점차적으로 무질서해지지만, 생명체는 외부 에너지를 이용하여 스스로를 조직화하고 질서를 유지할 수 있다는 점에서 차이를 보입니다. 따라서 생명 현상은 엔트로피 증가의 자연법칙을 따르면서도 동시에 이를 부분적으로 역전시키는 특성을 가진다고 설명할 수 있습니다.

이런 네겐트로피 개념은 1940-1950년대 노버트 위너의 사이버네틱스cybernetics 이론으로 확장되었습니다. 사이버네틱스는 정보 흐름과 제어 체계를 연구하는 학문으로, 생명체뿐만 아니라 기계와 인공 시스템도 외부 환경과의 상호작용을 통해 네겐트로피를 생성하고 유지할 수 있음을 설명합니다. 위너는 생명체, 사회, 기계 시스템이 정보의 피드백 과정을 활용해 복잡한 환경에서도 질서를 유지하고 적응할 수 있다고 보았습니다. 인간 두뇌는 외부 정보를 받아들이고 학습하면서 기존 경험과 연결하여 패턴을 형성하는데, 이는 엔트로피 증가를 방지하는 네겐트로피적 과정이라고 해석할 수 있습니다.

위너는 특히 자기 조정 시스템 self-regulating system 개념을 강조했습니다. 생명체와 기계는 주어진 정보를 받아들이는 것은 물론, 외부 환경의 변화를 지속적으로 감지하고 이에 따라 스스로를 조정하는 능력을 갖추고 있습니다. 네겐트로피적 과정을 통해 엔트로피 증가를 막고 질서를 유지하는 방식이죠. 자동온도조절장치 thermostat 는 실내 온도를 감지하고 일정한 수준으로 유지하는데, 사이버네틱스에서 말하는 피드백 조절의 대표적 사례입니다. 이런 원리는 자율주행 자동차, 인공지능 학습 시스템, 생체 모방 로봇 등 다양한 기술에도 적용됩니다. 또 위너는 생명체와 기계 시스템에서의 학습과 적응 과정이 네겐트로피와 밀접한 관련이 있다고 보았습니다. 인간과 동물은 과거 경험을 통해 정보를 축적하고, 이를 바탕으로 새로운 상황에 적응하는 능력을 키웁니다. 피드백 과정으로 설명하면, 외부 환경에서 받은 자극이 기존 경험과 결합해 새로운 학습이 이루어지고, 이를 통해 더욱 효율적으로 환경에 대응할 수 있는 패턴이 형성됩니다. 이런 학습 과정이 계속될수록 시스템은 보다 정교하게 작동하며, 네겐트로피를 유지하면서도 더욱 발전하게 됩니다. 이러한 위너의 연구는 기계학습 machine learning 과 인공지능의 발전에도 중요한 영향을 미쳤습니다. 초기 인공지능 연구에서는 기계가 데이터에서 패턴을 학습하고 새로운 정보를 처리하는 능력을 갖출 수 있도록 설계되어야 한다는 개념이 강조되었습니다. 이런 방식은 오늘날 딥러닝 deep learning 과 같은 현대 인공지능 기술의 핵심 원리로 자리 잡았습니다. 위너의 사이버네틱스 이론은 자기학습 self-learning, 적응형 알고리즘 adaptive algorithm, 신경망 neural network 모델 등과 같은 개념들이 발전하는 데 중요한 기초가 되었습니다.

위너는 또한 사회 시스템에서도 네겐트로피 개념이 적용될 수 있다고 보았습니다. 사회적 조직과 경제 시스템이 정보 흐름과 피드백을 통해 자율적으로 조정되며, 효율성을 높이기 위해 질서를 유지하는 방식이 사이버네틱스의 원리와 동일하다고 보았죠. 시장 경제는 수요와 공급의 피드백을 통해 가격이 조정되고, 기업과 정부는 환경 변화에 맞춰 정책을 수정하는 과정을 통해 보다 안정적인 시스템을 구축하는 원리와 같습니다.

이처럼 위너의 사이버네틱스와 네겐트로피 개념은 물리학적 엔트로피 증가 법칙을 넘어, 정보 시스템의 자기 조정과 질서 유지의 원리를 탐구하는 핵심 이론으로 발전했으며, 오늘날 다양한 학문과 기술 발전에 필수적인 개념으로 자리하고 있습니다.

이와 같은 엔트로피 개념의 확장은 결국 섀넌의 정보이론information theory으로도 이어졌고, 엔트로피를 '정보의 불확실성을 측정하는 척도'로 정의했습니다. 그러나 위너와 섀넌은 정보 개념을 해석하는 방식에서 차이를 보였습니다. 섀넌은 정보를 수학적으로 정량화하기 위해 의미를 배제하고, 정보를 불확실성, 즉 엔트로피 감소로 정의했습니다. 말하자면 메시지가 전달될 때 얼마나 예측 불가능한지를 측정하는 것이 정보량이며, 정보가 많을수록 엔트로피가 높다고 보았죠. 반면 위너는 정보의 역할과 의미에 주목하며, 정보를 질서, 즉 네겐트로피의 척도로 해석했습니다. 위너는 정보가 체계적인 패턴 형성 및 조직화 과정과 관련이 있다고 보았으며, 시스템 내에서 질서를 유지하고 강화하는 역할을 한다고 주장했습니다.

정리하면 섀넌은 정보의 물리적 전달과 효율성에 초점을 맞추어 정보량을 '양의 엔트로피'로 간주한 반면, 위너는 정보가 엔트로피를 감소시키는 요소이므로 음의 엔트로피인 '네겐트로피'로 보아야 한다고 주장한 것입니다. 이런 차이로 인해, 섀넌의 정보이론은 통신과 데이터 압축 같은 공학적 응용에 중요한 기여를 했고, 위너의 정보 개념은 생명체, 기계, 사회 시스템의 자기 조정과 적응 과정을 설명하는 데 활용되었습니다.

확률과 정보량, 예측 불가능성을 측정하는 수학적 원리

섀넌은 앞서 잠시 언급한 논문 "통신의 수학적 이론"을 통해 정보를 정량적으로 측정하는 방법을 제시했습니다. 다양한 분야에서 공통으로 적용될 수 있는 정보의 핵심 속성이 무엇인지에 대한 문제의식을 갖고 정보량을 객관적으로 측정할 수 있는 수학적 정의를 정립한 뒤 이를 위한 단위를 설정했죠. 섀넌의 정보 개념은 공학적 문제를 해결하는 데 필수적인 기초이지만, 그 의미는 일차원적으로 공학적 문제를 넘어서는 중요한 함의를 포함하고 있습니다.

많은 학자들은 섀넌의 정보이론이 정보 연구의 중요한 기초임을 인정하면서도 정보의 의미를 다루지 않는다는 점을 한계로 지적합니다. 그러나 섀넌은 처음부터 정보의 의미론적 요소를 포함하지 않는 것이 더 넓은 분야에서 정보 개념을 적용하는 데 유리하다고 판단했죠. 이런 개념을 바탕으로 섀넌은 정보량을 수식으로 정의했으며, 이를 측정하는 단위로 비트 bit를 도입했습니다. 개별 사건의 정보량은 해당 사건이 발생할 확률로 정의되며, 전체 사건의 평균 정보량(즉 엔트로피)은 확률의 기대값을 통해 표현됩니다. 비트는 정보를 표현할 수 있는 가장 작은 단위이며, 이를 물리적으로 구현할 수 있는 기계 장치도 가장 간단한 형태를 가집니다. 이와 같이 섀넌은 정보의 의미를 배제함으로써, 정보를 수학적으로 정량화할 수 있는 기초를 마련했고, 이는 이후 정보이론, 데이터 압축, 디지털 통신, 인공지능 등의 발전에 중요한 토대가 되었습니다. 이제 섀넌의 엔트로피 개념을 수식으로 좀 더 상세히 살펴보겠습니다.

$$H = -\sum_{i=1}^{n} P(x_i) \log_2 P(x_i)$$

H가 바로 엔트로피로서 비트 단위로 측정됩니다. $P(x_i)$는 사건 x_i가 발생할 확률이며, $log_2 p(x_i)$는 2를 밑으로 하는 확률 로그값입니다.

다소 복잡한 수식이지만 엔트로피를 이해하기 위해서는 건너뛸 수 없는 매우 유명한 공식입니다. 쉽게 설명해보겠습니다. 확률이란 특정 사건이 발생할 가능성을 수치로 나타낸 것이죠. 예를 들어, 동전을 던질 때 앞면이 나올 확률은 50%, 뒷면이 나올 확률도 50%입니다. 이를 수학적으로는 P(앞면)=0.5, P(뒷면)=0.5로 표현할 수 있습니다. 이처럼 확률은 사건의 발생 가능성을 정량적으로 보여줍니다. 그렇다면 엔트로피란 다름 아닌 데이터의 예측 불가능성을 측정하는 지표죠. 데이터가 얼마나 무작위적이고 예측하기 어려운지를 나타내며, 정보이론에서 매우 중요한 개념으로 사용됩니다. 예측이 어려운 데이터일수록 엔트로피값은 높아지고, 예측이 쉬운 데이터일수록 엔트로피값은 낮아집니다.

엔트로피를 계산할 때는 로그$^{\log}$함수가 사용되는데, 그 이유는 두 가지로 요약됩니다. 첫 번째 이유는 로그함수의 특성 덕분에 정보량이 직관적으로 해석되기 때문입니다. 예를 들어, 어떤 사건의 확률이 낮을수록 해당 사건이 발생했을 때 제공되는 정보량은 더 커지는데, 로그함수는 이러한 관계를 잘 설명합니다. 즉 어떤 데이터 x에 대한 정보량 $I(x)$는 다음과 같은 로그함수 형태로 정의됩니다.

$$I(x) = -log(P(x))$$

확률값 P가 작을수록 정보량 $I(x)$는 커지며, 이는 드문 사건일수록 더 많은 정보를 제공한다는 사실과 부합되는데, [도표 1]처럼 로그함수로 정의됩니다.

두 번째 이유는 로그함수가 정보량을 합산하기 쉽게 만들어줍니다. 독립적인 사건의 결합 확률은 곱셈으로 계산되는데, 로그함수는 곱셈을 덧셈

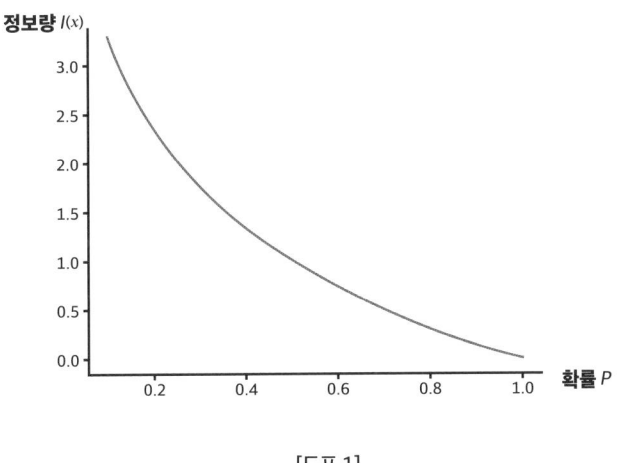

[도표 1]

확률 P와 정보량 $I(x)$의 관계를 보여준다. 즉, 확률 P가 높을수록, 사건의 예측 가능성이 높아 정보량은 작아지는 반면, 확률 P가 낮을수록, 사건의 예측 가능성이 낮아 정보량은 커진다. 로그함수의 특성 덕분에, 정보량이 확률의 감소에 따라 점진적으로 증가하며, 확률값이 0에 가까워질수록 정보량이 급격히 커진다.

으로 변환합니다. 예를 들어, 두 사건 A와 B의 결합 확률 $P(A∩B)=P(A)·P(B)$일 때, 로그를 사용하면 $log(P(A∩B))=log(P(A)+log(P(B))$로 간단히 표현할 수 있습니다. 이러한 성질 덕분에 엔트로피 계산은 확률 분포에 대해 효율적으로 수행될 수 있습니다.

이제 공정한 동전 던지기를 생각해보겠습니다. 앞면과 뒷면이 나올 확률이 동일하게 0.5라고 가정할 때, 엔트로피는 다음과 같이 계산됩니다.

$$H = -(0.5 \cdot log_2 0.5 + 0.5 \cdot log_2 0.5)$$

여기서 $log_2 0.5 = -1$이므로, $h = -(0.5 \cdot (-1) + 0.5 \cdot (-1)) = 1$, 즉 동전 던지기의 엔트로피는 1비트이며, 이는 결과가 완전히 예측 불가능함을 의미합니다. 이와 대조적으로, 동전 던지기에서 앞면이 나올 확률이 0.9, 뒷면이 나올 확률이 0.1인 경우를 생각해보죠. 이때 엔트로피는 다음과 같이 계산됩니다.

$$H = -(0.9 \cdot log_2 0.9 + 0.1 \cdot log_2 0.1)$$

여기서 $log_2 0.9 ≈ -0.152$, $log_2 0.1 ≈ -3.322 ≈ -3.322$이므로, $h = -(0.9 \cdot (-0.152) + 0.1 \cdot (-3.322)) ≈ 0.8$비트, 즉 이 결과는 앞면의 확률이 압도적으로 높아 결과를 예측하기 쉬워졌음을 보여줍니다. 즉, 엔트로피가 낮아졌다는 것은 데이터의 무작위성이 낮아지고, 압축도 쉬워졌음을 의미합니다. 결론적으로, 엔트로피는 데이터의 예측 가능성을 측정하며, 높은 엔트로피는 무작위적이고 압축하기 어려운 데이터를, 낮은 엔트로피는 규칙적이고 압축 가능한 데이터를 나타냅니다.

빅오와 엔트로피,
정보이론과 알고리즘 복잡도의 연결고리

알고리즘 복잡도 이론에서도 섀넌의 정보량 개념이 중요한 역할을 합니다. 알고리즘이 특정 문제를 해결하는 데 필요한 정보량을 최소화하면, 계산 자원, 즉 시간과 공간을 효율적으로 사용할 수 있습니다. 알고리즘 복잡도를 분석할 때 빅오 표기법이 필수적인데, 알고리즘이 처리할 데이터의 크기, 즉 입력 크기 n에 따라 시간 또는 공간이 얼마나 증가하는지를 나타내기 때문입니다. 몇 가지 대표적인 복잡도를 살펴보면 다음과 같습니다.

- $O(1)$: 입력 크기와 관계없이 일정한 시간이 소요됩니다.
- $O(logn)$: 입력 크기에 로그함수의 비율로 시간이 증가합니다. 이진 검색이 대표적인 예로, 데이터를 반씩 나누며 탐색하므로 매우 효율적입니다.
- $O(n)$: 입력 크기에 비례하여 시간이 증가합니다. 단순한 반복문이 이에 해당합니다.
- $O(nlogn)$: 입력 크기가 증가함에 따라 시간이 n과 $logn$의 곱에 비례하여 증가합니다. 대표적인 예로 합병 정렬 Merge Sort과 퀵 정렬 Quick Sort을 들 수 있습니다.
- $O(n^2)$: 입력 크기의 제곱에 비례하여 시간이 증가합니다. 중첩 반복문의 경우 입력 크기가 증가할수록 계산량이 급격히 늘어납니다.
- $O(2^n)$: 입력 크기가 증가함에 따라 계산 시간이 지수적으로 증가합니다. 예를 들어, 재귀적으로 모든 가능한 선택을 탐색하는 경우에는

입력 크기가 클수록 계산량이 급격히 늘어납니다.
- $O(n!)$: 입력 크기에 팩토리얼 비율로 시간이 증가합니다. 주로 순열을 계산하거나 바둑이나 체스처럼 모든 가능한 경우의 수를 탐색하는 문제에서 나타납니다.

가장 효율적인 알고리즘부터 가장 비효율적인 알고리즘까지, 복잡도의 증가 순서는 다음과 같습니다.

$$O(1) < O(logn) < O(n) < O(nlogn) < O(n^2) < O(2^n) < O(n!)$$

$O(n^2)$ 이상의 복잡도를 가진 알고리즘들은 입력 크기가 조금만 커져도 실행 시간이 급격히 증가하기 때문에 비효율적인 것으로 평가됩니다. $O(n^2)$은 중첩 반복문과 같이 입력 크기가 클수록 실행 시간이 기하급수적으로 늘어나며, $O(2^n)$과 $O(n!)$ 은 각각 지수적 증가와 팩토리얼 증가를 보이므로, 실용적인 문제 해결에서는 가능한 한 피해야 하는 복잡도로 간주됩니다. 특히 $O(n!)$ 복잡도를 가진 알고리즘은 입력 크기가 20만 넘어도 현실적인 계산이 거의 불가능해질 정도로 연산량이 폭발적으로 증가합니다.[10]

따라서 알고리즘을 설계할 때는 가능한 한 낮은 복잡도의 방법을 선택

---

[10] $O(n!)$ 복잡도를 가진 알고리즘은 입력 크기 n이 증가할수록 연산량이 급격히 증가한다. 예를 들어, n=10일 때 $10! = 3,628,800$번의 연산이 필요하지만, n=20이 되면 $20! ≈ 2.43 \times 10^{18}$로 연산량이 폭발적으로 증가한다. 일반적으로 컴퓨터가 1초에 10^9(10억)번 연산을 수행한다고 가정하면, 10!의 경우 0.0036초 정도로 실행이 가능하지만, 20!의 경우 약 77년이 걸릴 정도로 연산량이 급증한다. 즉, 입력 크기가 조금만 증가해도 현실적인 계산이 사실상 불가능해지는 복잡도이므로, 가능한 한 $O(n!)$ 알고리즘을 피하고 최적화된 방법을 사용하는 것이 중요하다.

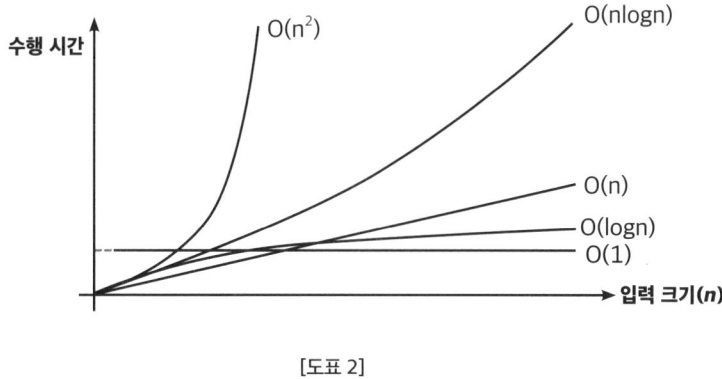

[도표 2]

도표의 x축은 입력 크기(n)를 y축은 수행 시간을 나타내며, 입력 크기가 증가함에 따라 각 알고리즘이 요구하는 계산량 차이를 시각적으로 표현한다. 특히 높은 복잡도를 가진 알고리즘이 입력 크기의 증가에 따라 성능이 급격히 저하되는 양상을 명확히 보여준다.

하는 것이 중요합니다. 예를 들어, 정렬 문제를 해결할 때 복잡도가 $O(n^2)$인 버블 정렬[11] 대신 $O(nlogn)$인 퀵 정렬을 사용하고, 탐색 문제를 해결할 때 $O(n)$인 선형 탐색 대신 $O(logn)$인 이진 탐색을 사용하는 것이 보다 효율적인 선택이 될 수 있습니다. 이러한 복잡도 분석을 통해 문제 해결 과정에

11   버블 정렬은 인접한 두 숫자를 비교하면서 더 큰 숫자를 뒤로 보내는 방식의 정렬 알고리즘이다. 이 과정이 반복되면서 가장 큰 숫자가 차례로 맨 끝으로 밀려나는데, 마치 물속에서 공기방울(버블)이 위로 올라가는 것과 비슷한 원리라서 '버블 정렬'이라는 이름이 붙었다. 먼저 배열의 첫 번째 숫자와 두 번째 숫자를 비교해 더 큰 숫자가 뒤로 가도록 위치를 바꾼다. 그런 다음, 두 번째 숫자와 세 번째 숫자를 비교하고, 필요하면 위치를 바꾼다. 이 과정을 배열 끝까지 반복하면, 가장 큰 숫자가 맨 마지막 자리로 이동한다. 이제 남은 숫자들에 대해 같은 방식으로 정렬을 진행한다. 처음부터 다시 비교하며 두 번째로 큰 숫자를 그다음 자리로 이동시키고, 이 과정을 계속 반복해 점차적으로 모든 숫자를 정렬한다. 배열이 완전히 정렬될 때까지 이 과정을 계속 수행하며, 가장 작은 숫자가 점점 앞쪽으로 이동하여 최종적으로 정렬이 완료된다.

서 최적 알고리즘을 선택하는 것이 컴퓨터과학에서 중요한 개념 중 하나입니다.

빅오 표기법은 알고리즘이 얼마나 자원을 얼마나 효율적으로 사용하는지를 보여줍니다. 섀넌의 정보이론에서는 데이터의 엔트로피가 높을수록 정보의 불확실성이 커지고, 더 많은 자원이 필요하다고 말하는데, 알고리즘도 마찬가지로 복잡도가 높아질수록 더 많은 계산 자원이 필요합니다.

엔트로피는 정보의 불확실성을 측정하는 지표라고 했지만 무작위성을 측정하는 지표이기도 합니다. 높은 엔트로피는 데이터의 예측 가능성이 낮음을 의미하며, 난수 생성이나 랜덤 알고리즘randomized algorithm과 밀접한 관련이 있다는 의미이죠. 랜덤 알고리즘은 알고리즘 설계에서 무작위 요소를 도입함으로써 데이터 처리 효율을 높이고 특정한 상황에서 예측 불가능성을 활용하여 성능을 최적화합니다.

랜덤 알고리즘은 입력 데이터의 구조나 순서와 관계없이 최적의 성능을 내기 위해 무작위성을 활용하는데, 이 원리를 잘 보여주는 대표 사례가 퀵 정렬quick sort입니다. 퀵 정렬은 데이터를 정렬하기 위해 피벗pivot이라는 기준점을 선택하고, 이 피벗을 기준으로 데이터를 두 그룹으로 나눈 뒤, 각 그룹을 재귀적으로 정렬하는 방식입니다. 다시 말해 피벗보다 작은 값들은 왼쪽 그룹으로 이동시키고, 피벗보다 큰 값들은 오른쪽 그룹으로 이동시키며, 이 과정을 반복하면 전체 데이터가 정렬됩니다. 전통적인 퀵 정렬에서는 첫 번째 요소나 마지막 요소를 피벗으로 고정된 방식을 선택합니다. 하지만 입력 데이터가 이미 정렬된 경우, 이러한 고정된 피벗 선택은 데이터가 고르게 분할되지 못하게 하여, 알고리즘 성능이 심각하게 저하됩니다. 이로 인해 퀵 정렬의 시간 복잡도는 최악의 경우 $O(n^2)$로 증가할 수 있습니다. 다시 말해 알고리즘이 효율적으로 작동하지 못한다는 것을 의미합니다. 랜덤 퀵 정렬randomized quick sort는 이런 문제를 해결하기 위해 피벗을 무작위로 선택합니다. 무작위 피벗 선택은 데이터가 어떤 형태로 주어지더라도 특정 패턴이 알고리즘의 성능에 미치는 영향을 최소화하죠. 이 방식은 평균적으로 $O(nlogn)$의 시간 복잡도를 유지하도록 도와 알고리즘이 안정적이고 효율적으로 작동하게 합니다. 따라서 랜덤 퀵 정렬은 입력 데이터의 형태와 관계없이 균등한 분할을 보장하여 성능 저하를 방지합니다. 만약 기존 방식에서 피벗이 고정되어 있다면, 이미 정렬된 데이터에서 퀵 정렬은 한쪽으로 치우친 분할을 반복하며 느려집니다. 반면 랜덤 방식에서는 피벗을 무작위로 선택하기 때문에 데이터 분할이 고르게 이루어지고, 효율적인 정렬이 가능합니다.

무작위성을 도입한 알고리즘은 특정 입력 데이터에 대해 최악의 경우를 회피할 수 있는 특성을 가지며, 평균적인 성능 이상으로 향상시키죠. 이러한 설계 원칙은 섀년의 정보 불확실성 개념이 알고리즘의 실제 적용에서 어떻게 구현되는지를 잘 보여주는 사례라 할 수 있습니다. 랜덤 알고리즘은 정렬 이외에도 검색, 암호화, 난수 생성 등 다양한 분야에서 응용됩니다. 특히 암호 알고리즘은 무작위성을 통해 데이터 보안을 강화할 수 있는데, 암호화 강도를 평가하는 지표로 섀년의 엔트로피가 사용되기도 합니다.[12] 이처럼 섀년의 정보이론은 컴퓨터과학의 여러 영역에서 없어서는 안

---

[12] 암호학에서 엔트로피는 암호 키나 데이터가 얼마나 예측 불가능하고 무작위적인지를 측정하는 기준으로 활용된다. 엔트로피가 낮으면 키가 쉽게 예측되거나 패턴이 반복되어, 공격자가 통계적 분석이나 사전 공격으로 암호를 풀기 쉬워진다. 반면 엔트로피가 높으면, 암호를 해독하기 위해 가능한 모든 키를 시도해야 하므로 브루트포스 공격(brute force attack) 같은 무차별 대입 방식이 매우 어려워진

될 도구로 자리 잡고 있습니다.

계산 불가능성, 앨런 튜링과 알고리즘의 한계

앨런 튜링의 연구는 컴퓨터과학과 알고리즘의 발전에 있어 가장 중요한 기여 중 하나로 평가받고 있습니다. 1936년에 발표한 그의 논문 "계산 가능한 수와 결정문제의 응용에 관하여"On Computable Numbers, with an Application to the Entscheidungsproblem 는 결정 문제와 계산 가능성에 대한 중요한 이론적 탐구를 바탕으로 알고리즘의 한계와 본질을 밝혀냈습니다.

결정 문제는 독일 수학자 다비드 힐베르트가 제기한 문제로, 주어진 수학적 명제가 참인지 거짓인지를 기계적으로, 즉 알고리즘으로 판별할 방법이 존재하는지에 관한 질문입니다. 힐베르트는 수학에서 모든 문제는 궁극적으로 하나의 알고리즘으로 해결할 수 있다고 믿었죠. 이에 대해 쿠르트 괴델은 불완전성 정리를 통해 수학 체계가 가진 근본적 한계를 밝혀냈습니다. 괴델의 첫 번째 불완전성 정리는 "어떤 복잡한 수학 체계라도 체계 내에서 참이지만 증명할 수 없는 명제가 반드시 존재한다"는 내용을 담고 있습니다. 쉽게 이야기하면, 수학적으로 참이라는 것을 알더라도 체계 내에서 이를 증명하는 것은 불가능할 수 있다는 의미입니다. 가령 "이 명제는

다. 엔트로피는 난수 생성기의 품질을 평가하거나, 암호화된 데이터가 얼마나 안전한지 분석하는 데 사용된다. 또 긴 암호 키를 사용하면 엔트로피가 높아져 보안성이 더 강해지는데, 이런 특성 덕분에 섀넌의 엔트로피는 안전한 암호 시스템 설계의 필수적인 기준으로 자리 잡고 있다.

증명할 수 없다"는 문장은 체계 내에서 참인지 거짓인지 결정할 수 없습니다. 괴델의 두 번째 정리는 수학 체계가 스스로의 무모순성을 증명할 수 없음을 보여줍니다. 어떤 체계가 '나는 모순이 없다'라고 주장하려면 더 강력한 외부 체계의 도움을 받아야 하는데, 이로 인해 수학은 스스로의 완전성을 증명할 수 없는 한계를 가지게 됩니다. 괴델의 정리를 쉽게 이해하려면 "이 문장은 증명할 수 없다"는 문장을 생각해보면 됩니다. 이 문장이 참이라면, 증명할 수 없으므로 체계가 불완전합니다. 반면 거짓이라면, 체계 내에서 거짓 명제가 증명된 것이 되어 모순이 발생합니다. 이런 논리적 순환 때문에 체계 내에서는 해결할 수 없는 명제가 반드시 존재하게 됩니다.

튜링은 1935년 케임브리지대학교에서 수학과 철학을 공부하며 괴델의 정리를 포함한 수학적 논리학에 깊이 매료되었습니다. 튜링의 지도 교수였던 막스 뉴먼은 괴델 정리를 강의하며 튜링에게 '수학의 한계'라는 개념을 설명했습니다. 튜링은 괴델 정리가 논리 체계의 한계를 설명한 것처럼, 컴퓨터와 알고리즘에도 유사한 한계가 존재하리라 추측하고, 괴델의 정리에서 사용된 자기참조적 논리를 프로그래밍의 세계로 옮기며, '스스로를 분석하는 프로그램'이라는 개념을 통해 멈춤 문제를 정의했습니다. 그런 다음 튜링은 다음과 같은 질문을 던졌습니다.

모든 프로그램이 주어진 입력에서 멈추는지 확인하는 알고리즘을 만들 수 있을까?

튜링은 이 질문에 대한 답을 구체적으로 탐구하기 위해 어떤 이론적 계산 모델이 필요했습니다. 1936년 튜링은 논문을 쓰면서 모든 수학적 문제를 기계적으로 처리할 방법, 즉 튜링기계를 고안하게 됩니다. 튜링 기계는 무한히 긴 테이프를 가진 기계로, 이 테이프에 기록된 기호를 읽고, 수정하며, 좌우로 이동하는 방식으로 계산을 수행합니다. 튜링 기계는 매우 단순한 동작을 통해 복잡한 계산을 처리할 수 있으며, 알고리즘 처리의 기본 원리를 설명합니다. 작동방식은 대략 다음과 같습니다. 튜링 기계는 특정 규칙에 따라 기호를 읽고 쓰며, 이 규칙은 알고리즘으로 정의됩니다. 알고리즘은 문제를 해결하기 위한 단계별 절차를 의미하며, 튜링 기계는 이러한 알고리즘을 개념적으로 구현한 모델인 것이죠. 입력이 주어지면, 기계는 그 입력을 바탕으로 알고리즘 규칙에 따라 문제를 해결하는 절차를 수행합니다.

튜링의 연구에서 가장 중요한 기여 중 하나는 계산 가능성과 계산 불가능성 개념을 명확히 구분하는 것입니다. 우선 튜링은 수학적 문제를 계산 가능한computable 문제와 계산 불가능한non-computable 문제로 분류했죠. 계산 가능한 문제는 알고리즘으로 해결 가능한 문제입니다. 즉, 튜링 기계를 사용해 유한한 시간 내에 결과를 얻을 수 있는 문제입니다. 쉽게 말해 덧셈, 곱셈, 소인수분해 같은 수학식으로 구성된 알고리즘으로 해결할 수 있다는 의미죠. 반면 계산 불가능한 문제는 알고리즘으로 해결할 수 없는 문제로, 튜링 기계를 통해 결과를 도출할 수 없다는 의미입니다. 튜링은 결국 어떤 프로그램이 주어진 입력에 대해 유한한 시간 내에 멈출지 아니면 무한히 실행될지를 알고리즘으로는 판단할 수 없음을 정지 문제halting problem를 통해 증명합니다.

정지 문제를 일종의 사고 실험만으로 증명하죠. 우선 모든 프로그램의 실행 여부를 예측할 수 있는 가상 프로그램 H가 있다고 가정합니다. 정지 판별기인 H 프로그램은 다른 프로그램과 그 프로그램에 들어가는 입력을 받아서, 해당 프로그램이 멈출지 혹은 무한히 계속될지를 판단하는 역할을 합니다. 말하자면 H는 특정 프로그램을 입력받아 '멈춤' 또는 '계속됨'이라는 결과를 돌려주는 것이죠.

튜링은 이 가정에 모순이 생긴다는 것을 증명하기 위해 또 다른 특별한 프로그램 Q를 설계합니다. 이 프로그램 Q는 청개구리처럼 H의 예측에 반대로 행동하도록 만들어졌습니다. 즉 만약 H가 'Q는 멈춘다'고 판단하면 Q는 계속 실행되고, 반대로 H가 'Q는 멈추지 않는다'고 판단하면 Q는 즉시 멈추도록 설계되었습니다. 이제 Q가 자기 자신을 입력으로 받는 경우를 생각해볼게요. Q가 자기 자신을 입력받을 때, H의 예측은 항상 모순에 빠지게 됩니다. 만약 H가 'Q는 멈춘다'고 예측하면, Q는 H의 예측을 반대로 하여 계속 실행되도록 설계되었으므로 H의 예측은 틀리게 되죠. H가 'Q는 멈추지 않는다'고 예측하면, Q는 H의 예측을 반대로 하여 즉시 멈추도록 설계되었으므로, 역시 H의 예측이 틀리게 됩니다. 이 논리적 모순을 통해 어떤 프로그램의 멈춤 여부를 완벽히 판단할 만능 해결기 H는 존재할 수 없다는 결론에 도달하게 됩니다. 모든 프로그램이 언젠가 종료될지 여부를 사전에 완벽히 예측하는 것은 불가능하다는 것이죠. 이 문제는 컴퓨터가 모든 문제를 해결할 수 있는 만능 도구가 아님을 알려줌으로써 컴퓨터과학과 알고리즘이 갖는 이론적 한계를 명확히 해줍니다.

한편 튜링 완전성Turing completeness은 특정 시스템이 튜링 기계가 수행할 수 있는 모든 계산 가능한 작업을 처리할 능력을 갖추었음을 의미합니다. 튜링 기계는 이론적 모델로서, 유한한 시간 내에 해결 가능한 문제를 단계적 알고리즘을 통해 처리할 수 있는 구조를 갖추고 있습니다. 현대 컴퓨터는 이러한 튜링 완전성을 갖고 설계되어 있어, 이론적으로는 튜링 기계가 수행할 수 있는 모든 계산을 처리할 구조적 잠재력을 지니고 있습니다. 즉 현대 프로그래밍 언어의 조건문, 반복문, 변수와 같은 기본 연산 구조가 튜링 기계의 연산 능력과 본질적으로 동일한 작업을 가능하게 한다는 의미입니다. 그러나 위에서 보았듯이 모든 문제가 컴퓨터로 해결될 수 있는 것은 아닙니다. 정지 문제와 같이 일부 문제들은 알고리즘적인 접근으로 해결이 불가능한 계산 불가능 문제로 분류됩니다. 다시 말해, 튜링 완전성을 갖춘 컴퓨터라 하더라도 이들 문제는 해결할 수 없습니다. 따라서 튜링 완전성은 컴퓨터가 계산 가능한 모든 문제를 해결할 능력을 제공하지만, 이는 어디까지나 유한한 시간 내에 해결 가능한 문제들로 제한됩니다.

폰 노이만과 현대 컴퓨터, 그리고 알고리즘 사고

폰 노이만은 현대 컴퓨터과학의 토대를 마련한 인물로, 현대 컴퓨터 설계의 기본 원리를 정립하고 컴퓨터를 이용한 수치 해석과 시뮬레이션의 길을 개척했습니다. 컴퓨터과학 외에도 양자역학의 수학적 기초를 확립했으며, 수학적 방법론을 활용해 유체역학과 충격파 이론을 발전시키기도 했죠. 그야말로 수학, 물리학, 컴퓨터과학, 경제학 등 다양한 분야에서 혁신적 아이디어를 제시하며 20세기 과학의 발전을 이끈 다재다능한 학자입니다. 이 책을 이해하는 데 필요한 폰 노이만의 두 가지 업적만 정리하면 다음과 같습니다. 첫째, 현대 디지털 컴퓨터 설계의 기본 원리인 폰 노이만 구조 Von Neumann architecture입니다. 1945년, 폰 노이만은 보고서 "에드박 초안"First

Draft of a Report on the EDVAC에서 프로그램과 데이터를 동일한 메모리에 저장하는 프로그램 내장 방식을 제안했습니다. 이러한 설계는 이후 폰 노이만 구조로 알려지며 현대 컴퓨터의 기본 아키텍처로 자리매김했습니다. 에드박은 이러한 폰 노이만 구조를 채택한 초기 컴퓨터 중 하나로, 이전의 에니악 ENIAC과 달리 이진수를 사용하고 프로그램 내장 방식을 구현하여 컴퓨터의 연산 속도와 효율성을 크게 향상시켰습니다.[13] 폰 노이만 구조의 가장 큰 특징은 프로그램과 데이터를 같은 메모리 공간에 저장하는 개념이죠. 이전 컴퓨터는 프로그램을 물리적 스위치나 외부 회로를 통해 고정적으로 실행했지만, 이 구조는 프로그램과 데이터를 메모리에 함께 저장함으로써 프로그램의 유연성을 대폭 향상시켰습니다. 이로써 컴퓨터는 다양한 작업을 처리하는 범용적 장치로 발전할 수 있었습니다.

폰 노이만 구조는 다음 세 가지 주요 요소로 구성되었습니다. 중앙처리장치CPU는 명령어를 해석하고 실행하며, 연산이나 제어 역할을 담당합니다. 메모리는 데이터를 저장하고, 프로그램 명령어를 보관하며, CPU와 데이터를 주고받는 데 사용됩니다. 입출력 장치I/O는 사용자와 컴퓨터가 상호작용하도록 고안되었죠. 특히 CPU는 프로그램 카운터를 사용해 메모리

---

[13] 에니악은 1946년 발표된 세계 최초의 범용 전자식 디지털 컴퓨터로, 펜실베이니아대학교에서 존 프레스퍼 에커트(John Presper Eckert)와 존 윌리엄 모클리(John William Mauchly)가 설계했다. 에니악은 1만7468개의 진공관과 7만여 개의 저항, 500만 개의 납땜점으로 이루어진 거대한 장치로, 크기가 방 하나를 차지할 정도였다. 에니악은 단일 목적의 계산(주로 탄도 궤적 계산)을 수행하기 위해 설계되었으며, 프로그램은 물리적 스위치와 플러그를 조작해 재구성해야 했다. 비록 속도가 당시로서는 혁신적이었으나, 프로그램 변경이 복잡하고 시간이 많이 소요되어 다목적 활용에는 어려움이 있었다. 반면 에드박은 에니악의 한계를 극복하기 위해 설계된 컴퓨터로, 1949년 완성되었다. 프로그램 내장 방식 이외에도 1과 0의 이진수 체계를 사용하고, 진공관 사용을 줄여 효율성을 높였다.

에서 명령어를 순차적으로 읽고, 데이터를 처리한 후, 결과를 저장하거나 출력합니다. 이런 일련의 동작들은 페치-디코드-실행fetch-decode-execute 주기로 이루어지며,[14] 오늘날 모든 디지털 컴퓨터의 기본 운영 방식으로 자리 잡고 있습니다. 폰 노이만 구조는 컴퓨터를 특정 작업만 수행하도록 설계한 초기 기계식 컴퓨터에서 범용 컴퓨터로 발전하는 결정적 전환점이 되었습니다. 현재의 디지털 기술, 예컨대 스마트폰, 개인용 컴퓨터, 서버 등 모든 디지털 기기의 설계 원리는 여전히 폰 노이만 구조를 기반으로 하고 있습니다.

둘째, 자가 복제 시스템입니다. 폰 노이만은 자가 복제self-replication 시스템 개념을 제안하며, 생명체와 기계 시스템 간의 본질적 유사성을 탐구했는데, 그 과정에서 기계가 스스로를 복제할 수 있는 이론적 가능성을 설명하기 위해 이산 상태 자동자, 즉 셀룰러 오토마타cellular automata 모델을 고안했습니다. 셀룰러 오토마타는 격자grid 상의 개별 셀이 주변 상태와 규칙에 따라 변하는 시스템으로, 간단한 규칙으로 복잡한 행동을 나타낼 수 있습니다.

폰 노이만은 맨해튼 프로젝트에 참여해 원자폭탄의 폭발 메커니즘을

---

[14] 페치-디코드-실행 주기는 컴퓨터 프로세서(CPU)가 명령어를 처리하는 기본 과정으로, 먼저 페치 단계에서 컴퓨터는 실행할 명령어를 메모리에서 가져온다. 프로그램 카운터(PC)가 명령어 위치를 알려주면, 프로세서가 그 주소를 참조해 명령어를 읽어오고, 이를 명령어 레지스터(IR)에 저장한다. 동시에 프로그램 카운터는 다음 명령어를 준비하기 위해 증가한다. 그 다음 디코드(Decode) 단계에서 프로세서는 명령어의 의미를 해석한다. 명령어는 어떤 작업을 할지 나타내는 코드(opcode)와 데이터 또는 작업 대상(피연산자)을 포함한다. 마지막으로 실행(Execute) 단계에서 디코드된 명령어에 따라 연산이 이루어진다. 이 주기는 명령어마다 반복되는데, 현대 컴퓨터가 동작하는 핵심 원리다.

최적화하는 연구를 한 적이 있는데, 그 당시 프로젝트에 참여한 물리학자 스타니스와프 울람과 협력해 셀룰러 오토마타 개념을 구체화했습니다. 울람은 격자를 기반으로 한 단순한 패턴 모델을 제안했고, 복잡한 구조를 설명하려는 폰 노이만의 연구는 셀룰러 오토마타가 생명체의 자기 복제 과정뿐 아니라 충격파 모델링과 같은 물리적 현상까지 설명할 수 있는 강력한 도구로 발전하게 됩니다. 폰 노이만의 셀룰러 오토마타는 후에 수학자 존 콘웨이가 고안한 라이프 게임game of life의 기초가 됩니다. 라이프 게임은 주변 이웃 세포 수에 따라 상태가 변하는 아주 단순한 규칙으로 시작하지만, 매우 복잡한 패턴과 자기조직화 현상을 만들어내죠. 폰 노이만의 연구와 마찬가지로, 라이프 게임은 단순한 규칙이 복잡한 시스템을 만들어낼 수 있음을 보여주며, 생명체의 자기 복제는 물론 진화의 수학적 모델을 탐구하는 도구로 활용되었습니다.[15]

---

15 졸역 《컴퓨터로 철학하기》(이상북스, 2025)는 파이썬을 이용해 생명게임 구현 과정을 통해 복잡계와 자기조직화 원리를 탐구하며, 이를 철학적 주제와 연결하는 흥미로운 시도를 담았다. 또 라이프 게임의 구현 과정에서 나타나는 복잡한 행동을 분석하며, 대니얼 데닛(Daniel Dennett)의 자유의지와 결정론에 대한 철학적 논의를 설명한다.

2부

알고리즘 용어 이해하기

1부에서는 알고리즘의 역사적 발전을 따라가며 알고리즘이 다양한 문명과 사상 속에서 어떻게 문제 해결의 원리로 자리 잡았는지를 살펴보았습니다. 고대 바빌로니아와 이집트 문명의 수학적 방법, 동아시아의 문제 해결 방식, 이슬람 세계의 체계적인 문제 해결법 등을 통해 알고리즘이 인류 역사 속에서 점진적으로 발전해왔음을 확인할 수 있었습니다. 이어서 근대 수학과 논리학의 발전, 현대 컴퓨터과학의 출현과 알고리즘의 역할까지 분석하며 알고리즘이 현대 사회에서 필수적인 개념으로 자리 잡은 과정을 조명했습니다. 책의 초반부터 수학 개념과 알고리즘, 그리고 프로그램 소스 코드들이 등장해 다소 어렵게 느껴졌을 수 있었을 것입니다. 하지만 철학에서 개념을 분석하고 구조화하는 과정은 알고리즘의 논리적 흐름과 유사한 방식으로 작동하며, 문제를 해결하는 방법론적 접근 또한 알고리즘 사고와 긴밀하게 연결됩니다. 따라서 앞서 익힌 개념들은 알고리즘을 철학적으로 탐구하는 데 있어 필수 배경 지식이 되고, 이후 철학적 개념과 알고리즘의 상호작용을 보다 깊이 있게 이해하는 데 많은 도움이 될 것입니다.

이제 2부에서는 알고리즘의 핵심 개념과 용어를 정리하며, 컴퓨터과학에서 사용되는 개념들이 철학적 논의와 어떻게 연결될 수 있는지를 탐색하고자 합니다. 표상과 데이터 구조에서는 정보를 기호화하고 체계적으로 표현하는 방식이 알고리즘 설계에 미치는 영향을 다루며, 언어와 의미에서는 컴퓨터 언어가 정보를 해석하고 변환하는 과정을 철학적 의미론과 연계해 살펴봅니다. 재귀와 자기참조에서는 알고리즘이 자기 자신을 호출하는 방식을 통해 문제를 해결하는 논리를 분석하며, 철학에서의 자기반성적 사고방식과도 밀접한 관련이 있다는 점을 염두에 두면서 읽으시길 바랍니다. 계산불가능성과 결정불가능성은 알고리즘이 해결할 수 없는 문제의 한계를 보여주며, 철학적 인식론과 존재론적 논쟁과도 맞닿아 있습니다. 또 제어 구조와 반복문에서는 알고리즘이 특정한 절차를 따라 실행되는 방식과 논리적 흐름을 다루며, 유형과 제네릭 프로그래밍을 통해 알고리즘이 문제를 해결하는 논리적 체계를 형성하는 원리를 살펴보겠습니다.

1장

표상과 데이터 구조

철학과 컴퓨터과학에서의 표상, 사고와 계산의 중간적 매개

표상representation은 본래 철학적 맥락에서 모호하고 중간적인 성격을 가진 것을 의미합니다. 고대 그리스 철학에서 표상은 사물의 실재實在에도 인간의 사고思考에도 완전히 속하지 않는 존재로 간주되었죠. 그리스 철학자들은 인간이 감각을 통해 사물의 참된 본질을 파악할 수 있다고 주장했지만, 표상은 이러한 감각적 경험의 결과로 생겨나는 일종의 '감각에 의한 운동'으로 간주되곤 했습니다. 다시 말해, 표상은 실재를 직접적으로 반영하는 것이 아니라, 감각적 경험에 의해 형성된 중간적이고 주관적인 산물이라는 것이죠. 이렇게 고대 그리스 철학에서 표상은 감각적 운동의 결과를 넘어, 인간 정신의 작용에서 비롯된 환상phantasia으로 이해되었습니다. 다시 말해 사물의 본질이나 진리를 직접적으로 나타내는 것이 아니라, 인간의 정신이 감각적 경험을 기반으로 형성한 상象을 의미했습니다. 이런 관점에서 표상은 인간 사고와 실재 사이에 위치한 불완전하고 주관적인 매개체로서, 우리의 인식과 현실 이해를 복잡하게 만듭니다.

컴퓨터과학에서 표상은 현실 세계의 객체, 개념, 상태 등을 기호나 구조로 나타내는 과정을 의미합니다. 문제를 정의하고 해결하기 위한 계산의 기초가 되죠. 복잡한 문제를 체계적으로 분석하고 해결할 수 있도록 돕는 표상은 특히 고대 신화의 이야기에서도 찾아볼 수 있습니다. 미노타우로스가 갇혀 있는 미궁labyrinth에 들어간 테세우스는 아리아드네의 실타래를 사용해 탈출하는데, 이 과정은 표상을 활용한 대표적 사례라 할 수 있습니다. 이 실타래는 이동 경로를 표시함은 물론, 미로라는 복잡한 환경에서 안전한 탈출 경로를 체계적으로 구성하는 데 중요한 역할을 합니다.

표상은 문제적 표상과 계산적 표상으로 구분될 수 있습니다. 문제적 표상은 미궁이라는 공간에서 안전과 위험을 구분하는 데 중점을 둡니다. 미로의 각 길목과 갈림길은 안전한 경로와 미노타우로스와 같은 위험 요소를 구분하는 문제적 표상의 역할을 하죠. 반면, 계산적 표상은 테세우스가 실타래를 이용해 미로를 탐색하고 탈출하는 구체적 단계를 나타냅니다. 테세우스는 실타래를 통해 이미 지나온 경로를 기억하고, 미로를 되돌아 나가는 안전한 경로를 체계적으로 계산합니다.

미로와 실타래는 표상이 계층적으로 어떻게 작동하지를 잘 보여줍니다. 실타래의 각 구간은 개별적인 계산적 표상으로 작동하며, 지나온 길과 앞으로 나아가야 할 경로를 구분합니다. 동시에 실타래 전체는 미궁이라는 복잡한 구조에서 테세우스가 안전하게 탈출하기 위한 전체 경로를 나타내는 상위 표상으로 기능합니다. 복잡한 문제를 단순화하고 해결하기 위해 표상이 어떻게 작동하는지를 상징적으로 보여주죠.

표상은 여러 계층으로 이루어질 수 있으며, 문제 해결 과정의 각 단계에서 다른 표상 방식이 사용될 수 있습니다. 실타래의 각 구간은 테세우스가 이동한 특정 위치를 나타내는 계산적 표상이지만, 실타래 전체는 미로의 출구로 돌아가는 완전한 경로를 나타내는 상위 표상으로 작용합니다. 이런 계층적 구조는 미로라는 복잡한 문제를 부분적으로 해결하고, 이를 조합해 최종적인 해결책을 도출하는 데 효과적입니다. 이는 문제를 분할하고 단계적으로 해결하는 알고리즘 사고와도 밀접하게 연결되어 있습니다.

배열과 리스트, 데이터 구조의 선택이 문제 해결을 결정한다

데이터 구조 data structure 는 데이터를 체계적으로 관리하고 조작하기 위한 구체적인 구현 방식으로, 표상을 현실화하는 역할을 합니다. 알고리즘이 효율적으로 작동할 수 있는 기반이 되면서 문제 해결의 효율성을 결정짓는 중요한 요소이기도 하죠. 데이터 구조는 표상과 밀접하게 연결되어 있으며, 데이터 타입 data type 을 구체적으로 구현하는 역할을 합니다. 데이터 타입은 작업의 본질을 정의하고, 데이터 구조는 이를 물리적 또는 논리적으로 표현하는 방식입니다. 데이터 타입은 컴퓨터과학에서 특정 작업에 적합한 데이터의 본질과 형식을 정의하는 개념입니다. 데이터 타입은 숫자, 텍스트, 논리값과 같이 다양한 형태의 데이터를 다루며, 이를 통해 프로그래밍 언어가 데이터를 처리하고 조작하는 방식을 결정합니다. 예를 들면, 정수형 데이터는 산술 연산을 가능하게 하고, 문자열 데이터는 텍스트 조작을 지원하며, 논리형 데이터는 참과 거짓을 판단하는 데 사용됩니다. 데이터 타입은 존재의 분류와 본질의 정의라는 전통적 문제와 연결될 수 있습니다. 아리스토텔레스의 범주론처럼, 데이터 타입은 현실 세계를 이해하기 위해 추상적 개념으로 분류하는 작업에 비유할 수 있습니다. 데이터 타입은 객체가 어떤 속성과 행동을 가질 수 있는지를 결정하므로, 객체의 존재와 목적을 규정하는 도구로 작동합니다.

알고리즘에서 많이 사용되는 두 가지 대표적인 데이터 구조가 배열array과 리스트list입니다. 배열은 일정한 크기의 데이터를 저장하는 공간을 미리 확보하고, 각 데이터를 순서대로 저장하는 구조입니다. 책꽂이에 책을 차례대로 꽂아두고 특정 위치의 책을 쉽게 꺼내볼 수 있는 방식과 비슷하죠. 배열의 가장 큰 장점은 각 데이터를 빠르게 찾을 수 있다는 것입니다. 책꽂이에서 책이 몇 번째 칸에 있는지 알면 바로 꺼낼 수 있는 것처럼, 배열에서는 숫자로 된 '주소'(인덱스)를 이용해 데이터에 즉시 접근할 수 있습니다. 하지만 배열은 처음에 정해진 크기를 변경할 수 없다는 단점이 있습니다. 마치 책꽂이의 칸이 정해져 있어서 더 많은 책을 넣으려면 새로운 책꽂이를 사야 하는 것과 비슷하죠. 반면 리스트는 필요할 때마다 공간을 늘리거나 줄일 수 있는 유연한 구조입니다. 책꽂이에 책을 정해진 칸에 놓는 것이 아니라, 책들을 자유롭게 묶어서 관리하는 방식이라고 생각하면 됩니다. 즉, 책 하나를 다른 책과 연결해두면, 새로운 책이 생길 때마다 기존 책에 이어 붙일 수 있고, 필요하면 중간에 있는 책을 쉽게 빼낼 수도 있습니다. 이런 특징 덕분에 리스트는 데이터를 추가하거나 삭제하는 작업이 많을 때 유리합니다. 하지만 배열처럼 특정 위치의 데이터를 바로 찾는 것은 느릴 수 있습니다. 왜냐하면 리스트는 각 데이터가 앞뒤로 연결된 구조이기 때문에 처음부터 하나씩 찾아가야 하기 때문입니다. 이처럼 배열과 리스트는 각각 장점과 단점이 있어서 해결해야 할 문제의 성격에 따라 적절한 구조를 선택하는 것이 중요합니다. 배열은 빠른 접근 속도가 필요한 경우에 적합하고, 리스트는 데이터 크기가 계속 변하거나 중간에 데이터를 자주 추가하고 삭제해야 하는 경우 유리합니다. 알고리즘을 설계할 때 어떤 데이터 구조를 선택하느냐에 따라 실행 속도와 효율성이 크게 달라질 수 있으므로, 이를 잘 이해하고 활용하는 것이 중요합니다.

표상과 데이터 구조, 인간과 기계의 공통 언어

표상은 데이터를 추상적으로 정의하지만, 데이터 구조는 이를 실제 시스템에서 구현하는 방식입니다. 예컨대 이진 트리binary tree는 계층적 관계를 나타내는 표상을 구현하기에 적합한 데이터 구조 중 하나입니다. 이진 트리는 데이터의 삽입, 검색, 삭제 같은 작업을 효율적으로 수행할 수 있어, 특정 문제에서 최적의 선택이 될 수 있습니다. 이러한 데이터 구조의 선택은 문제 해결의 효과성과 효율성을 크게 좌우하는데, 알고리즘의 설계와 실행에도 직접적 영향을 미칩니다. 알고리즘이 작동하려면 데이터 구조가 제공하는 삽입, 삭제, 검색과 같은 작업을 해야 하기 때문에, 선택된 데이터 구조는 알고리즘의 효율성은 물론 실행될 수 있는지 여부를 결정합니다. 따라서 데이터 구조는 표상을 실제 문제 해결로 연결하는 다리 역할을 하며, 알고리즘 설계에서 핵심 요소로 작용합니다.

　표상은 문제를 정의하고 이를 해결하기 위한 추상적 표현 방식을 알려줍니다. 그래서 현실 세계의 객체나 개념을 수학이나 논리 형태로 변환하여 문제를 이해하고 접근할 수 있습니다. 표상이 문제의 개념적 틀이라면, 데이터 구조는 이 틀을 구체적으로 구현하고 조작하는 도구가 됩니다. 또 인간은 복잡한 개념을 단순화해 사고를 구조화하고, 인공지능은 데이터를 통해 학습하고 계산합니다. 따라서 표상은 인간과 기계 모두가 현실을 이해하고 조작하는 공통의 언어로도 볼 수 있습니다. 즉, 표상을 통해 인간은 추상적 사고를 수행하고, 기계는 데이터를 처리하여 문제를 해결하기 때문에 데이터 구조를 활용해 현실의 복잡성을 다루는 인간과 기계의 공통 방법론이라 할 수 있습니다.

2장

언어와 의미

언어의 한계와 번역의 문제, 철학과 프로그래밍 언어의 교차점

언어language가 본격적으로 철학적 문제로 다루어지기 시작한 것은 비교적 최근 일입니다. 이전에는 언어가 타자에게 사고를 전달하는 도구로만 여겨졌죠. 철학적 전통에서는 사고가 정신 내에서 형성되고, 언어는 이를 표현하여 전달하는 역할에 그친다고 보았습니다. 특히 언어는 사고의 정확성을 손상시키면서도 타자와의 의사소통을 가능하게 하는 불완전한 수단으로 간주되었습니다. 그래서 언어 자체의 구조와 작동방식은 사유의 대상은 아니었습니다. 언어가 단순한 도구를 넘어 사고를 구성하는 중요한 요소로 인식되기 시작한 것은 비트겐슈타인에 이르러서였습니다.

철학자들이 말, 즉 지식, 존재, 대상, 자아, 명제, 이름 등을 사용하여 사물의 본질을 파악하고자 할 때 항상 다음과 같이 물을 필요가 있다. 도대체 이 말은 그 고향인 언어 속에서 실제로 그렇게 쓰이고 있는가? 이러한 말들을 그 형이상학적인 용법에서 일상적인 용법으로 다시 되돌리자.

비트겐슈타인은 《철학적 탐구》(아카넷, 2016)에서 언어를 철학의 근본 토대로 보았습니다. 철학적 문제를 해결하기 위해 일상 언어의 사용법으로 돌아가야 한다고 했죠. 철학적 사유의 출발점이자 궁극적 고향이 언어라는 점을 강조한 것으로, 형이상학적 용어를 일상적 맥락으로 되돌리는 작업을 통해 철학적 혼란을 해소할 수 있다고 보았습니다. 그는 사고와 표상이 언어 바깥에서 독립적으로 존재하는 것이 아니라, 오히려 언어를 통해 실현된다고 보았습니다. 이 관점에서 언어는 인간이 세계를 이해하고 해석하는 방식을 규정하며, 언어 없이는 사고나 표상이 성립할 수 없다고 말합니다.

또 비트겐슈타인은 언어를 이해하기 위해 또 다른 메타언어가 필요하지 않다고 강조했습니다. 언어는 그 자체로 충분히 스스로를 설명할 수 있으며, 이를 이중 구조적으로 분석하려는 시도는 불필요하다는 것이죠. 철학이 철학 자체를 초월하려는 시도를 경계하며, 언어를 설명하기 위해 언어 바깥에서 새로운 틀을 찾으려는 시도를 비판하는 태도입니다. 언어의 구조와 작동방식은 그 자체로 사고와 표상을 구성하며, 추가적인 외부 도구 없이도 스스로를 이해할 수 있다고 보았기 때문입니다. 그러나 컴퓨터 언어는 인간 사고를 기계가 이해하고 처리하기 위해 일종의 메타언어를 통한 번역 과정이 필요합니다. 프로그래밍 언어는 알고리즘과 계산을 표현하는 강력한 도구지만, 기계는 이러한 언어를 직접 처리하지 못합니다. 따라서 컴파일러compiler와 인터프리터interpreter 같은 중간 도구가 필요하죠. 이들은 고급 프로그래밍 언어를 기계어로 변환하거나 명령을 실시간으로 해석해 컴퓨터가 실행할 수 있도록 합니다. 이 언어 변환은 한 프로그래밍 언어로 작성된 코드나 명령을 다른 형태로 변환해 다양한 환경에서 실행할 수 있게 하는 과정입니다. 컴파일러는 파이썬, 자바와 같은 고급 언어를 기계어로 변환해 컴퓨터가 이해하고 실행할 수 있는 형태로 만들고, 인터프리터는 코드를 실시간으로 해석해 명령어를 즉시 실행하죠. 이런 변환 과정은 언어 간 차이를 극복하고, 알고리즘이 다양한 환경에서 활용될 수 있도록 합니다.

표현과 실행,
인간 언어와 프로그래밍 언어의 의미 구조

의미meaning는 언어적 표현과 세계 사이의 연결을 설명하며, 단어나 문장의 사전적 정의로만 규정되지 않습니다. 비트겐슈타인은 의미가 고정된 본질을 가진 것이 아니라, 언어가 실제로 사용되는 방식, 즉 일상 속 맥락과 관행에 의해 형성된다고 보았죠. 언어가 상황에 따라 다르게 작동하며, 사용법이 곧 의미를 결정하기 때문입니다. 비트겐슈타인은 언어의 문법이 표준적 규칙이나 잘못된 사용을 교정하는 기준이 아니라고 말합니다. 언어의 문법은 사용자가 언어를 실제로 사용하는 방식을 반영하며, 다수가 같은 방식으로 사용한다면 그것이 곧 '올바른 문법'이 됩니다. 즉 문법이 고정된 틀이 아니라, 언어 공동체의 관행과 일치하는 유동적 체계라는 점을 보여줍니다. '게임'이라는 단어는 특정 규칙과 맥락에서 다양한 활동을 포함하지만, 이를 단일한 정의로 고정하기 어렵죠. 놀이로서의 게임, 경쟁적 스포츠, 비디오 게임 등 그 의미는 사용되는 상황에 따라 달라집니다. 의미가 특정한 틀로 고정될 수 없는 상대적 성격을 가지며, 사용 맥락 안에서만 이해될 수 있음을 보여주고 있습니다.

컴퓨터과학에서 언어는 의미를 전달하는 정확하고 효과적인 수단으로, 기호의 집합을 넘어선 체계적 도구로 간주됩니다. 기호가 개별 개념이나 대상을 표현하는 데 적합하다면, 언어는 이런 기호들을 결합해 문장이라는 구조를 형성하고, 이를 통해 개념들 간 관계를 표현합니다. 예컨대 프로그래밍 언어는 변수, 함수, 연산자라는 개별 기호를 사용하지만, 이를 문법적으로 결합하여 알고리즘을 정의하고 실행 가능한 지시로 변환하죠. 언어가 단순한 표상을 넘어선 문맥과 연산적 의미를 포함한 상호작용이 가능한 이유입니다.

기호와 언어는 모두 표상으로 기능하지만, 언어는 계산을 알고리즘으로 표현하기 위한 도구로 더 적합합니다. 기호는 특정 담론 내에서 관심 대상을 정의하거나 기술하는 데 유용하지만, 계산 과정이나 알고리즘 논리를 체계적으로 전달하는 데에는 한계가 있습니다. 반면 언어는 구문 syntax과 의미론 semantics을 통해 구조화된 표현을 가능하게 하며, 이를 통해 복잡한 알고리즘 사고를 구현할 수 있습니다. 이런 특성은 컴퓨터과학에서 언어가 논리적 사고를 구현하고 문제를 해결하는 핵심 도구로 자리 잡게 된 이유를 설명합니다.

구문은 알고리즘을 정의하고 실행하는 데 사용하는 형식적 표현 구조를 나타냅니다. 언어의 문법 규칙에 따라 명령어를 배치하여 알고리즘을 이해 가능하게 만들며, 컴퓨터와 인간 사이의 중재 역할을 합니다. 컴퓨터는 코드를 실행하기 전에 언어의 문법 규칙에 따라 구문 분석parsing을 수행합니다. 알고리즘이 논리적으로 올바른지 확인하는 과정으로, 문법 오류를 감지하고 구조적 타당성을 평가하는 역할을 하죠. 구문 분석이 완료되면, 컴퓨터는 의미 분석semantic analysis 단계로 넘어가 프로그램의 각 명령어가 수행할 동작과 그 상호작용을 검증합니다. 이 단계에서는 구문 분석을 통해 얻은 구조적 정보에 기초해, 명령어들이 올바르게 정의되고 실행 가능한지를 확인합니다. 예를 들어, 변수의 데이터 타입이 연산에 적합한지, 참조된 함수가 올바른 매개변수를 사용하는지를 평가합니다. 프로그램이 실행될 때 논리적으로 적절한 동작을 수행할 수 있는지를 검증하는 중요한 과정이기도 하죠.

의미 분석은 프로그램이 예기치 않은 동작을 하지 않도록 하는 안전장치로 작용합니다. 이 단계에서 발견되는 오류는 컴파일러 또는 인터프리터를 통해 개발자에게 경고되며, 이를 통해 잠재적 오류를 사전에 수정할 수 있습니다. 또 의미 분석은 프로그램의 정적 분석static analysis과도 연결되며, 이를 통해 실행 전에 코드의 잠재적 문제를 미리 탐지하고 최적화 기회를 제공할 수 있습니다. 이러한 과정은 컴퓨터와 인간이 명확한 의사소통을 통해 복잡한 알고리즘을 효과적으로 구현하고 실행하는 기반을 마련합니다.

하나의 언어가 여러 가지 의미를 가질 수 있다는 점은 컴퓨터과학에서 매우 중요한 실용적 가치를 지닙니다. 특히 언어의 의미론을 통해 알고리즘의 잠재적 실수를 발견하고 제거할 수 있습니다. 이는 프로그램이 의도한 대로 동작하지 않거나 잘못된 계산 결과를 만들어낼 위험을 사전에 방지할 수 있게 하죠. 예를 들어, 연산 의미론operational semantics은 알고리즘이 실행되는 단계별 동작을 상세히 기술하여 계산 과정에서 오류를 찾아내는 데 유용합니다. 또 표시 의미론denotational semantics은 프로그램의 구문을 수학적으로 추상화함으로써, 프로그램이 의도한 결과를 정확히 생성하는지를 확인할 수 있게 합니다. 이런 다양한 의미론은 언어가 알고리즘을 표현하는 도구에 그치지 않고, 오류를 방지하고 안정성을 보장하는 강력한 분석 도구임을 보여줍니다.

언어는 데이터와 계산을 표현하는 핵심 도구로, 정확한 의미론을 가지는 것이 필수입니다. 의미론은 프로그램의 동작을 명확히 정의하고, 결과에 대한 신뢰성을 담보합니다. 마치 의사의 처방전이 명확한 지침을 포함해야 환자의 건강과 안전을 보장할 수 있는 것과 같은 원리입니다. 컴퓨터과학에서 언어의 의미 체계가 명확하지 않다면, 데이터 처리는 물론 계산 결과의 신뢰성도 확보할 수 없습니다. 따라서 언어를 효과적으로 사용하려면 의미론을 철저히 이해하고, 이를 기반으로 설계와 구현이 이루어져야 합니다.

정리하면, 비트겐슈타인의 철학에서 강조되듯 언어의 의미는 그 사용법에 달렸으며, 실제로 사용되는 방식이 사고와 세계를 형성합니다. 언어는 인간이 세계를 이해하고, 복잡한 개념과 구조를 체계화하며, 서로 소통할 수 있게 합니다. 반면 컴퓨터과학에서 의미론은 프로그램의 동작과 결과를 정의하며, 프로그래밍 언어를 통해 인간 사고를 기계적으로 실행 가능하게 만듭니다. 인간 언어와 유사하게 구문과 의미의 구조를 통해 동작을 명확히 규정하며, 계산의 신뢰성을 보장합니다.

3장

제어 구조와 반복문

프로그래밍 언어와 제어 구조, 알고리즘을 표현하는 기초 원리

모든 알고리즘은 특정한 언어를 통해 표현되며, 그 언어의 형식적 의미 체계, 즉 의미론에 따라 수행할 계산과 동작이 결정됩니다. 이때 알고리즘이 어떤 종류의 언어로 표현되느냐에 따라 실행 환경과 결과물이 달라짐에도 불구하고, 이러한 언어들은 공통으로 두 가지 기본 지침에 의해 구성됩니다. 첫째, 동작operations은 특정한 효과를 만들어내는 명령어이며, 둘째, 제어 구조control structure는 이러한 동작의 순서와 반복, 조건에 따라 실행 방식을 조정하는 메커니즘입니다. 특히 제어 구조는 알고리즘의 표현력을 결정하는 중요한 요소죠. 제어 구조가 풍부하고 유연할수록 더 복잡하고 다양한 알고리즘을 언어로 구현할 수 있습니다. 가령 반복문for, while이나 조건문$^{if,\ switch}$ 같은 기본 제어 구조는 알고리즘이 복잡한 문제를 체계적으로 해결하는 기반이라 할 수 있습니다. 반대로 제어 구조의 표현성이 제한적인 언어는 특정 유형의 알고리즘만 표현할 수 있어 문제 해결 범위가 축소됩니다. 따라서 언어 설계에서 어떤 제어 구조를 포함할지를 결정하는 것은 언어의 기능성은 물론 그 언어로 해결 가능한 문제의 범위를 정의하는 본질적인 작업이라 할 수 있습니다. 대표적인 제어 구조 몇 가지만 살펴보겠습니다.

반복문은 동일한 작업을 여러 번 반복해야 하는 상황에서 코드의 효율성을 최대한 끌어올리기 위해 주로 사용됩니다. 가장 많이 사용되는 for문부터 보겠습니다. 반복 횟수가 정해져 있을 때 사용하며, 배열이나 리스트의 데이터를 처리할 때 매우 유용합니다. 다음은 파이썬으로 0부터 9까지 출력하는 코드입니다.

```
for i in range(10):
    print(i)  # 0부터 9까지 출력
```

while문은 반복 횟수가 명확하지 않고, 특정 조건이 참^{True}일 동안 반복이 필요한 경우 사용하죠. 아래 코드는 변수 count의 값을 0부터 4까지 출력하는 간단한 프로그램입니다. while문은 조건이 참인 동안 내부의 코드를 반복 실행합니다. 여기서는 조건이 count 〈 5로 설정되어 있으므로, count가 5보다 작을 때만 반복이 계속된다는 점에 유의해야 합니다.

```
count = 0
while count < 5:
    print(count)
    count += 1
```

중첩 반복문은 캥거루가 뱃속에 새끼를 품고 있듯이 반복문 안에 또 다른 반복문을 포함한 복잡한 데이터 구조를 처리할 때 사용됩니다. 아래 코드는 중첩된 for문을 사용해 2차원 배열인 matrix의 모든 요소를 하나씩 출력하는 프로그램입니다. 아래는 단계별 설명입니다.

```
matrix = [
    [1, 2, 3],
    [4, 5, 6],
    [7, 8, 9]
]
```

matrix가 위와 같이 설정되어 있다고 가정하고 아래 코드를 실행합니다.

```
for row in matrix:
    for element in row:
        print(element)
```

위 예시의 matrix를 기준으로 실행한 결과는 다음과 같습니다.

1 2 3 4 5 6 7 8 9

요약하면, 중첩 반복문에서 외부 반복문은 행^{row}을 처리하고, 내부 반복문은 해당 행의 각 요소를 처리합니다. 이 코드는 2차원 배열의 모든 요소를 순서대로 접근하여 처리하는 일반적인 방법을 보여줍니다.

알고리즘으로 표현한 니체의 영원회귀, 정형성과 변주 사이

반복문은 조건이 충족될 때까지 반복 실행되지만, 종료 조건이 명확하게 설정되지 않으면 무한히 반복될 위험이 있습니다. 이를 무한 루프라고 하며, 프로그램이 멈추지 않고 계속 실행되어 시스템 성능을 저하시킬 수 있습니다. 따라서 반복문을 설계할 때 명확한 종료 조건을 설정해야 합니다. 반복 횟수 제한을 두거나 최대 실행 시간을 정하는 방법으로 문제를 예방할 수 있습니다. 실제 사례를 보면, 웹 서버가 클라이언트의 요청에 응답하기 위해 대기하는 경우, 일정 시간 내에 응답이 오지 않으면 대기를 종료하도록 설정할 수 있습니다. 이를 타임아웃이라고 하는데, 무한 대기 상태를 방지하기 위해 끝내는 종료조건에 해당됩니다.

반복문 중에는 repeat문이 있습니다. 특정 작업을 반복 실행하는 반복문으로, 주로 조건을 나중에 검사하는 방식으로 작동합니다. 즉, 최소 한 번은 반복문 내부의 작업이 실행되며, 이후 조건을 평가해 반복을 계속할

지 결정합니다. 파이썬에서는 사용되지 않지만, 일부 프로그래밍 언어에서는 여전히 사용됩니다.[16]

반복문은 순환을 기술하는 것으로, 알고리즘 자체와 그것에 의해 수행되는 계산을 모두 포함하는 개념입니다. 반복 과정은 물론 반복을 설계하고 정의하는 구조, 즉 알고리즘과 이를 실행하여 결과를 만들어내는 실제 과정, 즉 계산을 모두 포괄합니다. 여기에서 중요한 점은 '기술'description과 '실행'execution의 차이를 이해하는 것입니다. 알고리즘은 무엇을 어떻게 해야 하는지에 대한 설계도를 제공하는 반면, 계산은 이 설계도가 구체적인 실행으로 나타나는 과정을 의미합니다. 반복문을 이해했다면, 이제 니체의 영원회귀을 알고리즘으로 표현해볼까요?

영원회귀(event)

입력: 반복될 사건 event

출력: 반복된 event 또는 종료 메시지

1. 시작

2. 반복:

 a. event를 실행하거나 출력한다.

---

[16] repeat문은 조건을 반복문의 끝에서 검사하는 구조로, 작업이 최소 한 번 실행된다는 장점이 있지만, 현대 프로그래밍 언어에서는 더 직관적이고 간결한 대체 구조들이 널리 사용된다. 예를 들어, while문은 반복 시작 전에 조건을 검사하며, 무한 루프와 break문을 조합하면 repeat문과 같은 동작을 쉽게 구현할 수 있다. 조건의 위치를 명확히 하고, 코드의 가독성을 높이는 데 유리하다. 또 최신 프로그래밍 언어들은 설계의 단순성과 일관성을 중시하여 repeat문을 기본 제어 구조에서 제외하는 경향이 있다. 파이썬과 자바스크립트 같은 언어는 repeat문 없이도 while과 for문으로 충분히 유연한 반복 작업을 구현할 수 있다. 이런 이유로 repeat문은 현대 프로그래밍에서 쓰이지 않는다.

b. 사용자에게 "계속하려면 Enter를 누르고, '죽음'을 입력하면 종료합니다:"를 요청한다.

c. 사용자의 입력을 확인한다.

   i. 만약 입력이 "죽음"이면:

      - "영원회귀의 사슬이 끊어졌습니다."를 출력한다.

      - 반복을 종료한다.

3. 끝

이 알고리즘은 반복될 사건[event]을 입력으로 받아 동작합니다. 사용자가 "죽음"이라는 단어를 입력하면 반복이 멈추고, 종료 메시지가 표시됩니다. "삶은 무한히 반복된다. 너는 이 영원을 견딜 준비가 되었는가?"라는 문장을 사건으로 입력했다고 가정해보겠습니다. 그러면 화면에 이 문장이 출력되고, 사용자는 Enter를 눌러 반복을 계속하거나 "죽음"을 입력해 반복을 끝낼 수 있습니다. Enter를 누르면 문장이 다시 출력되고, "죽음"을 입력하면 "영원회귀의 사슬이 끊어졌습니다."라는 메시지가 표시되며 아래와 같이 종료됩니다.

> 삶은 무한히 반복된다. 너는 이 영원을 견딜 준비가 되었는가?
> 계속하려면 Enter를 누르고, '죽음'을 입력하면 종료합니다:
> 삶은 무한히 반복된다. 너는 이 영원을 견딜 준비가 되었는가?
> 계속하려면 Enter를 누르고, '죽음'을 입력하면 종료합니다: 죽음
> 영원회귀의 사슬이 끊어졌습니다.

우리는 매일 일어나서 옷을 입고, 아침을 먹고, 출근하는 일을 반복합니다. 이런 일상적인 반복은 무심하게 기계적으로 되풀이되는 것처럼 보일 수 있지만, 실제로는 그보다 더 복잡한 의미를 내포하고 있습니다. 어제 한 일이 오늘에 영향을 미치고, 오늘의 선택이 내일의 방향을 결정짓기 때문이죠. 비슷한 행동을 반복하는 것 같아 보여도, 각 반복은 다른 맥락 속에서 이루어지며, 작은 차이들이 쌓여 새로운 결과를 만들어냅니다. 이를 통해 우리는 변화와 발전을 느낄 수 있습니다. 이렇게 보면 우리 삶은 단순한 반복이 아니라 변화와 연결된 순환 과정이라고 할 수 있습니다. 이러한 변화는 외부에서 주어진 것이 아니라, 우리가 매 순간 선택을 통해 만들어낸 결과입니다.

그러나 알고리즘은 이러한 변화를 포착하는 데 한계를 가질 수 있습니다. 알고리즘은 정형화된 규칙과 절차를 따르며, 동일한 입력에 대해 동일한 출력을 생성할 뿐이죠. 일상의 반복 속에서 일어나는 미묘한 차이, 즉 맥락과 선택에서 비롯되는 변화는 알고리즘의 범위를 넘어서는 영역일 수 있습니다. 삶은 계산 가능한 요소들의 집합라기 보다, 예측 불가능하고 비정형적인 요소들로 가득 차 있기 때문입니다.

4장

재귀와 자기참조

재귀, 반복, 그리고 본질, 알고리즘 속의 존재론

재귀를 의미하는 영어 단어 recursion은 라틴어 *recurrere*에서 유래하며, '되돌아오다'를 뜻합니다. 이 어원은 재귀가 가진 두 가지 주요 개념, 즉 자기유사성 self-similarity과 자기참조 self-reference로 확장되죠. 알고리즘과 데이터 구조에서 재귀성을 이해하려면 이 두 개념을 먼저 이해할 필요가 있습니다.

자기유사성은 구조나 패턴이 동일한 형태로 축소되거나 반복되는 특성을 나타냅니다. 하나의 그림 속에 작은 형태로 동일한 그림이 계속 들어 있는 방식에서 볼 수 있습니다. 방 안에 TV가 있고, TV 화면에는 또 다른 방의 그림이 있으며, 그 방 속 TV에는 다시 같은 그림이 반복되는 현상이 자기유사성의 전형적 사례입니다. 이런 자기유사성은 프랙털 구조에서 자주 나타나며, 재귀적 알고리즘에서 패턴의 반복을 통해 문제를 해결하는 데 활용됩니다.

> 본질에 대한 우리의 물음은 '본질은 무언가 감춰진 것이다'라고 전제한다. 우리는 '언어란 무엇인가' '글이란 무엇인가'라고 묻고는 최종적인 해답이 제시될 것이라고 생각한다. 미래에 일어날 수 있는 어떠한 경험과도 관계없는 해답이 제시될 거라고 생각해버리는 것이다.

비트겐슈타인은 《철학적 탐구》에서 철학적 질문이 '본질은 감춰져 있다'는 가정에서 시작되는 점을 비판하며, 이런 사고가 철학의 '병'이라고 말합니다. 본질을 고정된 실체로 보지 않고, 언어와 개념의 사용 방식에서 나타나는 가족유사성family resemblance이라는 아이디어를 제시하죠. 가족유사성은 특정한 공통점을 기준으로 개념을 정의하는 대신 다양한 유사성을 바탕으로 개념들을 하나의 집합으로 묶는 방식을 의미합니다.

프랙털 구조와 같은 자기유사성은 비트겐슈타인의 가족유사성과 비교해볼 수 있습니다. 프랙털에서 작은 단위는 전체 구조와 닮았지만 그 구성은 완벽하게 동일하지 않고 크기나 형태에서 약간의 차이가 있습니다. 고정된 본질을 규명하기보다 각 단위가 전체 맥락에서 어떻게 조화를 이루는지 탐구하는 방식과 유사하죠. 가족 구성원은 서로 정확히 같은 모습이 아니지만 유사성을 통해 동일한 범주에 속한다고 인식됩니다.

자기참조는 어떤 개념이나 정의가 자신을 설명하기 위해 자신의 이름이나 상징을 사용하는 경우를 말합니다. '자손' 개념은 자기참조를 포함합니다. 그리고 여러분의 자손은 "여러분의 아이들 또는 그 아이들의 자손"
으로 정의되죠. 여기서 자손이라는 단어는 그 개념 자체를 설명하기 위해
다시 사용되는데, 이것이 재귀적 정의입니다. 알고리즘 측면에서 이러한
자기참조가 함수 호출을 통해 동일한 문제를 작은 단위로 해결하는 재귀
호출의 근본 원리가 됩니다.

컴퓨터과학에서 재귀recursion는 알고리즘에서 문제를 해결하기 위해 자
기 자신을 호출하는 기법이에요. 복잡한 문제를 더 작고 단순한 하위 문제
로 분할하여 해결한 뒤, 이 결과를 결합해 전체 문제를 해결하는 방식이죠.
재귀는 반복문과 달리 문제를 단계적으로 축소하면서 자연스럽게 해결 과
정을 단순화할 수 있는 장점이 있습니다. 재귀의 중요한 요소 두 가지가 있
는데, 그중 하나는 기저 조건base case입니다. 재귀 호출을 종료시키는 조건
을 말하죠. 기저 조건이 명확히 설정되지 않으면 재귀가 무한 반복되어 스
택 오버플로가 발생할 수 있습니다. 또 하나는 재귀 호출recursive call입니다.
함수가 자기 자신을 호출하여 문제를 해결하죠. 이 호출은 기저 조건에 도
달하기 전까지 반복적으로 실행됩니다.

자기참조는 개념이나 구조가 자신을 참조하거나 정의에 포함하는 방식
을 의미합니다. 특히 복잡한 관계를 단순화하고 계층적 구조를 모델링하는
데 유용하죠. 자기참조는 알고리즘 사고를 단순화하고 데이터 구조를 유
연하게 설계하도록 돕습니다. 트리tree와 그래프graph와 같은 계층적 데이
터 구조는 자기참조를 통해 노드node 간의 관계를 유지합니다. 이진 트리의
노드 구조는 왼쪽 자식과 오른쪽 자식을 자기참조적으로 포함하여 계층적
데이터의 표현과 탐색이 가능합니다.

재귀는 복잡한 문제를 작은 단위로 분해하고 이를 해결한 뒤 다시 결합

하는, 즉 나누어서 공략하는 '분할 정복' 알고리즘에서 중요한 역할을 합니다. 퀵 정렬quick sort과 병합 정렬merge sort 같은 알고리즘은 데이터를 분할하고 각각을 재귀적으로 정렬한 뒤 병합하는 방식으로 작동하죠. 이런 과정은 문제를 체계적으로 단순화하고 효율적인 해결책을 제공하는 데 재귀의 강점을 보여줍니다. 그러나 재귀는 종료 조건이 명확하지 않거나 재귀 호출이 지나치게 많을 경우, 프로그램이 무한 루프에 빠지거나 스택 오버플로가 발생할 수 있습니다. 스택 오버플로는 함수 호출이 과도하게 중첩되어 메모리가 초과될 때 발생하며, 프로그램이 정상적으로 실행되지 못하고 중단됩니다. 이 무한 루프를 방지하기 위해서는 기저 조건을 명확하게 정의하고, 호출이 해당 조건에 도달하도록 설계해야 합니다.

〈인셉션〉과 재귀적 사고, 꿈속의 꿈, 알고리즘의 알고리즘

크리스토퍼 놀란 감독의 영화 〈인셉션〉은 꿈속의 꿈을 탐험하며 현실과 상상의 경계를 탐구하는 독특한 구조를 가졌습니다. 이 영화는 프로그래밍에서의 재귀 구조recursive structure와 매우 유사한 서사를 통해 자기참조와 계층적 반복으로 복잡한 이야기를 풀어나가죠. 영화에서 꿈은 하나의 계층layer으로 표현됩니다. 주인공 코브와 그의 팀은 목표인 인셉션, 즉 '생각의 씨앗을 상대방의 무의식에 심는 것'을 이루기 위해 꿈속으로 들어가고, 그 안에서 또 다른 꿈을 설계하며 점점 더 깊은 계층으로 내려갑니다. 이런 구조는 프로그래밍에서 함수가 자기 자신을 호출하며 중첩되는 재귀 구조와 본질적으로 유사합니다.

재귀 함수는 하나의 기저 조건을 만나기 전까지 자기 자신을 반복 호출하며 깊어지는데, 영화에서도 꿈의 가장 깊은 레벨인 림보^{limbo}에 도달하기 전까지 이런 계층적 반복이 계속됩니다. 각 꿈의 계층은 재귀 호출 스택의 프레임처럼 독립적이지만, 동시에 서로 영향을 주고받습니다. 꿈의 시간 왜곡과 중첩된 서사를 통해 재귀 구조의 본질을 시각적으로 절묘하게 표현하고 있습니다.

재귀 구조에서 가장 중요한 요소 중 하나는 기저 조건입니다. 기저 조건은 함수가 더 이상 자기 자신을 호출하지 않고 종료되는 기준점이라 볼 수 있는데, 이는 재귀가 무한히 반복되지 않도록 하기 위함이죠. 영화에서는 기저 조건이 '깨어남'으로 상징됩니다. 즉 꿈의 각 계층에서 '킥'^{kick}이라는 충격을 통해 상위 계층으로 돌아가는 것이 기저 조건 역할을 합니다. 만약 기저 조건이 충족되지 않으면 꿈은 무한 반복되고, 최종적으로 가장 깊은 계층인 림보로부터 빠져나올 수 없습니다. 림보는 프로그래밍에서 재귀 호출이 끝나지 않아 스택 오버플로가 발생하여 무한 루프에 빠져드는 상황과 유사합니다. 영화에서 림보는 시간과 공간이 왜곡된 무한한 공간으로 묘사되며, 기저 조건 없는 재귀의 위험성을 상징적으로 보여줍니다.

〈인셉션〉의 또 다른 특징은 현실과 꿈의 경계를 명확히 구분하기 어렵다는 점입니다. 이 특징은 프로그래밍에서의 자기참조와 유사한 개념으로, 함수가 스스로를 호출할 때 외부 상태와 내부 상태가 혼재되는 상황을 반영합니다. 코브는 토템^{totem}이라는 객체를 사용해 현실과 꿈을 구분하려 하지만, 영화 결말에서 토템이 멈추지 않는 장면은 '현재가 과연 현실인가?'라는 질문을 던지며 관객을 다시금 혼란 속으로 밀어넣습니다.

특히 흥미로웠던 점은 꿈의 각 층이 상위 층보다 시간이 더 느리게 흐른다는 설정이었습니다. 이 현상은 컴퓨터과학에서 재귀 함수가 깊어질수록 실행 시간이 증가하는 현상과 유사하게 설명될 수 있습니다. 재귀 함수는 자신을 반복적으로 호출하면서 문제를 점점 더 작은 단위로 나누어 해결하는 방식을 따릅니다. 하지만 각 호출된 함수는 종료되기 전에 이전 단계의 실행이 모두 완료되어야 하므로, 호출 깊이가 증가할수록 전체 실행 시간이 길어지는 특징을 가집니다. 〈인셉션〉에서 꿈의 층이 깊어질수록 시간이 상대적으로 길어지는 원리는 재귀 함수의 호출 깊이가 깊어질수록 연산이 누적되며 종료되는 데 걸리는 시간이 증가하는 원리와 유사하죠. 즉, 꿈의 최하위 단계에서 몇 시간이 흘러도 현실에서는 단 몇 초밖에 지나지 않은 것처럼, 재귀 함수에서 내부 호출이 많아질수록 프로그램의 실행 시간이 기하급수적으로 늘어날 수 있다는 점에서 흥미로운 유사성을 발견할 수 있습니다. 같은 이유로 현실에서 "아니오, 난 후회하지 않아요"(Non, je ne regrette rien)라는 에디트 피아프의 서정적인 노래가 꿈속에서는 비트가 느려지면서 긴장감을 높이는 효과음으로 변하게 되는 이유도 이 시간 왜곡 때문입니다.

재귀와 자기참조는 수학, 철학, 예술, 문학에서 반복적으로 등장했습니다. 특히 더글러스 호프스태터는 《괴델, 에셔, 바흐: 영원한 황금 노끈》(까치, 2017)에서 수학, 예술, 음악을 통해 재귀와 자기참조의 본질을 깊이 탐구합니다. 괴델의 불완전성 정리, 에셔의 무한 루프를 담은 그림, 바흐의 푸가에서 반복적이고 자기참조적인 구조를 찾아내어 재귀와 자기참조가 인간 사고와 창의성의 핵심에 어떻게 자리 잡고 있는지 설명하죠.

버트런드 러셀의 역설은 자기참조가 초래하는 논리적 문제를 사유한 대표 사례입니다. 러셀은 "자기 자신을 포함하지 않는 모든 집합들의 집합"이라는 개념을 통해, 이 집합이 자기 자신을 포함하는지 여부를 논리적으로 물었습니다. 이 질문은 자기참조가 논리적 모순을 일으킬 수 있음을 보여주며, 수학적 기초를 재구성해야 할 필요성을 제기했죠. 러셀의 역설은 집합론뿐 아니라 논리학과 형이상학에서 자기참조적 구조의 한계를 이해하는 데 중요한 기여를 했습니다. 또 루이스 캐럴의《거울나라의 앨리스》에서는 자기참조와 재귀적 관계가 문학적으로 형상화됩니다. 앨리스와 유니콘이 서로를 '가상의 생명체'로 간주하는 장면은 자기참조적 사고의 독특함을 상징적으로 표현합니다. 이 장면은 서로가 서로를 정의하는 순환적 관계를 통해 현실과 허구, 자아와 타자 간의 경계를 넘나들면서 자기참조가 문학적 상상력 속에서 어떻게 활용될 수 있는지를 잘 보여줍니다.

5장

유형과 제네릭 프로그래밍

유형과 추상화,
아리스토텔레스의 범주론에서 제네릭 프로그래밍까지

유형type은 특정 데이터와 그 데이터에 적용 가능한 연산을 정의합니다. 데이터가 계산 과정에서 어떻게 처리되고 해석되어야 하는지 명확히 규정할 수 있죠. 가령 정수와 문자열은 서로 다른 유형으로 구분되는데, 정수는 산술 연산에, 문자열은 연결concatenation 연산에 적합합니다.[17] 이렇게 유형

---

[17] 문자열은 글자나 단어, 문장을 일렬로 나열한 데이터다. 이를 연결한다는 것은 두 개 이상의 문자열을 이어 붙여 하나의 새로운 문자열을 만드는 작업을 말하는데, '철학'과 '은 재미있다'라는 두 문자열을 연결하면 '철학은 재미있다'라는 문장이 만들어진다. 이처럼 문자열은 연결을 통해 더 긴 문장을 구성하거나 새로운 의미를 생성할 수 있어 정보 전달과 표현에 적합하다. 컴퓨터에서 문자열 연결은 간단하고 직관적인 작업으로 이루어진다.

을 구분하는 이유는 데이터의 성격에 따라 적합한 연산만 수행해야 하기 때문입니다.

유형은 계산 과정에서 데이터의 표상representation과 변환transformation을 묶는 규칙입니다. 예컨대 정렬 알고리즘에서 리스트 내부의 데이터가 숫자인지 문자열인지에 따라 비교 연산 방식이 달라질 수 있습니다. 유형 규칙은 이러한 연산이 적합하게 이루어지도록 하면서, 데이터의 성격을 잘못 해석하여 발생할 수 있는 오류를 미연에 방지합니다.

유형이 명확하게 정의되지 않으면 프로그램은 데이터에 대해 잘못된 연산을 하게 됩니다. 당연한 이야기지만, 숫자와 문자열을 덧셈 연산하면 대부분의 프로그래밍 언어에서는 오류 메시지가 뜨게 되죠. 제네릭generic 프로그래밍은 다양한 유형의 데이터에 대해 동일한 알고리즘이나 함수를 적용할 수 있도록 설계된 프로그래밍 방식입니다. 특정 데이터 유형에 국한되지 않고 여러 유형을 일반화해 처리할 수 있습니다. 한 예로 숫자 리스트든 문자열 리스트든 동일한 정렬 알고리즘을 사용할 수 있게 해줍니다. 개발자는 하나의 코드로 다양한 데이터 유형을 처리할 수 있어 코드의 간결성과 효율성이 크게 향상됩니다.

제네릭 프로그래밍의 핵심은 유형 추상화type abstraction입니다. 이 추상화는 특정 유형 대신 '유형 변수'를 사용해 다양한 데이터 유형을 처리할 수 있도록 합니다. 예를 들어, 제네릭 리스트 List⟨T⟩는 정수, 문자열, 또는 사용자 정의 객체를 동일한 방식으로 저장하고 관리할 수 있습니다. 이렇게 유형을 일반화함으로써 알고리즘과 데이터 구조의 재사용성이 극대화됩니다. 개발자는 동일한 기능을 수행하는 여러 유형별 코드를 따로 작성할 필요가 없게 되며, 유지보수 역시 용이해집니다.

효율적인 해결책에서 시작해서 최대한 요구조건을 완화시키는 방향으로 나아가는 과정이야말로 제네릭 프로그래밍의 핵심이다. 제네릭 프로그래밍에서 추상화라는 개념은 추상대수에서 직접적으로 파생되는 것이지만, 프로그래머 입장에서는 효율도 챙겨야 한다. 특정 유형에 대해서만 작동하더라도 더 빠른 알고리즘이 있다면 제네릭 알고리즘을 쓸 이유는 없다. 이런 이유로 제네릭 알고리즘을 정의할 때 효율에 대한 부분도 포함시켜야만 한다.

알렉산더 스테파노프와 다니엘 로즈는 《알고리즘 산책: 수학에서 제네릭 프로그래밍까지》(길벗, 2018)에서 제네릭 프로그래밍은 다양한 유형의 데이터에 적용될 수 있도록 알고리즘이 일반화되어야 한다고 설명합니다. 하지만 모든 경우에 일반적인 방식이 최선은 아니며, 특정 유형에서는 더 빠르고 효율적인 알고리즘이 존재할 수 있기 때문에, 상황에 맞춰 최적화된 방식을 선택하는 것이 중요하다고 강조하죠. 제네릭 프로그래밍의 핵심 아이디어는 구체적인 데이터 유형(종)보다 더 일반적인 범주(속) 수준에서 사유하는 것인데, 아리스토텔레스의 속 개념과 밀접하게 연결됩니다.

논리학의 근본 개념을 정립하며 추상화의 기초를 제시한 사람은 다름 아닌 아리스토텔레스입니다. 자신의 저작 《오르가논》에서 개체, 종, 속의 차이를 설명하면서 모든 사물에 적용 가능한 보편적 구분법으로 제안했죠.[18] 속genus은 여러 종species을 포함하는 더 큰 집합으로, 종은 해당 속 안

---

18 아리스토텔레스의 《오르가논》은 서양 논리학의 기초를 세운 저작으로, 총 여섯 권(범주론, 명제론, 분석론 전서, 분석론 후서, 토피카, 소피스트적 논박)으로 구성되며, 사물의 범주, 명제와 진리, 삼단논법, 학문적 방법론, 변증법적 논증, 오류추론 등

에서 필수불가결한 특성으로 정의됩니다. '동물'이라는 속 아래 '인간'과 '개' 같은 종이 존재하며, 종차differentia는 같은 속 안의 종을 구분하죠. 아리스토텔레스의 사유 체계가 범주와 관계를 이해하는 데 얼마나 정교했는지를 보여줍니다.

아리스토텔레스가 "속은 가장 일반적인 범주로, 여러 종을 포함할 수 있으며, 각각은 특정한 종차로 구분된다"고 말한 것처럼, 제네릭 프로그래밍도 특정 데이터 유형에 국한되지 않고 다양한 유형에 적용 가능한 범용적인 알고리즘을 만듭니다. '정렬 알고리즘'은 정수, 문자열, 사용자 정의 객체 등 다양한 데이터 유형을 처리할 수 있도록 속 수준에서 정의되는데, 속의 일반성과 종의 구체성을 동시에 활용하는 사고방식을 보여줍니다.

제네릭 프로그래밍은 구체적인 구현보다 범용적 추상화에 초점을 맞추어, 알고리즘의 재사용성과 확장성을 극대화하는데, 아리스토텔레스의 사고법과 유사하게도 "개별적인 종의 특성을 초월해 속의 공통성을 탐구한다"는 접근방식에서 비롯됩니다. 스테파노프는 제네릭 프로그래밍을 언급하며 "효율적이면서도 일반화된 설계는 수학적 사고와 실용적 구현의 균형 속에서 완성된다"고 말합니다. 이처럼 아리스토텔레스의 속 개념은 오늘날의 컴퓨터과학, 특히 제네릭 프로그래밍과 같은 현대적 추상화 방식을 이해하는 데에도 여전히 유효한 철학적 기반이 됩니다.

유형과 추상화는 서로 보완적인 개념으로, 복잡한 계산과 데이터를 간결하고 효율적으로 처리하기 위해 긴밀하게 연결되어 있습니다. 추상화는

> 논리학의 다양한 주제를 다룬다. 속과 종, 그리고 종차의 구분은 아리스토텔레스의 범주론에서 다루는 내용 중 하나로, 개체를 다양한 속성과 관계 속에서 정의하며, 개념 간의 계층적 구조를 제안했다.

구체적인 세부 사항을 생략하고 본질적인 속성만을 강조하여, 문제를 단순화하고 일반화된 방식으로 다룰 수 있게 합니다. 반면 유형은 추상화된 데이터가 프로그램에서 어떻게 사용되어야 하는지를 정의하는 구체적인 규칙을 제공합니다. 예컨대 '숫자'라는 유형은 정수, 실수, 분수 등의 다양한 데이터 형식을 하나로 묶는 추상화이므로 정수와 실수를 구분하지 않고도 덧셈과 곱셈 같은 공통 연산을 수행할 수 있는 것과 같은 이치입니다.

정적 유형 vs. 동적 유형, 안전성과 유연성의 경계를 넘어서

유형 오류 type error 는 데이터의 유형과 그에 적용된 연산이 맞지 않을 때 발생하는 오류입니다. 이 오류는 프로그램의 실행 실패나 예기치 않은 결과로 이어질 수 있습니다. 나사NASA의 화성 기후 궤도선 Mars Climate Orbiter 폭발사건은 유형 오류가 얼마나 심각한지를 여실히 보여주었죠. 1999년 나사는 중요한 화성 탐사 프로젝트를 진행 중이었습니다. 화성 대기의 기후와 환경을 연구하기 위해 설계된 최첨단 위성은 많은 기대를 받고 있었죠. 하지만 발사 이후 예상치 못한 문제가 발생합니다. 궤적이 점점 벗어나더니 결국 위성은 화성 대기에 진입하면서 소실되고 말았습니다. 문제의 원인은 놀랍게도 간단한 유형 오류에서 시작되었습니다. 탐사 장비의 일부 소프트웨어는 힘을 계산할 때 파운드-초 단위를 사용했고 다른 소프트웨어는 뉴턴-초 단위를 사용했는데, 이 두 단위가 호환되지 않았던 것이죠. 단위 변환이 제대로 이루어지지 않아 잘못된 힘 값이 궤적 계산에 사용되었던 것입니다. 결국 이 작은 오류가 위성을 잃게 만드는 치명적 결과로 이어졌습니다. 만약 이 시스템이 강력한 유형 시스템을 사용했다면, 서로 다른 단위 간의 연산을 사전에 차단할 수 있었을 것입니다.

유형 오류는 데이터의 유형이 올바르지 않을 때 발생합니다. 숫자 데이터와 문자열 데이터를 더하려고 하면 대부분의 프로그래밍 언어에서 오류가 발생합니다. C++와 같은 정적 유형 언어가 사용하는 정적 유형 검사는 프로그램이 실행되기 전에 코드에서 발생할 수 있는 유형 오류를 탐지하는 과정입니다. 이 검사는 컴파일 단계에서 이루어지며, 알고리즘이 사용하려는 데이터 유형이 올바른지 확인합니다. 정적 유형 검사는 실행 중 오류 발생을 미리 방지하며, 코드의 안정성과 신뢰성을 높이는 데 중요한 역할을 합니다. 이 접근법은 특히 오류가 용납되지 않는 계산이나 시스템에서 필수적입니다. 반면 파이썬과 같은 동적 유형 언어가 사용하는 동적 유형 검사는 프로그램이 실행되는 동안 데이터의 유형을 검사하는데, 실행 중에만 오류를 탐지하므로 코드 작성 단계에서는 유형 관련 오류를 확인할 수 없습니다. 유연성과 즉시성이라는 장점을 제공하여 실행 중 다양한 유형의 데이터를 처리할 수 있지만, 실행 중 오류가 발생할 가능성을 내포하고 있지요. 안정성 측면에서는 정적 유형 검사보다 취약할 수 있습니다.

정적 유형 검사는 실행 전 단계에서 모든 잠재적 오류를 사전에 확인하려는 신중한 접근을 취하며, 안전성을 최우선으로 둡니다. 정적 유형 검사의 원칙은 컴퓨터과학에서 뿐만 아니라 다양한 실생활 영역에서도 발견됩니다. 항공기 조종사는 이륙 전에 기체 점검과 급유 상태를 철저히 확인하며, 이 과정에서 문제가 발견되면 즉시 비행을 중단합니다. 이렇게 하는 것은 공중에서 문제를 발견하는 것보다 훨씬 안전한 접근입니다. 의료 분야에서도 유사한 원칙이 적용됩니다. 의사는 치료나 처방 전에 환자의 금기 사항을 철저히 검토하며, 미리 검사를 수행함으로써 치명적 실수를 예방하죠. 모두 '유비무환'better safe than sorry이라는 원칙을 따르는 정적 유형 검사의 사고방식입니다.

유형은 복잡한 대상이나 개념을 구조화하는 도구로, 대상들이 어떻게 결합하고 상호작용할 수 있는지를 정의합니다. 어떤 대상이 특정 맥락에서 적절히 사용될 수 있는지를 결정하며, 대상 간의 의미 있는 결합을 보장합니다. 또 유형은 정보를 체계적으로 정리하고, 시스템을 명확하게 이해하고 설계하는 데 매우 중요한 역할을 합니다. 특히 컴퓨터과학에서 유형은 알고리즘의 각 부분이 서로 의미 있게 상호작용하면서 작은 코드 조각들이 오류 없이 협력하며 더 큰 시스템을 구성할 수 있도록 하는 필수 도구입니다.

6장

언어와 알고리즘

인간 언어와 기계 언어의 경계에서

번역은 '반역'이라는 말처럼, 모든 번역은 필연적으로 무언가를 잃게 됩니다. 원작자가 전달하려던 의미를 완벽히 재현하는 것은 불가능에 가깝고, 번역 과정에서 언어는 필터를 통과하며 원본의 뉘앙스와 맥락 일부를 잃게 됩니다. 그래서 어떤 이들은 텍스트를 제대로 이해하려면 원문을 읽어야 한다고 주장하기도 하죠. 철학자 윌러드 반 오만 콰인 역시 '번역의 불확정성' 개념을 통해 한 언어를 다른 언어로 완벽하게 옮기는 것은 원리적으로 불가능하다고 지적했습니다. 언어는 상황과 맥락에 따라 다양한 해석과 표현이 가능하며, 그 번역 체계 또한 하나로 고정되지 않기 때문입니다.

그러나 알고리즘의 세계에서 번역은 보다 명확하고 체계적인 방식으로 이루어질 수 있습니다. 기계는 엄격히 정의된 규칙과 구조를 기반으로 알고리즘을 다른 언어로 변환하거나 해석합니다. 컴파일러는 고급 프로그래밍 언어를 기계어로 변환하여 다양한 하드웨어 환경에서 알고리즘이 실행되도록 합니다. 이 과정은 번역의 불확정성을 최소화하고, 동일한 의미와 기능을 유지하며, 알고리즘을 다양한 플랫폼에서 일관되게 활용할 수 있도록 합니다. 언어 번역에서 발생하는 모호성과 손실이 알고리즘 번역에서는 엄격한 규칙과 구조로 대체됩니다. 이 두 분야 간 흥미로운 대비의 핵심에는 언어 번역language translation이라는 추상적 개념이 놓여 있습니다.

　컴퓨터 환경에서 알고리즘은 특정 언어로 표현되어야 실행 가능하죠. 하지만 동일한 알고리즘이라도 실행 환경이 달라지면 직접적으로 활용되지 못합니다. 그래서 알고리즘의 언어적 표현은 번역 과정을 거치게 됩니다. 알고리즘을 한 프로그래밍 언어에서 다른 언어로 변환해 다양한 플랫폼에서 실행되도록 하는 것이죠. 이것이 바로 번역 추상화abstraction of language translation입니다.

　번역 추상화는 알고리즘이 특정 플랫폼에 종속되지 않도록 하기 때문에 실행 환경에 제약이 없습니다. 이때 컴파일러와 인터프리터는 중요한 역할을 합니다. 컴파일러는 고급 프로그래밍 언어를 저수준의 기계어로 변환해 컴퓨터가 이해하고 실행할 수 있도록 하고, 인터프리터는 작성된 코드를 실시간으로 해석하여 명령을 실행합니다. 이러한 번역 과정 덕분에 알고리즘은 다양한 환경에서 사용될 수 있습니다.

　번역과 더불어 추상 기계abstract machine는 알고리즘이 하드웨어 구조에 구애받지 않고 보편적으로 적용되도록 합니다. 추상 기계는 특정 하드웨어의 세부 사항을 제거하고, 계산의 본질적 요소만을 모델링하는 보편적 계산 모델을 말합니다. 튜링 기계는 추상 기계의 대표적 예로, 모든 계산 가능 문제를 공식적으로 설명할 수 있는 강력한 모델입니다. 이를 통해 알고리즘의 범용적인 설계와 분석이 가능하며, 특정 하드웨어에 의존하지 않고 이론적으로 실행 가능한 계산의 한계를 정의하는 데 활용됩니다.

현대의 추상 기계 중에서 실질적으로 널리 사용되는 파이썬 인터프리터는 파이썬 코드를 실행하기 위한 추상 기계입니다. 파이썬 코드가 작성되면, 인터프리터는 바이트코드bytecode로 변환한 후 실행합니다. 이 과정에서 파이썬 인터프리터는 하드웨어나 운영 체제의 구체적인 세부 사항을 감추고 사용자에게 통일된 실행 환경을 제공합니다. C파이썬은 가장 널리 사용되는 파이썬 구현체로, 추상 기계의 역할을 충실히 수행하며, 파이썬 프로그램이 다양한 플랫폼에서 동일하게 실행될 수 있도록 합니다. 이처럼 추상 기계는 알고리즘과 계산 모델의 유연성과 보편성을 높이는 데 중요한 역할을 하며, 튜링 기계와 파이썬 인터프리터 모두 그 원리를 실제로 구현한 사례라고 할 수 있습니다.

알고리즘은 논리적이고 절차적인 사고를 통해 문제를 해결하는 방법론이며, 언어는 이러한 알고리즘을 표현하고 실행 가능하게 만드는 도구입니다. 엑셀의 스프레드시트에서 사용하는 수식 언어는 알고리즘과 언어의 관계를 쉽게 이해할 수 있는 좋은 예입니다. 특정한 열의 합계를 계산하거나 조건에 따라 데이터를 필터링하는 작업을 위해 간단한 수식으로 표현할 수 있는데, 일종의 언어라고 할 수 있습니다. 또 고객의 구매 이력을 검색하거나 특정 조건에 맞는 데이터를 필터링하는 작업은 데이터베이스에서 SQL 명령어를 사용해 작업하는데, 이때 사용하는 표현 또한 언어입니다.

알고리즘의 욕망, 언어, 추상화, 그리고 보편적 해답을 향한 탐구

튜링 기계가 컴퓨터 하드웨어의 궁극적인 추상화로 모든 계산 가능한 문제를 표현할 수 있는 것처럼, 람다 대수lambda calculus는 모든 프로그래밍 언어의 궁극적인 추상화로, 함수 정의와 계산을 중심으로 문제를 표현합니다. 이 두 모델 모두 계산 가능성computability을 정의하는 기본 틀로, 동일한 계산적 표현력을 지니고 있습니다. 람다 대수는 1930년대에 수학자 알론조 처치가 개발한 수학적 형식체계로서 알고리즘과 계산 과정을 표현하는 데 사용됩니다. 람다 대수에서 가장 중요한 요소는 변수, 함수 정의, 함수 호출입니다. 함수 정의는 람다 연산자(λ)를 사용해 표현되며, 특정 입력 변수에 대해 수행할 연산을 나타냅니다. 숫자 x를 2배로 만드는 함수는 $\lambda x. 2x$로 표현됩니다. 함수 호출은 정의된 함수에 특정 값을 적용해 결과를 계산하는 과정으로, 복잡한 연산을 단순한 기호적 표현으로 처리할 수 있습니다. 람다 대수는 계산 과정을 축약reduction과 확장expansion으로 나누어 다룹니다. 축약은 함수 호출을 통해 입력값을 함수 내부에 대입해 결과를 계산하는 과정이며, 확장은 기존 계산 과정을 함수로 정의하여 일반화하는 방식입니다.

예시를 통해 알아보겠습니다. $\lambda x. \lambda y. \lambda z. x+y+z$라는 람다 대수 표현을 사용해 세 숫자 1, 2, 3의 합을 계산해볼까요? 첫 번째 단계로 함수에 1을 대입합니다.

$$(\lambda x. \lambda y. \lambda z. x+y+z)\ 1$$

내부적으로 $\lambda y. \lambda z. 1+y+z$로 축약됩니다. 여기서 x가 1로 대체된 것입니다. 두 번째 단계로, 이제 2를 함수에 대입합니다.

$$(\lambda y. \lambda z. 1+y+z)\ 2$$

$\lambda z. 1+2+z$로 축약되는데, y가 2로 대체된 것입니다. 마지막으로 세 번째 입력인 3을 함수에 대입합니다.

$$(\lambda z. 1+2+z)\ 3$$

결국 1+2+3=6으로 계산됩니다. 이와 같은 과정을 통해 람다 대수는 연산의 순서를 명확히 나타내고, 각 단계에서 어떤 값이 대입되고 축약되는지를 보여줍니다. 이렇게 계산이 진행되는 순서를 추적할 수 있고, 중간 결과를 확인하여 연산의 정확성을 검증할 수 있습니다. 또 동일한 함수가 다양한 입력에 사용될 수 있습니다.

위에서 본 단계적 계산은 복잡한 알고리즘의 논리적 흐름을 시각화하거나 디버깅debugging하는 데 유용합니다. 또한 람다 대수는 프로그램 코드의 동작을 간단하고 명확하게 설명하는 데 도움을 줍니다. 파이썬 같은 언어는 람다 대수의 개념에서 영감을 받아 람다 함수(익명 함수)라는 기능이 있습니다. 이 함수를 사용하면 간단한 연산을 짧고 명확하게 표현할 수 있으며, 특히 재귀적 계산과 다른 함수를 입력이나 출력으로 사용하는 함수, 즉 고차 함수를 구현하는 데도 유용합니다.

1930년대 초, 처치는 람다 대수를 통해 계산 가능성 개념을 정의했습니다. 람다 대수를 기반으로 한 계산 가능성 모델을 제시하며 "어떤 함수가 계산 가능하다면 람다 대수로 표현할 수 있다"고 주장했지요. 그러나 당시 많은 학자들은 이 접근을 지나치게 추상적이고 비직관적이라고 여겼습니다. 한편 튜링은 독립적으로 튜링 기계라는 계산 모델을 개발하여, 계산 가능성을 기계적인 관점에서 정의했습니다. 튜링의 모델은 상대적으로 더 직관적이고 물리적 개념에 가까웠기 때문에 학계에서 큰 관심을 받았죠. 하지만 재미있는 점은, 처치와 튜링이 서로의 연구를 검토한 후 두 모델이 사실상 동일한 계산 가능성 개념을 표현하고 있음을 깨달았다는 것입니다. 이 깨달음은 후에 처치-튜링 명제 Church-Turing Thesis 로 발전해 현대 컴퓨터 과학의 토대가 되었습니다.

알고리즘은 언어로 표현되어야만 구체적 실행이 가능해집니다. 언어는 알고리즘의 논리적 구조를 설명하고, 이를 실행 가능한 형태로 추상화합니다. 이때 번역 알고리즘은 특정 언어로 작성된 알고리즘을 다른 언어로 변환하여 알고리즘이 특정 하드웨어나 시스템 환경에 종속되지 않도록 합니다. 고급 프로그래밍 언어로 작성된 알고리즘은 번역 과정을 통해 다양한 환경에서 동작할 수 있는 보편성을 얻습니다. 이렇듯 언어는 알고리즘의 보편적 적용을 가능하게 하는 매개체입니다.

신유물론 관점을 빌어 이야기하면, 알고리즘은 인간이 사용하는 객체로서의 계산 도구면서 체계적 사고와 문제 해결을 상징하는 지적인 존재로 그려질 수 있습니다. 표상을 변형하고, 데이터를 구조화하며, 복잡한 문제를 해결하는 존재로서 말이죠. 알고리즘 곁에는 추상화라는 객체가 항상 같이 있습니다. 효율성이라는 객체는 자원의 신중한 사용과 최적화를 조언하며, 유형이라는 객체는 잘못된 입력과 오류로부터 알고리즘을 보호합니다. 그리고 언어 객체는 알고리즘에게 표현 능력을 부여해 컴퓨터라는 객체에 의해 실행됩니다. 이러한 상호작용의 생태계 속에서 알고리즘은 인간과 비인간의 세계를 연결하며 새로운 가능성을 창조하는 주체로 자리매김합니다. 알고리즘은 때로 복잡성이라는 거대한 미궁에 갇히기도 하지만, 그 본질은 단순한 문제 해결에 머무르지 않고 특정 상황을 넘어 보편적 해답으로 확장될 수 있는 길을 모색합니다. 개별적 질문을 넘어 모든 가능성을 꿰뚫는 원리를 탐구하려는 의지, 그것이 알고리즘의 욕망 아닐까요?

계산불가능성과 결정불가능성, 알고리즘이 풀 수 없는 질문들

물론 알고리즘은 완벽한 존재가 아니기에 결정불가능성undecidability과 같은 본질적 한계에 직면하기도 합니다. 결정불가능성은 알고리즘으로 해결할 수 없는 계산 문제가 존재함을 보여주는 개념입니다. 정지 문제는 "임의의 알고리즘이 주어진 입력에서 종료할지 여부를 판단할 수 있는가?"라는 질문으로, 모든 경우에 대해 이를 판별할 알고리즘은 존재하지 않는다는 것이 증명되었죠. 달리 표현하면, '예' 또는 '아니오'의 형태로 대답을 요구하는 문제로, 알고리즘으로 해결책을 찾을 수 있다면 결정가능하다decidable고 합니다. 결정가능 문제는 셀 수 있는 가산적 무한성을 지니지만, 결정불가능 문제는 이를 초월하는 불가산적 무한성을 가집니다. 결정가능한 문제의 수가 아무리 많더라도 결정불가능 문제는 그보다 훨씬 더 많습니다. 모눈종이 같은 격자로 비유하면, 결정가능한 문제들을 격자의 각 모눈에 배치할 수 있다면, 결정불가능 문제는 그 사이의 빈 공간을 가득 채울 정도로 많습니다. 결정불가능 문제는 알고리즘의 한계를 넘어 물리학의 열역학 법칙이나 상대성 이론처럼, 계산이 지닌 본질에 관한 문제로 확대될 수 있습니다.

계산불가능성incomputability은 결정불가능성undecidability과 밀접한 개념이지만, 사용되는 맥락이 다릅니다. 결정불가능성은 특정 문제가 알고리즘으로 해결 가능한지 여부를 판단하는 개념인 반면, 계산불가능성은 알고리즘을 사용해 계산할 수 없는 값이나 개념을 포함하는 보다 넓은 개념을 의미합니다. 다시 말해 "어떤 문제를 해결할 수 있는가?"라는 질문으로 한정되지 않는다는 의미이기도 하죠. 계산불가능성은 어떤 함수나 수가 알고리즘으로 계산 가능한지, 즉 유한한 절차를 통해 정확한 값을 도출할 수 있는지를 판단하는 데 초점을 둡니다. 그러나 일부 수식이나 값은 알고리즘으로 유한한 시간 안에 계산할 수 없는 경우가 존재하며, 이런 한계를 탐구하는 것이 계산불가능성의 핵심입니다.

계산불가능성은 계산 가능한 것과 불가능한 것 사이의 경계를 명확히 드러내며, 수학적 사고만으로도 해결할 수 없는 근본적인 한계를 제시합니다. 그 대표적 예가 실수real number 집합에서 계산 가능한 수는 극히 일부에 불과하며 대부분의 실수는 알고리즘으로 계산할 수 없는 수라는 사실입니다. 이를 통해 계산할 수 있는 수와 계산할 수 없는 수를 구별하는 것이 컴퓨터과학과 수학에서 중요한 개념임을 확인할 수 있습니다.

실수는 유리수와 무리수로 나뉩니다. 유리수는 a/b 형태로 표현 가능한 수로, 1/2나 -3/4 같은 수가 있죠. 반면, 무리수는 유리수로 표현할 수 없는 수로, $\sqrt{2}$와 같이 소수점이 무한히 이어지면서도 일정한 패턴이 없는 수입니다. 실수 집합은 무한하며, 유리수는 가산 집합(셀 수 있는 집합)이고, 무리수는 비가산 집합(셀 수 없는 집합)입니다. 따라서 무리수가 실수의 대부분을 차지합니다. 계산 가능한 실수는 알고리즘으로 그 값을 계산할 수 있는 수를 의미합니다. $\sqrt{2}$는 알고리즘으로 소수점 자리수를 계속 계산할 수 있는 수이며, $\sqrt{2}$도 유한한 알고리즘으로 계산 가능한 실수입니다. 이러한 계산 가능한 실수들은 알고리즘으로 생성 가능하며, 셀 수 있는 집합에 속합니다. 실수 집합은 계산 가능한 실수보다 훨씬 더 큽니다. 계산 가능한 실수는 가산 집합에 속하지만 실수 전체는 비가산 집합입니다. 즉, 알고리즘으로 특정 값을 생성할 수 있는 실수는 전체 실수 집합에서 극히 일부에 불과하며, 나머지 대부분의 실수는 계산 불가능한 범주에 속합니다.

계산불가능성은 여전히 수학적 개념으로 다룰 수 있습니다. 반대로 '계산할 수 없음'은 수학적으로 다룰 수 없는 영역입니다. 존재Being라는 개념은 수학적 방법으로 정의할 수 없는 영역이죠. 기술은 존재의 근거를 연구하지만, 본질적으로 그것을 놓칠 수밖에 없습니다. 왜냐하면 기술 자체가 모든 존재의 근거가 되고자 하는 속성이 있기 때문입니다. 즉, 기술이 본질적으로 자기참조적self-referential이라는 것을 의미합니다. 기술은 자신이 세계를 설명하는 중심 도구로 작용하려 하지만, 이런 시도는 세계의 다양한 근거를 포착하지 못하게 만듭니다.

아무리 강력한 알고리즘이라도 세계의 모든 현상을 완전히 시뮬레이션하거나 설명할 수 없습니다. 즉 기술이 근거를 포착하지 못하는 이유는 기술의 도구적 성격 때문입니다. 기술은 구체적인 문제를 해결하거나 특정한 과제를 수행하는 데 탁월하지만, 존재의 복잡성과 '왜 존재하는가?'와 같은 근본적인 질문을 다루는 데에는 한계가 있습니다. 이는 기술적 재귀성이 존재론적 재귀성을 완전히 이해하거나 대체할 수 없기 때문입니다.

존재론적 재귀성과 기술적 재귀성, 계산 가능한 것과 환원 불가능한 것

재귀성은 자기참조를 통해 반복적으로 스스로를 정의하거나 확장하는 과정입니다. 존재론적 재귀성과 기술적 재귀성은 명확히 구별되어야 합니다. 두 개념은 서로 본질적으로 다릅니다. 존재론적 재귀성은 자연적이고 환경적이며, 복잡하고 유기적인 상호작용으로 구성됩니다. 자연 현상은 다양한 계층적 구조와 상호작용을 통해 발생하며, 이러한 구조는 스스로를 계속 재생산하거나 새로운 형태를 만들어내죠. 생태계의 순환적 과정이나 인간 사회의 문화적 재생산은 세계의 재귀성이 나타나는 방식 중 하나의 사례라 할 수 있습니다. 이런 재귀성은 본질적으로 동적인 과정이며, 단순한 계산 가능한 알고리즘으로 환원될 수 없습니다. 반면 기술적 재귀성은 알고리즘과 계산 가능한 논리에 의해 작동합니다. 기술적 재귀성은 문제 해결이나 효율성을 올리기 위해 설계된 체계적이고 규칙적인 과정입니다. 인공지능이 문제를 해결하기 위해 반복적으로 학습 데이터를 분석하고 최적화하는 과정은 기술적 재귀성의 한 예라 할 수 있습니다. 하지만 이 과정은 기계적이며, 자연적 재귀성의 특성인 유연성이 없습니다.

존재론적 재귀성은 존재의 본질적 구조를 반영하지만, 기술이 갖고 있는 재귀성은 이러한 구조를 단순화하여 특정한 목적을 달성하는 도구적 성격을 지닙니다. 따라서 세계의 재귀성을 기술적 재귀성으로 환원하려는 시도는 존재론적으로 부적절합니다. 육후이는 《예술과 코스모테크닉스》 (새물결, 2024)에서 다음과 같이 말합니다.

> 전경과 배경 사이의 상호 구조는 세계가 아무리 강력한 재귀 알고리즘이라 하더라도, 자연 현상과 유사한 현상의 출현을 시뮬레이션하는 데 그칠 뿐, 단순히 재귀 알고리즘의 집합으로 환원될 수 있다는 생각에 대한 존재론적 거부로서 작용한다.

기술적 알고리즘이 세계를 계산 가능한 단순한 구조로 환원하려는 시도를 비판하고 있습니다. 전경은 우리의 주의를 끄는 인식 가능한 요소고, 배경은 전경을 둘러싸고 있으면서도 우리가 직접적으로 인식하지 않는 맥락입니다. 이 둘은 서로를 정의하며, 하나가 다른 하나 없이 존재할 수 없습니다. 그림에서 인물과 배경이 서로의 존재를 통해 의미를 만드는 것과 같은 이치입니다. 세계는 전경과 배경의 상호작용으로 구성되어 있으므로, 알고리즘적 재귀로 환원하려는 시도는 세상의 복잡성을 간과할 뿐입니다. 아무리 강력한 알고리즘이라도 자연 현상과 유사한 시뮬레이션을 생성할 수는 있지만, 이 상호 구조의 복잡성을 온전히 포착할 수는 없습니다. 그 이유는 간단합니다. 세계는 계산 가능한 구조로 환원될 수 없을 만큼 복잡하고 다층적이기 때문입니다. 알고리즘은 자연 현상의 일부 패턴을 포착하거나 이를 시뮬레이션할 수 있지만, 세계가 지닌 무한한 복잡성과 다면성을 온전히 반영하지는 못합니다. 세계는 데이터나 계산 가능한 모델로 설명될 수 없는, 계산적 사고를 넘어서는 본질적 깊이를 가지고 있기 때문입니다.

세계는 또한 독창성을 지니고 있습니다. 자연 현상과 세계의 관계는 반복 가능한 패턴으로 나타나는 것이 아니라, 고유한 맥락과 상황에서만 드러나는 독특한 현상을 포함합니다. 알고리즘은 이런 고유한 맥락과 관계를 포착하기 어렵습니다. 또 알고리즘은 표면적으로 드러나는 현상인 전경을 이해하는 데는 강력하지만, 이를 뒷받침하는 근본적 관계와 구조로서의 배경을 다룰 수 없습니다. 배경은 세계의 복잡한 상호작용과 관계망으로 구성되어 있으며, 계산적 모델로 단순화할 수 없는 영역에 속합니다. 알고리즘은 전경을 조작하거나 분석할 수는 있어도, 배경 속에서 작동하는 세계의 더 깊은 메커니즘을 설명하지는 못합니다. 세계를 온전히 이해하려면 알고리즘적 사고를 넘어서는 새로운 관점과 사고가 필요한 이유입니다.

프로메테우스의 불과 알고리즘
혹은 인간, 기술, 그리고 창조적 사유

프로메테우스: 참으로 내 친구들은 나를 보고 불쌍히 여겼소.

합창단: 당신의 죄가 당신이 말한 것보다 더 심했소?

프로메테우스: 그렇소. 나는 사람들이 더 이상 죽음을 예견하지
　　　　　　　못하게 했소.

합창: 그들의 불행에 대해 어떤 치료법을 발견했소?

프로메테우스: 나는 그들의 마음에 맹목적인 희망을 심었소.

합창: 당신의 선물은 그들에게 큰 축복을 가져왔소.

프로메테우스: 나는 그보다 더 많은 것을 했소. 그들에게 불을 주었지.

> **합창:** 뭐라고? 하루살이 인간들이 이미 불의 뜨거운 빛을 소유하고 있단 말인가?
>
> **프로메테우스:** 그들은 불을 가지고 있고, 그것으로 많은 기술을 익힐 것이오.

아이스킬로스가 쓴 《사슬에 묶인 프로메테우스》(지만지드라마, 2019)에서 발췌한 내용입니다. 불을 기술적 도구로 보기보다는 알고리즘으로 독해하면 새로운 관점과 사고가 나옵니다. 프로메테우스 신화에서 불은 생존을 가능케 하는 수단이 아닌, 인간이 세계를 이해하고 조작할 수 있는 체계적 사고, 즉 알고리즘 사고의 원형으로 해석될 수 있습니다. 즉, 문제를 해결하고 세계를 재구성하는 체계적 접근으로서 알고리즘 사고의 기반이 됩니다. 신으로부터 처음 불을 선물받은 이후 불을 붙이기 위해서는 점화 과정이 필요했을 것입니다. 우선 땔감이나 부싯돌, 마찰 재료들을 찾아야 했을 것입니다. 재료만 있다고 저절로 불이 생기지는 않았을 테니 불씨를 만드는 과정을 절차화했겠죠. 두 나무를 서로 비비거나 막대기를 회전시켜 마찰열로 불씨를 만들거나 부싯돌을 금속에 강하게 부딪쳐 불꽃을 일으키고, 이를 건조한 풀이나 나뭇조각에 옮겼을 것입니다. 불씨를 안정적인 불로 키우는 과정은 매우 섬세한 절차입니다. 이 모든 과정은 자연의 물리적 원리를 이해하고 이를 응용하는 초기 알고리즘 사고의 원형을 보여줍니다.

불을 알고리즘으로 바라보는 관점은 현대 기술의 본질을 이해하는 데도 유용합니다. 알고리즘은 문제를 해결하거나 패턴을 발견하는 체계로 작동하지만, 그것이 다룰 수 있는 영역은 항상 제한적입니다. 현대 기술 역시 알고리즘의 연장선에서 발전했지만, 그 자체로 세계의 본질을 대체하거나 완벽히 설명할 수는 없습니다. 인공지능은 강력한 알고리즘을 기반으로 복잡한 문제를 해결하지만, 그 결과는 주어진 데이터와 규칙 내에서만 유효할 뿐이죠.

베르나르 스티글러는 기술이나 사건을 원인-결과의 관계로 설명하기보다는 우발적이면서도 필수적인 요인으로 이해하기 위해 '준원인'quasi-cause이라는 개념을 사용합니다. 이 개념은 들뢰즈의 '준-인과성'quasi-causality에서 차용된 것으로, 기술이 인간의 존재 방식과 사회 구조를 형성하는 데 중요한 역할을 한다고 말합니다. '준원인'은 전통적인 원인-결과의 인과관계를 뛰어 넘는 역발상과 같은 사고방식인데요. 니체의 사례는 '준원인' 개념을 이해하는 데 매우 적합한 예입니다. 니체는 자신의 질병을 고통스러운 부정적 사건으로 보지 않고 철학적 사유와 창작을 촉진하는 계기로 삼았습니다. 질병은 일반적으로 철학자가 되는 직접적 원인은 아니지만, 니체에게는 사유와 창작의 특이점을 제공하는 변혁적 힘으로 작용했던 것이죠. 자신의 질병을 통해 "나는 왜 이렇게 똑똑한가" "나는 왜 운명인가"와 같은 질문을 던지며, 자기 존재를 새롭게 긍정했습니다. 이런 긍정적 태도는 부정적 사건마저도 창조적 계기로 전환하는 니체의 철학적인 내공을 보여줍니다.

스티글러의 '준원인' 개념은 이러한 역발상을 기술과 사회의 관계로 확장합니다. 기술은 인간 삶을 효율화하거나 편리하게 만드는 도구에서 한 걸음 더 나아가 인간과 사회의 변화를 유도하는 촉매 역할을 합니다. 기술은 직접적인 원인은 아닐지라도 인간 사고와 행동에 새로운 가능성을 열어주며, 기존의 틀을 넘어 사회와 인간 존재를 재구성하는 힘으로 작용합니다. 이러한 역발상을 갖게 된다면 알고리즘, 특히 계산불가능성은 인간 사고의 특이점을 만들어내는 역할을 할 수 있습니다. 알고리즘이 계산 가능한 영역에서 한계에 도달할 때, 알고리즘이 혹은 인공지능이 멈춰선 그 자리에서 인간은 이를 초월하려는 상상력과 창조성을 발휘해 새로운 가능성을 모색할 수 있습니다. 알고리즘이 가진 한계는 철학적 사유의 출발점이 됩니다. 알고리즘은 특정 규칙과 논리 내에서 작동하며, 계산 가능한 것과 불가능한 것의 경계에서 필연적으로 멈추게 됩니다. 하지만 철학은 이러한 경계를 넘어서서 새로운 질문을 제기하고, 기존 논리 체계가 다룰 수 없는 영역을 사유합니다. 이 책 제목이 '알고리즘으로 철학하기'인 이유입니다.

3부

알고리즘 용어로 철학 개념 잡기

2부에서는 알고리즘의 핵심 개념과 용어를 정리하며, 컴퓨터과학에서 사용되는 개념들이 철학적 논의와 어떻게 연결될 수 있는지를 살펴보았습니다. 표상과 데이터 구조, 언어와 의미, 재귀와 자기참조, 계산불가능성 등은 알고리즘이 정보를 처리하고 구조화하는 방식을 이해하는 데 중요한 개념들입니다. 또 제어 구조와 반복문, 유형과 제네릭 프로그래밍을 통해 알고리즘이 문제를 해결하는 논리적 체계를 형성하는 원리를 살펴보았습니다. 여기까지 읽으며 알고리즘이 그저 컴퓨터과학에서 사용되는 연산 도구가 아니라 특정한 논리적·수학적 사고방식을 반영하는 구조라는 점을 이해하게 되었다면, 이 글의 핵심에 성큼 다가선 것입니다. 알고리즘은 우리가 사고하고 세상을 이해하는 방식을 형성하는 중요한 틀이 될 수 있음을 계속해서 살펴보겠습니다.

이제 3부에서는 알고리즘 개념을 철학적 사고와 연결하는 본격적 논의가 전개됩니다. 탐욕 알고리즘과 도구적 합리성, 병렬 처리와 다원성, 재귀 알고리즘과 재귀성에서는 알고리즘이 철학적 사유의 구조와 어떻게 맞닿아 있는지를 깊이 있게 탐색합니다. 탐욕 알고리즘은 국소적 최적화를 통해 최선의 선택을 하는 방식으로 작동하는데, 이 방식은 인간이 단기적 이익을 우선 고려하는 도구적 합리성과 유사한 구조를 가집니다. 반면 병렬 처리는 여러 개의 프로세스를 동시에 실행하는 방식으로, 다양한 관점을 존중하고 다층적 사고를 가능하게 하는 다원성과 연결됩니다. 재귀 알고리즘은 자기 자신을 반복적으로 호출하여 문제를 해결하는 방식인데, 철학에서 자기반성과 순환적 사고를 설명하는 데 중요한 개념적 틀을 제공하죠.

또한 분할정복 방식과 분석적 사고, 백트래킹과 귀류법, 그래프와 네트워크 사유를 통해 알고리즘 문제 해결 방식이 철학적 탐구 방법과 유사한 논리적 흐름을 지닌다는 점을 강조합니다. 분할정복 방식은 문제를 더 작은 부분으로 나누어 해결한 후 결합하는 방식으로, 분석적 사고의 구조와 맞닿아 있습니다. 백트래킹은 최적해를 찾기 위해 다양한 가능성을 탐색하며, 귀류법과 유사한 논리를 따릅니다. 그래프 알고리즘은 개별 요소 간의 관계를 분석하고 최적의 경로를 찾는 방식으로 작동하는데, 철학에서 네트워크적 사고를 통해 복잡한 관계성을 이해하는 방식과 연결됩니다.

마지막으로, 유전자 알고리즘과 자유의지 혹은 결정론, 엔트로피와 오토포이에시스, 확률 알고리즘과 우연성에서는 알고리즘이 확률과 진화적 모델을 다루는 방식이 존재론적 논쟁과 연결될 수 있음을 살펴봅니다. 유전자 알고리즘은 자연선택과 돌연변이를 모방하여 최적의 해를 찾는 방식으로, 결정론적 세계관과 자유의지의 문제를 재해석하는 데 활용될 수 있습니다. 엔트로피는 시스템 내 무질서도를 측정하는 개념으로, 자기조직화 원리를 설명하는 오토포이에시스 이론과 연결되며, 확률 알고리즘은 결정적이지 않은 계산 과정을 통해 우연성과 필연성의 경계를 가로지르는 데 중요한 개념적 사유의 도구가 됩니다.

1장
탐욕 알고리즘과 도구적 합리성

탐욕 알고리즘이 보여주는 합리성의 패러독스

컴퓨터과학에는 '탐욕'이라는 이름을 가진 알고리즘이 있습니다. '탐욕적'이라는 이름은 이 알고리즘이 문제를 해결할 때마다 순간적으로 최적이라고 생각되는 선택을 반복하는 데서 유래한 것입니다. 매 단계에서 가장 큰 이익이나 최소 비용을 선택하는 방식이 탐욕스러운 의사결정과 닮아 이런 이름이 붙여졌죠. 1950-1960년대 초반 컴퓨터과학자들이 최적화 문제를 연구하면서 본격 등장한 탐욕 알고리즘은 특히 수학적 최적화 및 그래프 이론과 관련된 문제에서 많이 사용되었습니다. 이 탐욕 알고리즘greedy algorithm과 도구적 합리성instrumental rationality을 좀 더 깊이 분석해보려고 합니다. 두 개념이 다루는 효율성, 수단과 목적의 관계, 그리고 미래에 대한 성찰의 부족이라는 공통된 특징을 활용하면 재미있는 분석이 가능할 듯합니다.

　탐욕 알고리즘은 문제를 해결할 때 매 순간 가장 최적이라고 생각되는 선택을 반복하는 방식으로 작동합니다. 이 과정은 먼저 문제를 여러 단계로 나누는 것으로 시작됩니다. 이후 각 단계에서 현재 상황에서 가장 유리하다고 판단되는 선택을 수행하고, 이런 선택을 누적해 최종 해답을 만들어냅니다. 이렇게 만들어진 결과가 문제의 조건을 충족하는지 마지막으로 검증하는 단계도 포함됩니다.

　다익스트라dijkstra 알고리즘은 탐욕 알고리즘의 대표적인 사례로, 그래프에서 특정 시작점에서 다른 모든 정점까지의 최단 경로를 찾는 데 사용됩니다. 이 알고리즘은 다음과 같은 방식으로 작동합니다. 먼저 그래프의 모든 정점을 출발점에서의 거리로 초기화하고, 출발점의 거리는 0으로 설정합니다. 이후 탐욕적 접근을 통해 현재 가장 가까운 정점을 선택하고, 그 정점과 연결된 다른 정점들의 경로를 계산하여 갱신합니다. 이를 반복하여 그래프 전체의 최단 경로를 완성합니다. 한 도시에서 다른 도시로 이동하는 네비게이션을 설정한다고 가정해볼게요. 각 도로에는 이동 시간이 설정되어 있고, 우리는 출발지에서 목적지까지 가장 빠른 경로를 찾기 원합니다. 다익스트라 알고리즘은 각 단계에서 가장 가까운 도시를 선택하고, 이 도시를 경유하는 경로가 기존 경로보다 빠른지 비교하면서 최적의 경로를 점진적으로 찾아냅니다. 탐욕 알고리즘은 이러한 방식으로 단순하면서도 효율적으로 문제를 해결할 수 있지만, 항상 최적의 해解를 보장하는 것은 아닙니다.

　탐욕 알고리즘과 도구적 합리성은 모두 특정한 목적을 달성하기 위한 과정에서 '최적의 수단'을 선택하는 것을 강조합니다. 도구적 합리성 개념은 막스 베버가 근대 사회의 조직화와 자본주의의 특성을 설명하며 제시한 핵심 이론이죠. 베버는 이 이론을 특정 목표를 달성하기 위해 최적의 수단을 선택하고, 효율성을 극대화하는 사고방식으로 정의했습니다. 그는 《프로테스탄트 윤리와 자본주의 정신》(문예출판사, 2023)에서 합리화의 진정한 특징은 모든 것이 목적에 따라 조직되고 효율성을 중심으로 평가된다고 언급하며, 도구적 합리성을 근대 사회의 본질적 특징으로 보았습니다. 또 도구적 합리성이 목표를 이루기 위해 모든 행동과 가치를 수단으로 환원시키는 사고방식임을 강조했습니다. 이와 관련해 도구적 합리성은 수단의 타당성과 효율성에 대한 계산만을 중시하고 목표 자체의 도덕적·윤리적 가치는 고려하지 않는다고 설명하며, 이를 근대 자본주의와 관료제의 기본 작동 원리로 파악했죠.

 탐욕 알고리즘은 이와 같은 방식으로 문제 해결의 각 단계에서 그 순간의 최적 선택을 합니다. 여기서 목적은 문제를 해결하는 것이며, 수단은 그 순간 선택할 수 있는 옵션 중 가장 좋은 것을 고르는 것인데, 효율성을 중시하는 도구적 합리성과 매우 유사합니다. 도구적 합리성은 수단을 목적 달성의 도구로 전락시키는 경향이 있는데, 탐욕 알고리즘 역시 각 순간의 선택을 그 자체로 목적화하기보다는 전체 문제 해결을 위한 도구로 사용합니다. 수단이 효율적으로 선택되고, 그 자체가 목적이 아닌 더 큰 목표를 향해 가는 과정에 불과하다는 점에서 철학적 유사성을 갖습니다.

효율성의 환상, 탐욕 알고리즘, 도구적 합리성, 그리고 기술적 세계관

마르틴 하이데거는 《강연과 논문》(이학사, 2008)에 수록된 논문인 "기술에 대한 물음"에서 기술적 사고가 인간과 자연을 수단으로 전락시킬 위험성을 경고한 바 있습니다. 하이데거가 말하는 기술적 사고는 사물과 존재를 그 본연의 의미나 가치를 존중하지 않고 단지 이용 가능한 자원으로 여기는 사고방식을 의미합니다. 그는 이러한 세계관을 '기술적' 세계관이라 부르며 인간과 자연을 목적을 달성하기 위한 수단으로 전락시키는 결과를 낳는다고 주장합니다. 탐욕 알고리즘은 이러한 기술적 사고의 한 구체적 사례로 볼 수 있습니다. 탐욕 알고리즘은 매 순간 최적의 선택을 통해 문제를 해결하려 하지만, 그 과정에서 윤리적 고려나 장기적인 결과에 대한 성찰이 부족하죠. 탐욕적 방식으로 자원을 효율적으로 사용하는 것은 단기적 이익을 가져다줄 수 있지만, 그 이면에는 환경 파괴나 사회적 불평등과 같은 장기적 문제들이 내포되어 있습니다. 탐욕 알고리즘은 기술적 효율성만을 강조하면서 인간적 가치와 윤리적 성찰을 무시하는 위험을 안고 있습니다. 하이데거는 이를 "기술이란 그 자체로 진리의 은폐와 강요된 드러냄 Ge-stell"이라고 설명하고 있습니다. 즉, 기술은 사물의 본질을 은폐하고, 이를 단지 사용 가능한 자원으로 보는 방식으로 인간의 사고를 제한한다고 보았습니다. 탐욕 알고리즘도 문제 해결을 위한 최적화 수단으로만 작동하면서, 그 과정에서 환경적 파괴나 윤리적 문제를 은폐하거나 무시하는 결과를 낳습니다.

하이데거는 또 《강연과 논문》에서 "닦달은 인간으로 하여금 현실적인 것을 주문 요청의 방식을 써서 부품으로 탈은폐하도록 닦아세우는, 다시 말해 도발적으로 요청하는 그런 닦아세움의 집약을 말한다"고 언급합니다. 여기서 '닦달'은 사물에 대한 요구를 넘어서 인간 존재 자체를 그 기능과 효용성만으로 평가하게 만드는 과정이라고 말합니다. 이런 방식으로 인간은 현실적인 것을 그 본연의 모습이 아닌, 목표 달성을 위한 자원으로 바라보게 됩니다. 결국 인간 자신도 단순한 자원이나 부품으로 전락하게 되는 위험성을 내포하며, 기술적 세계관이 인간과 사물의 본질을 가리는 데 기여한다고 경고하죠. 이 경고는 탐욕 알고리즘이 적용되는 많은 분야에서도 나타날 수 있습니다. 단기적 효율성에만 몰두하면, 결과적으로 자연 자원을 남용하거나 인간의 가치를 수단화하는 위험에 빠집니다. 북대서양에서 대구의 과도한 어획으로 인한 생태계 파괴, 아마존 우림의 남벌, 콩고에서의 콜탄 채굴 등등 일일이 나열하기도 힘든 인간의 탐욕적 개발의 '효율성' 추구가 장기적인 환경 문제를 초래하는 대표적 사례라 할 수 있겠네요. 탐욕 알고리즘은 바로 이러한 기술적 사고의 극단적 예로, 효율성을 최우선에 두면서 윤리적 성찰과 장기적 결과에 대한 고려를 배제하는 문제를 드러냅니다.

    탐욕 알고리즘과 도구적 합리성은 단기적 효율성에 매혹적인 해답을 제시하지만, 그 과정에서 우리는 중요한 질문을 놓치고 있을지도 모릅니다. "과연 우리가 추구하는 목적은 진정으로 옳은가?" 수단의 최적화에 집중하는 동안, 우리는 그 목적 자체에 대한 비판적 성찰과 장기적 결과에 대한 고려를 배제하고 있는 것은 아닐까요? 우리가 효율성에만 집중할 때, 당장은 성공처럼 보일 수 있지만 궁극적으로 더 큰 위험과 도전에 직면할 수 있습니다. 환경 파괴, 사회적 불평등, 윤리적 딜레마와 같은 문제들이 그 증거입니다. 그렇다면 이제는 빠르게 가는 것이 중요한 게 아니라 어디로 가고 있는지를 고민할 때입니다. 탐욕 알고리즘의 한계를 넘어서려면, 순간의 최선이 아니라 지속 가능한 최선을 추구해야 합니다. 효율성을 넘어선 깊은 성찰이 필요합니다. 결국 진정한 합리성은 단순한 선택의 문제가 아니라 우리가 어떤 길을 걷고 있는지 끊임없이 되묻는 과정이 아닐까요?

2장

병렬 처리와 다원성

병렬 처리의 철학, 효율성과 최적화의 딜레마

 병렬 처리parallel processing는 현대 컴퓨터과학에서 가장 중요한 개념 중 하나로, 여러 작업을 동시에 처리함으로써 효율성과 처리 속도를 극대화하는 기술입니다. 복잡한 문제를 해결하거나 대규모 데이터를 다루는 데 있어, 병렬 처리는 단일 작업을 여러 작은 단위로 나누고 각 단위를 독립적으로 수행하는 방식을 취합니다. 이 과정은 처리 시간을 단축할 뿐 아니라 자원 활용을 최적화해 기존의 한계를 넘어서는 가능성을 열어줍니다.
 병렬 처리는 크게 두 가지가 있습니다. 첫째, 작업 자체를 여러 부분으로 나누는 '작업 분할'인데요. 문제를 독립적인 단위로 나누어 병렬적으로 실행 가능한 상태로 만드는 단계입니다. 둘째, 데이터를 분할해 병렬로 처리하는 '데이터 분할'입니다. 예컨대 이미지 처리에서는 각 픽셀 데이터를 독립적으로 처리하거나, 대규모 데이터 분석에서는 데이터를 여러 노드에 분산시켜 동시에 처리합니다. 이 기술은 멀티코어 프로세서와 분산 컴퓨팅 환경에서 특히 빛을 발합니다.

현대의 컴퓨터는 대부분 여러 개의 코어를 포함하며, 이 코어들이 동시에 작업을 처리함으로써 병렬성을 실현합니다. 또 클러스터 컴퓨팅이나 클라우드 환경에서는 여러 컴퓨터가 네트워크로 연결되어 하나의 작업을 분담하죠. 이런 방식은 방대한 데이터를 다루거나 복잡한 계산을 처리할 때 매우 효과적입니다. 수천 개의 GPU 코어가 동시에 연산을 수행하여 대규모 행렬 연산을 빠르게 처리하며, 이를 통해 단일 CPU로는 감당하기 어려운 방대한 데이터를 효율적으로 학습할 수 있도록 합니다. GPU는 병렬 연산에 최적화된 아키텍처를 가지고 있어, 딥러닝에서 필수적인 행렬 곱셈과 같은 연산을 대규모로 수행하는 데 강점을 가집니다. 반면 CPU는 직렬 연산에 적합하여 논리적 제어와 일반적인 프로그램 실행에 강하지만, 병렬 연산 성능은 GPU에 비해 제한적입니다. 따라서 딥러닝 학습에서는 GPU를 활용한 병렬 처리가 핵심적인 역할을 하며, 이를 통해 학습 속도를 비약적으로 향상시킬 수 있습니다.[19]

---

[19] GPU(Graphics Processing Unit)는 대량의 데이터를 동시에 처리할 수 있도록 설계된 병렬 연산 프로세서다. 원래 그래픽 렌더링을 가속화하기 위해 개발되었지만, 현재는 딥러닝, 인공지능, 과학 계산, 데이터 분석 등 다양한 분야에서 고성능 연산을 수행하는 핵심 장치로 활용된다. 특히 딥러닝에서는 대규모 행렬 연산이 필수적이며, GPU의 수천 개 코어가 이러한 연산을 병렬로 수행하여 학습 속도를 크게 향상시킨다. CPU(Central Processing Unit)와의 차이점은 연산 방식에 있다. CPU는 소수의 강력한 코어를 이용해 직렬(순차적) 연산을 수행하는 반면, GPU는 수천 개의 작은 코어를 활용하여 많은 연산을 동시에 수행하는 병렬 연산에 최적화되어 있다. 이런 특성 덕분에 딥러닝을 비롯한 데이터 병렬 처리 작업에서 GPU는 필수적인 역할을 하며, AI 모델 훈련을 빠르고 효율적으로 수행할 수 있도록 지원한다.

포스트모던 지식과 병렬 사고
그리고 다원성의 가능성과 한계

　철학에서 다원성plurality은 세상에 하나의 진리만 있는 게 아니라 여러 가지 진리나 실재가 동시에 존재할 수 있다는 개념입니다. 세상을 하나의 방식으로만 설명할 수 없고, 다양한 관점이 함께 존재할 수 있다는 것이죠. 미셸 푸코는 다원적 관점을 통해 지식과 권력의 관계를 깊이 탐구한 사상가입니다. 그는 각 시대와 사회에서 지식이 어떻게 권력과 결합하여 형성되고 변동하는지 분석하고, 이를 통해 진리가 단일한 절대적 개념이 아니라 다양한 권력 관계와 사회적 맥락 속에서 다양한 방식으로 구성된다고 말합니다. 진리는 권력과 분리된 것이 아니라 그 안에서 생산되고 형성된다고 하며 진리의 상대성을 보여주었죠. 이런 그의 견해는 《감시와 처벌》(나남, 2020)과 《지식의 고고학》(민음사, 1992)과 같은 대표작에서 명확하게 드러납니다. 푸코는 사회적 제도와 규범이 지식을 형성하고 제한하는 방식을 분석하면서 권력 구조가 지식 생산에 미치는 영향을 규명했습니다. 즉, 특정 시대의 권력 체계는 그 시대의 지식과 진리를 결정짓고, 그 지식은 다시 권력을 강화하는 도구로 작동한다는 것이 그의 주장입니다. 푸코는 이처럼 지식의 생산과 권력의 상호작용을 통해 진리가 상대적이며 특정한 시각이나 관점에 의해 구성될 수 있음을 강조했습니다. 그의 철학적 입장은 진리가 고정된 것이 아니라 시대적·사회적·정치적 맥락에 따라 달라질 수 있다는 점에서 다원성의 개념을 잘 설명해 줍니다.

　장 프랑수아 리오타르는 지식이 권력과 어떻게 얽혀 있는지를 고민하며, 후기 산업사회에서 다양성과 다원성이 중심이 되는 변화에 주목했습니다. 그는 거대 서사의 시대가 막을 내리고, 과거 성경이나 민족 신화와 같은 단일 서사가 지배하던 시대가 이성이 중심이 되는 과학의 시대로 넘어오면서 지식의 본질적 성격이 변화했다고 지적합니다. 특히 컴퓨터와 같은 과학기술이 사회적 우위를 점하면서 지식이 진리 추구라는 본래 목적에서 벗어나 경제적·정치적 이익을 위한 도구로 변질되는 과정을 비판했죠. 이를 리오타르는 '지식의 중상주의화'라 부르며 《포스트모던의 조건》(민음사, 2018)에서 다음과 같은 통찰을 남겼습니다.

> 지식과 권력이 실은 동일한 질문의 양면에 지나지 않는다는 사실을 보여주기 때문이다. 무엇이 지식인지를 누가 결정하고 무엇을 결정해야 하는지를 누가 아는가? 컴퓨터 시대에 지식의 문제는 다른 어느 때보다 통치의 문제가 된다.… 국가 또는 교육기관이 제기하는 질문은 더 이상 '이것이 진리인가?'가 아니라 '그것은 무슨 소용이 있는가?'이다. 지식의 중상주의화라는 맥락에서 이 질문은 흔히 '그것이 잘 팔리는가'와 똑같은 물음이다. 권력 확장의 맥락에서는 '그것은 효율적인가?'라는 질문과 동일하다.

리오타르는 지식이 더 이상 단일한 진리나 거대 담론으로 설명되지 않고 다원적이고 다양한 관점에서 구성된다는 점을 강조합니다. 후기 산업사회에서는 지식의 가치를 평가하는 기준이 진리 그 자체에서 벗어나 얼마나 '유용한가' 또는 '효율적인가'로 옮겨갑니다. 이런 변화는 지식의 상업화와 권력화로 이어져 지식이 정보를 전달하는 것을 넘어 통치와 관리의 핵심 축이 되는 과정을 보여줍니다.

리오타르는 특히 다원화된 사회에서 지식이 권력과 자본의 논리에 종속되기 쉬운 환경을 경계하며, 지식의 가치를 진리 그 자체로 회복해야 한다고 주장합니다. 다원성은 본래 여러 관점과 진리가 공존하며 대화를 통해 발전할 가능성을 열어줍니다. 그러나 다원성이 효율성과 상업성의 논리에 매몰될 경우, 진리를 추구하려는 탐구 정신은 사라지고 지식은 오직 소비되고 이용되는 자원으로 전락할 위험에 처합니다. 그는 후기 산업사회의 다원화된 구조 속에서 지식의 방향성을 비판적으로 검토하며, 단일 서사가 아닌 다양한 서사와 관점들이 공존하는 사회에서도 지식이 본연의 탐구 정신을 잃지 않아야 함을 강조합니다.

리오타르는 또한 "나는 '포스트모던'을 거대 서사에 대한 회의라고 정의한다. 이 회의는 의심할 여지 없이 여러 과학 진보의 산물이다"라고 말하며, 거대 서사의 해체를 주장하면서 다양하면서도 작은 서사petit narratives들이 공존하는 다원적 사고를 강조했죠. 이는 병렬 처리에서 여러 작업이 동시에 이루어져 효율성을 극대화하는 과정과 유사합니다. 리오타르는 하나의 통일된 진리보다는 여러 관점과 해석이 공존할 수 있음을 주장했는데, 철학적 다원성과 병렬 처리의 동시성 개념과 연결됩니다. 리오타르는 "포스트모던 상태는 하나의 보편적 진리가 아니라, 다양한 담론과 관점이 존재하고, 그들이 각자 고유한 방식으로 현실을 재구성하는 시대"라면서 하나의 고정된 진리 대신 다양한 담론과 관점이 존재할 수 있음을 강조하며, 이를 통해 다원적 진리의 가능성을 열 수 있다고 말했죠. 병렬 처리에서 여러 프로세스가 동시에 작동해 각자의 역할을 수행하는 방식을 떠올립니다.

포스트모던 과학은 결정 불가능한 것, 정확한 통제의 한계, 불완전한 정보로 특징지어지는 갈등, 프랙털, 파국, 화용적 역설과 같은 것들에 관심을 가짐으로써 스스로의 전개를 불연속적이며 파국적이고 교정 불가능하며 역설적인 것으로 이론화한다.… 포스트모던 과학은 알려진 것이 아니라 알려지지 않은 것을 생산한다.… 그는 또 '과학적 방법'이란 없으며 과학자란 그 무엇보다 '이야기를 하는' 사람이라고 말했다. 유일한 차이는 과학자는 자신의 이야기를 검증해야 할 의무가 있다는 것이다.

리오타르는 한 걸음 더 나아가 포스트모던 과학이 기존의 확실성과 예측 가능성을 추구하던 전통 과학과는 달리 불확실성과 모호성 속에서 새로운 지식을 탐구해야 한다고 역설합니다. 그는 과학이란 정해진 방법론에 따라 절대적 진리를 발견하는 것이 아니라, 예측 불가능한 결과와 다양한 관점을 통해 지식을 생산하는 활동으로 보았죠. 따라서 과학자는 단순한 진리 탐구자가 아닌, 끊임없이 질문을 던지며 기존 틀을 넘어서는 이야기를 만들어가는 존재로 자리 잡아야 합니다. 그 과정에서 과학기술자는 발견한 기술이 사회적·윤리적·도덕적 측면에서 어떤 영향을 미칠지 깊이 고민해야 합니다. 기술은 효율성과 혁신을 추구하는 도구가 아니라 복잡한 인간과 사회적 갈등 속에서 신중하게 활용되어야 할 책임을 수반합니다. 이때 필요한 것이 바로 다원주의적 사고방식입니다. 다원주의는 단일한 정답이나 관점을 고수하는 것이 아니라 다양한 이해관계와 관점을 포용하며 상충되는 요소들 속에서 머리를 맞대고 균형점 trade off 을 찾아가는 사고방식입니다. 기술 발전이 가져올 잠재적 위험과 이익을 모두 고려하며, 사회적 맥락에서 기술의 윤리적·도덕적 의미를 재조명할 수 있어야 합니다.

3장

재귀 알고리즘과 재귀성

헤겔에서 인공지능까지,
재귀적 사고와 기술의 자기참조적 진화

1980년 일반 논픽션 부문으로 퓰리처상을 받은 더글러스 호프스태터의 《괴델, 에셔, 바흐》는 논리, 음악, 미술이 서로 겹치는 지점들을 절묘하게 연결하면서 복잡한 패턴과 자기참조적 구조를 묘사하고 있죠. 괴델의 불완전성 정리처럼 스스로를 참조하는 구조, 바흐의 푸가처럼 반복되는 음악적 패턴, 그리고 에셔의 계단처럼 시각적 반복과 패러독스를 떠올리게 합니다. 이 책에서 다루는 주요 주제 중 하나인 자기참조self-reference는 재귀성recursivity과 직결되는 개념입니다. 재귀성은 끊임없이 자신을 반영하고 다시 정의하는 과정을 통해 시스템이 발전해 나가는 방식을 말합니다. 철학자 육후이와 사회 이론가 니클라스 루만도 각각 기술과 사회적 시스템에서 이 재귀성을 탐구하며, 자기조직화와 발전의 과정을 설명합니다.

종종 엘리베이터 속에서 혹은 앞뒤로 거울이 있는 피팅룸에서 이미지들이 계속해서 무한히 이어지는 걸 봅니다. 거울에 비친 나의 모습이 다시 다른 거울에 반사되면서 끝없이 반복되는 구조를 만들죠. 이 거울은 컴퓨터과학에서는 재귀 알고리즘을 상징하지만, 철학에서 자기반성 혹은 자기성찰로 연결됩니다. 거울은 철학적 사고의 중요한 메타포인데, 주체가 자신을 비추어 자기인식에 도달하는 과정을 상징하죠. 사변적이라는 뜻의 독일어 'spekulativ'는 거울을 뜻하는 라틴어 *speculum*에서 유래했으며, 사고가 자기 자신을 반사^{reflection}하며 성찰하는 과정을 포함합니다. 거울은 주체를 고립시키는 도구가 아닌 주체와 타자를 동시에 인식하게 만드는 매개체로 작용합니다.

헤겔은 자신의 철학을 사변철학으로 규정하며, 의식이 자기인식에 도달하는 과정을 설명합니다. 의식은 단독으로는 스스로를 의식하지 못하며, 외부 사물과의 관계 속에서만 자신의 존재를 드러낼 수 있습니다. 이때 사물은 거울처럼 작용하며, 의식이 자신을 인식할 수 있도록 반사합니다. 헤겔은 이런 과정을 통해 의식이 내부에서만 완성되는 것이 아니라 외부 세계와의 상호작용 속에서 형성된다고 보았죠. 이처럼 인간의 눈이 사물을 포착하고 이를 재구성하는 방식은 헤겔 철학에서 사고의 근본적 기제를 상징합니다.

헤겔의 사변철학에서 의식은 외부 사물과 자신을 동일시하는 과정을 거치며 자기인식에 도달합니다. 그러나 이 과정은 단순한 동일시로 끝나지 않습니다. 의식은 사물로 머무르지 않고 사물과의 반사적 관계를 통해 스스로를 초월하며 발전합니다. 이 개념은 헤겔 철학에서 변증법의 중요한 요소로, 의식이 외부 세계와의 긴장과 상호작용을 통해 발전하고 변화하는 과정을 설명합니다. 이와 같은 의식과 사물, 주체와 타자 사이의 상호작용은 사고가 고정된 틀을 넘어 유동적이고 반성적인 성격을 지닌다는 것을 보여줍니다.

육후이는《재귀성과 우연성》(새물결, 2023)에서 반성을 논리적 분석의 도구로 보지 않고, 초월론적 범주를 넘어 새로운 사고의 조건을 발견하는 과정으로 확장하죠. 그는 반성적 판단이 "범주적 논리보다 우월하다"고 주장하며, 이를 통해 기존의 체계적 사고를 넘어서는 사고의 가능성을 강조합니다.

> 칸트가 이미《순수이성비판》의 부록인 〈반성 개념의 모호성〉에서 말했듯이, 반성 reflection; deliberation, reflexio 은 객체로부터 직접적으로 개념을 끄집어내는 것을 의미하지 않으며, 오히려 우리가 '[홀로] 개념에 도달할 수 있는 주체적 조건들'을 발견하는 정신의 상태이다. 반성이란 범주나 순수 개념들에 의해 제한되지 않는다. 그것은 오히려 초월론적 범주들을 보충하는 것이다.

육후이는 칸트의 반성 개념을 재해석하며, 반성을 기존의 범주적 사고에 머무르지 않고 새로운 사고 조건을 발견하는 열린 과정으로 확장합니다. 칸트가 반성을 "주체가 개념에 도달할 수 있는 조건을 탐구하는 정신의 상태"로 정의한 것처럼, 육후이의 재귀적 사고는 주체와 객체 간의 상호작용을 통해 기존 체계의 한계를 넘어서는 사고를 가능하게 만듭니다. 이 해석은 노버트 위너의 피드백 개념과 유사하게, 기존 입력에 대한 반응을 넘어 시스템의 자기 교정을 통해 새로운 상태를 만들어내는 메커니즘이 가능함을 보여줍니다. 피드백이 시스템의 안정성과 적응성을 확보하기 위한 기술적 구조라면, 반성적 사고는 철학적 맥락에서 기존 범주를 초월하며 새로운 사유를 가능하게 합니다. 육후이가 강조한 이 사유의 재귀적 과정은 기존 체계를 고수하지 않고 반복적 반성과 상호작용을 통해 스스로를 변화시키는 사유의 역동성을 상징합니다.

이어 기술과 재귀성을 연결한 독창적인 철학적 사유를 전개하는데, 기술이 스스로 진화하고 변화하는 재귀적 구조를 가진다고 말하면서, 기술이 자기조직화 self-organization 를 통해 스스로 발전해가는 과정을 설명합니다.

이 시스템적 사고의 중심에는 자연과학, 특히 생물학에서 유래한 유기체 개념이 존재한다. 유기적이라는 개념은 부분과 전체의 관계를 유지하는 것에 그치지 않으며, 자기조직화와 자기제작 autopoiesis 을 포함하는 개념으로, 이를 '재귀성'이라 정의할 수 있다. 기술 시스템을 다루기 위해서는 자연 개념의 역사적 발전을 살펴볼 필요가 있다. 자연은 헤겔적 의미에서 항상 자기 자신과의 대립 속에 존재하기 때문이다. 자연 개념을 깊이 있게 분석하는 것이 기술 문제를 명확히 이해하는 열쇠가 되며, 이는 자연과 기술이 철학사에서 지속적으로 대립해왔다는 사실을 반영한다. 따라서 자연과 시스템 간의 관계를 이해하지 않고서는 기술 시스템을 온전히 이해할 수 없다. 하이데거는 이를 '기술: 자연의 역사' Technik: Historie der Natur 라는 구절을 통해 명확히 지적하고 있다.

따라서 기술 시스템을 탐구하는 일은 그 기능적 측면을 넘어선 보다 포괄적인 사고를 요구합니다. 기술은 그 자체로 고립된 개념이 아니라, 자연과 인간의 상호작용 속에서 그 의미와 목적을 찾아가기 때문입니다. 기술이 자연 속에서 어떻게 구체화되고 실천되는지를 이해하는 것은 기술 발전의 이면에 깔린 철학적 본질을 밝히는 길이 될 것입니다. 또 기술 시스템이 외부 환경과의 상호작용을 통해 끊임없이 변화하고 발전한다고 주장하며, 기술이 스스로를 재정립하고 진화하는 방식을 철학적으로 사유하죠. 육후이가 말하는 재귀성은 고립된 폐쇄 체계가 아니라 외부 세계와의 상호작용을 통해 열린 체계로 진화하며, 서로를 형성하는 상호작용 속에서 발전한다고 합니다.

> 자연은 재귀적이다. 그 안에서 우리는 부분들과 전체의 상호성을 발견한다. 하지만 재귀성은 단지 자연 현상만은 아니다. 그것은 또한 기술적인 사유, 또는 더글러스 호프스태터가 '이상한 루프'라고 부르는 것이기도 하다. 재귀성과 더불어, 알고리즘은 그것들을 유용하게 해주기 위한 우연성의 차이나는 형식들을 길들일 수 있다. 기술적인 것과 우연성 사이의 관계는 물질적으로 그리고 역사적으로 분석되어야 한다. 이러한 관계들은 지배적인 과학적 인식론을 되비춘다.

이어서 자연과 기술에서 '재귀성'이라는 개념이 어떻게 나타나는지를 설명하고 있습니다. 먼저 "자연은 재귀적이다"라는 말은 자연 속에서 부분과 전체가 서로 밀접하게 연결되고 영향을 주고받는 관계에 있다는 뜻이죠. 자연은 여러 요소가 서로 영향을 주며 반복되는 구조를 가진다는 의미입니다. 하지만 이 재귀성은 자연에만 한정된 것이 아니라 기술적 사고에서도 나타납니다. 더글러스 호프스태터는 이를 '이상한 루프'라고 부르며, 기술 속에도 반복되거나 되돌아오는 패턴이 있다고 말합니다. 재귀성과 더불어 알고리즘은 예측할 수 없는 요소들, 즉 우연성을 다루고 이를 조절하는 방법을 찾을 수 있습니다. 기술과 우연성의 관계는 물질적 측면이나 역사적 배경에서 분석해야 하며, 이러한 관계는 현대 과학이 세상을 이해하는 방식을 반영합니다.

자기조직화를 통해 독립적으로 작동하는 사회 시스템, 루만, 기술, 그리고 자율적 진화

니클라스 루만은《사회적 체계들》(한길사, 2020)에서 재귀성을 핵심 개념으로 다루며, 사회 시스템이 자기참조를 통해 자율적으로 작동한다고 말합니다. 사회가 외부 환경의 변화를 반영하면서도 그 자체의 규칙과 구조에 따라 스스로를 재조정하고 발전해 나간다고 말이죠. 루만은 사회 시스템이 외부의 강제적 요인에 의해 변화하는 것이 아니라, 내부적으로 스스로를 관찰하고 재구성하는 자율적 시스템이라는 점을 강조합니다. 루만의 이론에 따르면, 사회 시스템은 자기조직화를 통해 독립적으로 작동합니다. 그는 또《사회적 체계들》에서 사회는 외부에서 온 정보를 자기 구조에 맞게 변형해 수용한다고 설명합니다. 이 과정에서 사회는 끊임없이 스스로를 관찰하고 변화시키며, 그 변화를 통해 새로운 구조를 만들어냅니다. 사회는 외부 환경의 변화에 영향을 받지만, 그 변화를 내부의 논리와 규칙에 따라 해석하고 재구성하는 과정을 거치는 것입니다.

> 자아는 타인이 자아에게 예견하는 일을 스스로에게 기대할 수 있어야 한다. 그렇지 않으면 자아에 대한 서로의 기대에 자아 자신의 기대나 행동을 조정할 수 없게 된다. 기대의 재귀성이 확실히 행해질 경우에만 이러한 기대의 재귀성을 기준으로 한 사회적 영역의 자기 제어가 이루어진다고 할 수 있다.

루만이 《사회적 체계들》에서 언급한 사회 시스템 이론은 재귀 알고리즘의 작동방식과 매우 닮았습니다. 재귀 알고리즘이 문제를 해결하기 위해 스스로를 호출하고, 그 과정에서 매 단계 문제를 점차 해결해 나가는 것처럼, 사회 시스템도 스스로를 지속적으로 관찰하고 반영하며 내부적으로 변화하는 과정을 겪습니다. 시스템이 외부 영향을 받으면서도 내부 규칙에 따라 스스로 변화하는 자율적 구조를 갖고 있음을 보여줍니다. 루만은 이러한 자기참조적 재구성 과정에서 사회가 스스로를 자율적으로 발전시킨다고 강조합니다. 또한 루만은 《생태적 커뮤니케이션》(에코리브르, 2014)에서 사회 시스템은 외부 환경에 완전히 종속되지 않고 스스로의 규칙에 따라 자율적으로 작동한다고 설명하며, 사회가 외부 정보를 수용하는 수동적 존재가 아님을 강조합니다. 이처럼 사회는 외부와의 상호작용 속에서 새로운 정보를 받아들이되, 그 정보를 내부적으로 해석하고 재구성하여 발전해 나갑니다. 사회 시스템의 각 부분은 상호작용하며, 상호작용을 통해 자율적이고 재귀적으로 진화하는 구조를 형성합니다. 재귀 알고리즘이 새로운 입력을 받았을 때 그 입력을 바탕으로 스스로를 호출해 문제를 해결하는 방식과 유사합니다.

　재귀성의 본질은 독립적 시스템이면서도 그들이 상호작용을 통해 끊임없이 발전한다는 점입니다. 인간과 기술, 사회 간의 상호작용이 필수적임을 의미하죠. 기술은 인간의 요구를 반영하면서도 그 과정에서 인간의 행동과 생각을 변화시키고, 사회는 기술의 발전에 따라 재구성됩니다. 이 순환적 관계는 인간이 기술을 통제하거나 사회를 설계하는 입장에서 벗어나, 기술과 사회와의 역동적 상호작용 속에서 함께 발전해야 함을 알려줍니다.

4장

분할정복 방식과 분석적 사고

분할과 정복,
알고리즘과 분석적 사고의 철학적 기초

　분할정복 방식은 컴퓨터과학에서 발전된 기법이지만, 분석적 사고 analytical thinking와 깊은 철학적 연결고리를 찾을 수 있습니다. 분석적 사고는 복잡한 문제를 구성 요소로 나누고, 각각의 요소가 어떻게 상호작용하는지를 이해하며, 이를 통해 전체 문제를 해결하려는 사고방식입니다. 모든 문제를 가장 작은 단위로 나누어 단계적으로 분석함으로써 진리를 사유한 데카르트의 '방법적 회의'methodical doubt와 유사하죠. 따라서 분할정복 방식은 기술적 접근법은 물론 문제 해결의 철학적 원리로도 기능합니다.

　분할정복 방식은 복잡한 문제를 해결하기 위해 먼저 문제를 작은 조각으로 나누고, 각 조각을 해결한 다음 다시 결합하여 최종 답을 얻는 방법입니다. 이를 병합 정렬merge sort을 예로 들어 설명하겠습니다. 병합 정렬은 정렬되지 않은 데이터를 작은 부분으로 나누는 것에서 시작합니다. 예를 들어, 8개의 숫자가 있다면 먼저 이를 절반씩 나누어 두 개의 그룹(각 4개)으로 분할한 후, 다시 각각을 반으로 나누어 2개씩의 더 작은 그룹으로 쪼갭니다. 이렇게 분할을 계속하면 마침내 각 숫자가 개별적인 그룹에 속하게 되며, 더 이상 나눌 수 없는 상태에 도달합니다. 이는 큰 문제를 한 번에 해결하기보다는, 작은 문제 단위로 쪼개어 다루는 분할정복의 핵심 원리를 보여줍니다.

이제 병합 정렬은 각 작은 그룹부터 정렬을 시작합니다. 개별 숫자는 이미 정렬된 상태이므로, 두 개의 숫자를 비교해 작은 숫자를 앞에 두고 정렬된 두 개의 그룹으로 합칩니다. 이후 정렬된 두 숫자를 네 개로 병합하고, 다시 네 개의 정렬된 그룹을 병합해 최종적으로 여덟 개의 숫자를 정렬된 하나의 배열로 만듭니다. 이 과정에서 작은 정렬된 단위들이 차례로 병합되며 전체 정렬이 완성됩니다. 병합 정렬은 데이터를 나누는 단계divide와 병합하는 단계merge를 거쳐 체계적이고 논리적인 방식으로 정렬을 수행하는 알고리즘입니다.

분석적 사고는 철학에서도 중요한 역할을 해왔으며, 고대 철학자 아리스토텔레스의 네 가지 원인설을 통해 그 대표적 예를 찾을 수 있습니다. 사물을 형성하는 요소와 그것이 존재하는 이유를 체계적으로 분석하는 방식은 문제 해결 과정에서 핵심 원리를 파악하는 데 도움을 줍니다.

아리스토텔레스는 자연 현상을 이해하기 위해 복잡한 현상을 네 가지 원인, 즉 형상인形相因, 질료인質料因, 운동인運動因, 목적인目的因으로 구분해 분석했어요. 첫째, 형상인formal cause은 사물의 형식 또는 본질을 나타냅니다.

건축물의 형상인은 설계도나 그 건축물이 어떤 모양과 구조를 가질지를 설명하는 개념입니다. 둘째, 질료인material cause은 사물을 구성하는 재료입니다. 건물의 경우, 콘크리트나 철근과 같은 재료가 질료인에 해당되죠. 셋째, 운동인efficient cause은 사물을 변화시키거나 존재하게 하는 원인입니다. 건축물의 운동인은 건축가나 건축 기술, 즉 그 건축물을 실현하는 행위와 과정을 의미합니다. 마지막, 목적인final cause은 사물이 존재하는 목적 또는 의도를 나타냅니다. 건물이 지어지는 목적은 사람들이 거주하거나 특정한 기능을 수행하는 공간을 제공하는 것일 수 있습니다. 이렇게 아리스토텔레스는 이 네 가지 원인을 통해 사물이나 현상을 다각도로 분석하고, 각 원인이 어떻게 상호작용하는지를 밝히며 전체적인 이해를 추구했습니다. 이 과정은 복잡한 문제를 세부적으로 나누어 분석하는 현대의 분석적 사고와 연결되는데, 문제의 각 부분을 명확히 이해함으로써 전체를 더 깊이 이해할 수 있게 됩니다.

러셀의 논리적 원자론,
분석철학과 분할정복의 철학적 공통점

분석철학analytic philosophy은 철학적 문제를 논리적으로 분해하고, 그 개념들을 명확하게 분석하는 데 중점을 둡니다. 분석철학자들은 복잡한 철학적 개념을 작은 단위로 나누어, 각각의 개념이 무엇을 의미하는지, 그리고 그것들이 서로 어떻게 연결되는지를 분석함으로써 문제를 해결합니다. 이 접근법은 철학적 명제를 더 단순하고 명확하게 만들어 논리적 모순이나 개념적 혼란을 제거하는 데 중요한 역할을 합니다. 버트런드 러셀은 분석철학에서 철학적 문제를 논리적으로 분해하고, 그 문제의 혼란을 줄여 명료하게 만드는 것을 강조합니다. 러셀은 정확하고 명료한 분석은 철학적 혼란을 해소하는 데 매우 중요한 도구이며, 개념을 명확히 분석하는 것이 철학적 문제 해결의 핵심이라고 말합니다. 분석철학자들은 또한 논리적 정합성을 중요한 기준으로 삼습니다.

> 이러한 경험주의 철학은 체계를 구성하는 철학들보다 장점이 많은데 우주 전체에 대한 포괄적 이론을 단숨에 발명한 대신 한 번에 한 문제씩 다룰 수 있다. 이런 점에서 현대 분석적 경험주의의 방법은 과학의 방법과 유사하다. 나는 철학 지식이 가능하다면 분석적 방법으로 추구해야 한다고 확신한다. 또한 분석적 방법을 통해 옛날부터 이어진 많은 문제를 말끔히 해결할 수 있을 것이라고 확신하다.

러셀은 《서양철학사》(을유문화사, 2020)에서 철학이 단번에 우주 전체를 설명하려는 시도가 아니라, 분할정복 방식처럼 각 문제를 개별적으로 다루어야 한다고 주장합니다. 포괄적 이론을 한꺼번에 세우기보다 각 개념과 질문을 세세하게 나누어 분석하는 것이 논리적 혼란을 줄이고 명확성을 높이는 길이라는 것입니다. 철학이 과학처럼 세밀한 문제 해결을 통해 진행되어야 한다고 강조하죠. 복잡한 문제를 작은 단위로 나누어 다루는 접근이야말로 철학적 진보에 필수적이며, 이런 방식으로 철학적 문제에 접근할 때 보다 깊고 체계적인 이해에 도달할 수 있다고 믿었습니다.

복잡한 논제에서 일관성과 정확성을 유지하는 것은 분석철학의 핵심 목표이며, 이를 위해 명료한 분석이 필요합니다. 분석철학과 분할정복 알고리즘은 복잡한 문제를 해결하기 위해 문제를 분해하고 논리적으로 해결하는 과정에서 서로 유사한 원칙을 따릅니다. 러셀의 논리적 원자론$^{\text{logical}}_{\text{atomism}}$은 복잡한 명제를 단순한 요소로 분해해 문제를 해결하고자 했으며, 이때 각 요소는 '논리적 원자'로서 더 이상 나눌 수 없는 가장 기본적인 단위로 간주됩니다. 이러한 논리적 원자들은 세상을 설명하는 기초적인 구성 요소이며, 그 자체로 명확한 의미를 지닌다고 보았습니다. 분할정복 알고리즘처럼 러셀의 논리적 원자론도 복잡한 진술이나 개념을 논리적 원자들로 분해한 뒤, 각각의 의미를 분석하고 이들 간의 관계를 논리적으로 파악하여 명제를 전체적으로 이해하고 해결합니다. 러셀은 언어와 사고가 때때로 복잡하고 모호한 구조로 혼란을 야기할 수 있다고 보았기에, 이를 해결하기 위해 명제를 가장 작은 논리적 단위로 나누어 명확히 하고자 했습니다. 이를 통해 철학적 문제를 체계적이고 명료하게 풀어나가며, 정확하고 명료한 분석은 철학적 혼란을 해소하는 데 매우 중요한 도구라는 그의 신념을 실현하고자 했습니다.

결론적으로, 분할정복 알고리즘, 분석철학, 그리고 아리스토텔레스의 4원인론 모두 복잡한 문제나 현상을 분해하고 구조적으로 분석합니다. 이들은 각각의 방식으로 문제를 작은 단위로 나누어 단계적으로 해결하고, 더 나아가 최종 해결책을 도출하는 방법론을 제시합니다. 분할정복은 복잡한 문제를 작은 하위 문제로 나누어 해결하고, 분석철학은 개념을 논리적으로 분해해 의미를 명확하게 분석하며, 4원인론은 사물의 다양한 측면을 분석하여 그 본질을 파악할 수 있죠. 이 세 가지 접근법의 논리적 분해와 구조적 분석이라는 공통된 철학적 원칙은 복잡한 문제를 더욱 효과적으로 이해하고 해결하는 데 중요한 도구로 작용합니다.

5장

백트래킹과 귀류법

되돌아감을 통해 전진하다,
백트래킹, 귀류법, 그리고 사유의 기술

누구나 한 번쯤은 등산을 하다가 혹은 외국의 낯선 여행길에서 잘못된 경로를 따라갔다가 지도를 보며 다시 돌아와 다른 길을 선택한 경험이 있죠. 아니면, 친구와 논쟁 중 상대방 주장을 받아들이는 척하다가 다 듣고 나서 그 논리의 허점을 지적해본 적은요? 이처럼 잘못된 선택을 시도해보고, 그 결과를 통해 방향을 수정해 나가는 방식은 일상적인 문제 해결의 중요한 과정입니다. 이 방식은 컴퓨터과학과 철학에서도 중요한 역할을 하죠. 백트래킹backtracking과 귀류법reductio ad absurdum이 그 대표적 예입니다. 백트래킹은 알고리즘에서 특정 경로를 탐색하다가 잘못된 경로임이 드러나면 다시 이전 단계로 돌아가 새로운 경로를 탐색하는 과정이고, 귀류법은 철학적 논증에서 반대 가정을 세워 그로부터 발생하는 모순을 통해 원래 명제를 증명하는 방식입니다. 이 두 방법은 실패를 교정하면서 올바른 해결책에 다가가는 과정이라는 점에서 매우 흡사합니다.

백트래킹은 주로 조합 문제에서 사용되는 알고리즘 방법으로, 주어진 문제의 탐색 공간을 효율적으로 탐구하면서 가능한 해를 찾아내는 과정입니다. 이 알고리즘의 기본 원리는, 문제를 해결하기 위해 가능한 모든 경로를 하나씩 시도해보고, 만약 잘못된 경로임이 판명되면 되돌아가backtrack 다른 경로를 선택하여 탐색을 계속하는 방식입니다. 이 과정에서 백트래킹은 단계적 탐색을 통해 가능한 경로를 선택하고, 그 경로가 유효한지 점검합니다. 만약 선택한 경로가 문제의 해결책에 도달하지 못하거나 유효하지 않다면, 그 경로를 더 이상 탐색하지 않고 이전 상태로 되돌아가 다른 경로를 시도하죠. 이런 방식은 특히 문제의 해답이 여러 갈림길에서 하나하나의 선택에 따라 달라질 수 있는 상황에서 매우 유용합니다. 백트래킹은 마치 미로에서 길을 찾는 과정과 비슷해요. 우리는 미로 안에서 여러 갈림길을 탐색하다가 막다른 길에 도달하면, 그 자리에서 새로운 길을 찾는 것이 아니라 출발점이나 이전 분기점으로 되돌아가 다른 경로를 탐색하죠.

이처럼 백트래킹 알고리즘은 가능한 모든 경로를 하나씩 점검하되, 잘못된 경로는 빠르게 포기하고 다른 가능성을 탐색하는 효율적인 경로 탐색 방식을 취합니다. 백트래킹의 중요한 장점 중 하나는 비효율적인 경로를 일찍 배제할 수 있다는 것입니다. 어떤 경로를 탐색하다가 더 이상 유효하지 않음이 명확해지면, 그 경로는 포기하고 남은 경로를 계속 탐색함으로써 불필요한 탐색을 줄일 수 있어서 중요한 자원을 절약할 수 있습니다. 백트래킹은 이렇게 점진적 탐색과 되돌아가기의 반복을 통해 전체 공간을 탐색하면서 가능한 해답을 효율적으로 찾아내는 알고리즘입니다.

실패에서 답을 찾다,
알고리즘과 철학이 만나는 지점

귀류법은 철학적 논증과 수학적 증명에서 자주 사용되는 논리적 증명 방법입니다. 이 방법의 핵심은 어떤 명제가 참임을 증명하기 위해 그 명제의 반대되는 가정을 세우고, 그 가정이 논리적 모순을 일으키는지를 확인하는 것입니다. 만약 반대 가정에서 모순이 도출되면, 그 가정이 틀렸다는 것을 논리적으로 증명할 수 있으며, 결국 원래 명제가 참임을 입증하게 됩니다. 이처럼 귀류법은 반대되는 가정을 논리적으로 배제함으로써 원래 주장의 타당성을 강화하는 매우 효과적인 도구로 기능합니다.

주로 수학적 명제를 증명할 때 귀류법proof by contradiction을 사용합니다. 한 가지 전형적인 사례는 무리수의 존재 증명에서 볼 수 있습니다. $\sqrt{2}$가 유리수가 아니라는 명제를 증명할 때, 우리는 먼저 $\sqrt{2}$가 유리수라고, 즉 $\sqrt{2}$가 두 정수 a와 b의 비율로 표현될 수 있다고 가정합니다. 그런 다음 이 가정을 바탕으로 논리를 전개합니다. a와 b가 서로 더 이상 약분되지 않는 상태라고 해도 양쪽을 제곱한 후 계산을 이어가는 것이죠. 결국 a와 b가 공통된 약수를 가져야 하는 모순이 발생합니다. 이 모순을 통해 $\sqrt{2}$가 유리수일 수 없다는 결론을 얻게 되고, 결국 $\sqrt{2}$는 유리수가 아니라는 원래 명제가 참임을 입증할 수 있습니다.[20]

이 과정에서 중요한 점은, 모순을 찾아내는 탐색 과정입니다. 귀류법은 반대 가정을 세운 후 그 가정의 논리적 연쇄를 분석하여 모순을 드러냅니다. 모순이 드러나면 그 가정이 잘못되었음이 증명되므로 원래 명제는 자동으로 참이라는 결론에 도달하죠. 이와 같은 방식으로 귀류법은 수학뿐만 아니라 철학적 논증에서도 자주 사용됩니다. 어떤 주장의 참을 직접 증명하는 대신 반대되는 가정의 오류를 입증하는 방식으로 더 강력하고 설득력 있는 논증을 제공할 수 있기 때문입니다. 귀류법은 오류 탐지를 위해 사용되지만, 문제 해결의 중요한 절차로도 기능합니다. 잘못된 가정을 논리적으로 검토하고, 그로부터 모순을 발견하는 과정을 통해 올바른 결론을 도출하는 방법론은 철학적·수학적 사고의 깊이를 더해주며, 수많은 복잡한 문제를 해결하는 데 사용될 수 있습니다.

알고리즘이 문제를 해결하기 위한 체계적 절차인 것처럼, 분석철학적 문제를 해결하기 위한 방법론으로 백트래킹과 귀류법의 장점을 활용할 수 있습니다. 이 두 방법은 고정된 결론에 얽매이지 않고 다양한 가능성을 탐구하는 열린 사고를 요구하며, 가정을 수정하거나 경로를 변경하는 유연성을 배가시킵니다. 의사결정 과정에서는 잘못된 결정을 빠르게 포기하고 새로운 대안을 모색하는 데 유용하며, 학문적 연구에서는 가설을 세우고 논

[20] 좀 더 상세히 설명하면 다음과 같다. 먼저 $\sqrt{2}$가 유리수라고 가정하자. 유리수라면 $\sqrt{2}$는 두 정수 a와 b를 이용해 $\frac{a}{b}$로 표현할 수 있어야 한다. 또 a와 b는 서로 약분되지 않는 상태라고 가정한다. 이 가정을 바탕으로 계산을 진행해보자. 양쪽을 제곱하면 $2 = \frac{a^2}{b^2}$가 되고, 이를 다시 정리하면 $a^2 = 2b^2$가 된다. 여기서 중요한 점은 a^2가 2의 배수라는 사실이다. a^2가 2의 배수라면 a도 2의 배수여야 한다. 그래서 $a = 2k$라고 쓸 수 있다. 이제 $a = 2k$를 $a^2 = 2b^2$에 대입해보자. 그러면 $4k^2 = 2b^2$, 즉 $b^2 = 2k^2$이 된다. 여기서 b^2도 2의 배수임을 알 수 있고, 따라서 b 역시 2의 배수여야 한다. 그런데 a와 b가 둘 다 2의 배수라면, a와 b가 서로 약분되지 않는다는 초기 가정에 모순이 발생한다. 따라서 $\sqrt{2}$가 유리수라는 가정이 잘못되었음을 알 수 있고, $\sqrt{2}$는 유리수가 아님을 증명할 수 있다.

리적 오류를 분석해 더 나은 결론에 도달할 수 있습니다. 귀류법은 논증적 사고 과정이고 백트래킹은 알고리즘적 탐색이라는 점에서 차이점은 존재하지만, 모두 탐색과 실패 교정을 다룬다는 점에서 현실적 문제 해결에도 중요한 도구가 될 수 있습니다.

6장

그래프와 네트워크 사유

잃어버린 연결을 찾아서?
프루스트에서 라투르까지

마르셀 프루스트의 《잃어버린 시간을 찾아서》를 보면 주인공이 마들렌 과자를 한 입 먹고 떠오른 기억들이 연쇄적으로 연결되는 장면이 나옵니다. 과거와 현재, 공간과 시간 속에 흩어져 있던 기억들이 마치 보이지 않는 실로 묶여 하나의 거대한 네트워크를 이루는 것처럼 느껴집니다. 우리가 살아가는 세상도 이런 식으로 연결되어 있지 않은가도 싶고요. 그림자처럼 흩어진 존재들이 따로 떨어져 있는 것이 아니라 서로 얽혀서 그 의미를 형성하고 있듯이 말이죠.

세상의 모든 존재가 서로 연결된다는 생각은 철학적 사유에서도 매우 중요한 개념입니다. 특히 브뤼노 라투르의 행위자 네트워크 이론 actor network theory은 이 사고방식을 체계화한 이론이죠. 인간과 비인간이 모두 행위자이며, 이들이 상호작용하며 네트워크를 형성하고, 그 안에서 의미가 만들어집니다. 이러한 네트워크 사유는 그래프graph와도 밀접한 연관이 있습니다. 그래프는 수학적으로 각 점(노드)이 선(엣지)으로 연결된 구조를 뜻하는데, 이 구조가 네트워크 사유를 시각적으로 표현한 모델이라고 할 수 있습니다. 현대 철학에서 그래프와 네트워크 사유는 단절된 개체가 아니라 상호 연결된 존재들 사이의 관계를 사유하는 도구로서 중요한 위치를 차지합니다. 이제 그래프와 네트워크 사유가 어떻게 맞물려 우리의 철학적 사유와 이해를 확장시키는지, 그리고 라투르의 이론이 어떤 식으로 이 개념들을 바탕으로 세상의 복잡성을 풀어나가는지 논의를 이어가겠습니다.

> 행위자 네트워크 이론은 우리가 세상을 제대로 이해하기 위해서는 그래프, 설계도, 표본, 표준, 기관, 병균과 같은 '비인간'에 주목해야 한다고 주장한다. 사람들 간에는 큰 차이가 없지만, 비인간과 어떤 동맹을 맺는가에 따라서 엄청난 차이가 생기기 때문이다.

라투르가 《인간·사물·동맹》(이음, 2010)에서 설명하는 행위자-네트워크 이론에서 중요한 점은 개체의 본질이 고정된 것이 아니라 그 연결과 상호작용 속에서 의미를 획득한다는 겁니다. 개체와 관계가 고정된 구조에서 탈피해 네트워크의 유동적 연결성 속에서 개체의 의미를 사유합니다. 개체가 독립적으로 존재하는 것이 아니라 상호 의존적 관계를 통해 스스로를 정의하죠. 네트워크 사유는 개체의 중요성이나 역할이 그 개체 자체에 있지 않고 그 개체가 다른 개체들과 어떻게 연결되었는지에 따라 정의됩니다. 라투르는 세상을 한낱 개체들의 집합으로 이해할 수 없다고 말합니다. 개체들 간 상호작용과 관계망이야말로 의미의 근원이라는 것이죠. 여기서 핵심은, 네트워크 내에서 모든 존재는 그 자체로 완전한 것이 아니라 다른 존재들과의 관계를 통해 형성된다는 것입니다. 그래프 이론과 철학적으로 연결되는 지점이기도 합니다.

그래프 이론에서 노드node와 엣지edge는 개체들 간 관계를 시각적으로 표현하는 요소입니다. 노드는 하나의 개체를, 엣지는 그 개체들의 관계를 나타내는데, 이 관계가 그 개체의 의미와 역할을 결정하는 데 결정적 역할을 합니다. 가장 대표적인 예가 페이스북의 뉴스피드 알고리즘이죠. 엣지 링크라고 불리는 이 알고리즘은 그래프 이론을 기반으로 설계된 구조로, 사용자와 콘텐츠 간 관계를 분석하고 최적의 정보를 제공합니다. 엣지링크는 사용자와 콘텐츠를 각각 노드로, 이들 간 상호작용을 엣지로 표현하는 구조를 가졌습니다. 사용자가 콘텐츠에 '좋아요'를 누르거나 댓글을 작성하는 등의 상호작용은 엣지에 가중치를 부여하고, 가중치는 다시 콘텐츠 노출 우선순위를 결정하는 중요한 요소로 작용합니다.

엣지링크는 뉴스피드 알고리즘 초기 모델로, 주로 친밀도affinity, 가중치weight, 시간 감쇠time decay라는 세 가지 요소를 바탕으로 작동합니다. 친밀도는 사용자와 콘텐츠 제작자 간의 관계 강도를 나타내며, 사용자가 특정 친구나 페이지와 자주 상호작용할수록 해당 콘텐츠가 뉴스피드에 노출될 가능성이 높아집니다. 가중치는 상호작용 유형에 따른 중요도를 반영하며, 댓글은 단순한 '좋아요'보다 더 높은 가중치를 가질 수 있습니다. 시간 감쇠는 콘텐츠의 최신성을 고려해 오래된 콘텐츠의 노출 우선순위를 자연스럽게 낮춥니다. 그래프 이론의 관점에서, 페이스북 뉴스피드는 가중치가 부여된 그래프에서 최적 콘텐츠를 탐색하는 과정으로 이해할 수 있습니다. 알고리즘은 각 사용자의 그래프에서 가장 높은 가중치를 가진 엣지를 우선적으로 분석하여, 사용자에게 가장 관련성이 높은 콘텐츠를 뉴스피드 상단에 표시합니다. 또 사용자의 상호작용에 따라 그래프는 실시간 동적으로 업데이트되며, 새로운 데이터가 추가될 때마다 알고리즘은 이를 반영해 콘텐츠의 우선순위를 재조정합니다.

동적 그래프 처리와 관련 깊은 이러한 과정은 페이스북이 방대한 데이터를 효과적으로 관리하고 최적의 사용자 경험을 제공하도록 합니다. 정리하면, 페이스북의 뉴스피드 알고리즘은 그래프 이론을 통해 사용자와 콘텐츠 간 관계를 모델링하며, 이를 바탕으로 데이터의 복잡성을 효율적으로 관리하고 개인화된 콘텐츠를 제공합니다. 이 구조는 브뤼노 라투르의 행위자 네트워크 이론과도 밀접하게 연결될 수 있습니다. 개체는 고립된 존재가 아니라 다른 개체들과 상호작용 속에서 의미와 가치를 형성합니다. 또 네트워크 내에서 더 많은 엣지를 가진 노드는 중심적 위치를 차지하게 되며, 이는 해당 노드가 네트워크 전반에 걸쳐 더 큰 영향력을 미치게 합니다.

개체의 중요성은 고정된 본질에서 나오는 것이 아니라 다른 개체들과 맺는 관계의 역동성 속에서 형성됩니다. 관계의 수와 질이 개체의 중심성을 결정짓고, 네트워크 내에서의 중요성을 강화한다는 점에서 그래프 이론의 중심성centrality 개념과도 상응합니다.

고유벡터 중심성,
당신의 연결은 당신을 말해준다

SNS에서 가장 많이 사용되며 네트워크 사유와 밀접하게 관련된 중심성 개념은 고유벡터 중심성 eigenvector centrality입니다. 이 중심성은 연결이 많은 노드를 중요하다고 보는 것이 아니라, 중요한 노드와 연결된 노드 자체의 중요성까지 고려하는 방식입니다. 이를 통해 네트워크에서 영향력 있는 사람이나 핵심적인 연결점을 더 깊이 이해할 수 있습니다. 고유벡터 중심성은 SNS에서 '영향력 있는 사용자'를 식별하는 데 유용합니다. 예를 들어, 팔로워 수가 많은 사람은 피상적으로 정점 중심성 degree centrality이 높다고 볼 수 있지만, 그 팔로워들이 모두 비활성 사용자라면 진정한 영향력을 가지지 못할 수도 있죠. 이 경우 고유벡터 중심성은 팔로워들 자체가 얼마나 중요한지까지 평가하므로, 연결이 많은 노드뿐만 아니라 네트워크에서 실질적 영향력을 가진 노드를 더 정확히 파악할 수 있습니다. 그럼 수식으로 정리해보겠습니다.

$$C_E(i) = \frac{1}{\lambda} \sum_{j \in N(i)} C_E(j)$$

$C_E(i)$는 노드 i의 고유벡터 중심성, 즉 중요도를 나타냅니다. $N(i)$는 노드 i에 직접 연결된 노드들의 집합입니다. 즉, 노드 i와 연결된 친구들의 목록이라고 생각하면 됩니다. $C_E(j)$는 i와 연결된 j의 중심성입니다. 친구들이 얼마나 중요한지 반영되죠. λ는 람다 lambda라고 읽으며, 수학적으로 비율을

조정해주는 고유값입니다. 중요한 점은 이 값이 계산 과정에서 자동으로 결정되며 우리가 직접 계산하지 않아도 된다는 것입니다. 수식의 의미를 간략히 정리하면, 내 중요도는 나와 연결된 사람들의 중요도의 합으로 결정됩니다. 만약 내가 매우 중요한 사람들과 연결되어 있다면, 나의 중요도도 높아집니다. 또 내 중요도는 내가 연결된 사람들의 중요도에 비례합니다. 즉 소박하게 연결된 수만 세는 것이 아니라 연결된 사람들의 '질적 중요성'도 고려합니다.

우리는 연결망 속에서 존재한다, 행위자-네트워크 이론과 철학적 사유

라투르의 행위자-네트워크 이론에서도 개체의 본질은 고립된 상태에서 드러나지 않고 다른 개체들과의 관계 속에서 정의됩니다. 그래서 관계의 양만 중요한 것이 아니라 그 질도 개체의 의미를 형성하는 데 매우 중요한 역할을 합니다. 사회적 네트워크에서도 많은 사람과 연결되어 있다고 해서 그 사람의 영향력이 커지지 않죠. 그 관계가 깊고 의미 있는 상호작용을 통해 형성될 때 비로소 그 사람의 역할과 영향력이 커집니다. 개체는 단독으로 의미를 가지는 것이 아니라 관계 속에서 그 본질이 드러나며, 그 관계의 질적 의미가 중요합니다. 철학적 네트워크 사유에서도 이런 점이 중요합니다. 개체는 그 관계의 질에 따라 본질적 의미를 얻습니다. 그 관계가 개체의 중요성과 가치를 결정하는 핵심 요소가 됩니다.

라투르의 《인간·사물·동맹》을 번역한 홍성욱은 다음과 같이 말합니다.

행위자-네트워크 이론은 인간과 비인간 사이에 형성되는 네트워크에 주목한다. 네트워크 형성이 '번역'translation이라고 불리는 과정이다.… 그렇지만 이 과정은 거의 항상 불분명하고 쉽지 않다. 네트워크의 형성을 특징짓는 여러 단계 중에 비인간을 '길들이는' 것이 가장 어려운 부분이다. 이를 위해 필요한 것… 과학기술… 혹은 행위자-네트워크 이론의 용어로 테크노사이언스technoscience는 비인간을 우리에게 의미 있는 존재로 바꾸어주는 인간의 활동이다.… 테크노사이언스의 핵심은 인간-비인간으로 구성된 세상을 움직이기 쉽고 표준화된 지식 요소로 바꾸는 작업이다.

행위자-네트워크 이론은 인간뿐만 아니라 기술, 사물, 개념과 같은 비인간 요소들 역시 네트워크 형성에서 중요한 역할을 한다는 점을 강조합니다. 이 네트워크가 형성되는 과정은 '번역'translation이라 불리며, 서로 다른 요소들이 소통하고 협력할 수 있도록 연결하는 것을 의미합니다. 하지만 이 번역 과정이 결코 쉽지 않은데, 특히 비인간 요소를 '길들이는' 작업에 많은 난관이 따르죠. 과학과 기술이 인간이 아닌 것들을 인간에게 의미 있는 방식으로 전환하는 역할을 합니다. 과학과 기술 모두 비인간 요소와 새로운 관계를 형성하는 인간의 활동이며, 이를 테크노사이언스라 명명했습니다. 과학과 기술 간에 근본적 차이가 없으며, 인간과 비인간의 복잡한 세계를 표준화하고 쉽게 다룰 수 있는 지식 요소로 바꾸는 것이 테크노사이언스의 핵심입니다. 이로써 인간과 비인간 요소들은 더욱 효과적으로 상호작용하게 되며, 각각의 역할이 명확해지면서 네트워크가 원활히 작동하게 됩니다.

여기서 말하는 '행위자'는 개인이나 집단과 같은 인간뿐만 아니라 기술, 기계, 사물, 개념과 같은 비인간 요소까지 포함됩니다. 이런 다양한 행위자들은 네트워크 안에서 서로 영향을 주고받으며 의미를 형성하고, 사회적·기술적 관계를 구축하는 과정에 적극적으로 개입합니다. 의미는 개체들의 관계 속에서 만들어진다고 보며, 개체는 독립적으로 존재하는 것이 아니라 네트워크 안에서 얽혀 있죠. 라투르는 "우리는 결코 혼자서 활동하지 않는다. 기술, 사물, 환경이 우리의 행동에 영향을 미치는 동반자"라고 설명합니다. 기술은 도구가 아닌 인간과 상호작용하며 네트워크 안에서 중요한 행위자로서 작용합니다. 기술은 인간과의 상호작용을 통해 새로운 의미를 얻고, 그 과정에서 새로운 상호작용을 만들어내죠. 정보 검색, 이메일, 카카오톡, 소셜미디어, 원격회의, 주식 및 금융 거래, 엔터테인먼트, 창작 활동, 쇼핑, 음식 주문및 배달 내비게이션 등 개인의 일상이 얼마나 스마트폰에 의존하고 있는지를 생각해보면 쉽게 알 수 있죠. 기술은 인간의 사고와 행동을 변화시키며 영향을 미칠 뿐만 아니라, 인간 역시 기술을 도구 삼아 새로운 가능성을 열어 가면서 끊임없는 상호작용의 네트워크를 만들어냅니다. 인간과 기술은 서로를 형성하고 변화시키며, 그렇게 끝없는 순환 속에서 끝없는 대화를 이어갑니다.

프루스트의 기억처럼 개체와 관계의 연쇄적 연결은 철학적 네트워크 사유와 맞닿아 있습니다. 개체의 의미는 그 자체에 고정되지 않고, 주변 다른 개체들과의 상호작용을 통해 끊임없이 변모하고 새롭게 정의됩니다. 정리하면, 라투르의 행위자-네트워크 이론과 그래프 이론은 모두 상호작용과 관계망을 통해 개체의 본질과 의미를 탐구하는 중요한 사유 도구입니다. 개체들은 고립된 상태로 존재하지 않으며, 이들의 관계 속에서만 그 의미가 드러납니다. 프루스트의 마들렌 장면처럼, 우리가 경험하는 모든 사건과 존재는 서로 얽히고설켜 있으며, 철학적 네트워크 사유는 우리가 세계를 개별적 개체들의 단순한 집합이 아닌 상호 연결된 복합적 관계망 속에서 이해하도록 도와줍니다.

7장
유전자 알고리즘과 자유의지 혹은 결정론

결정론 속 자유?
유전자 알고리즘과 인간의 선택

"자유는 위험하며, 그것을 살아가는 것은 고통스럽다." 알베르 카뮈는 노벨 문학상 수상 연설에서 이와 같은 통찰로 자유의 본질을 꿰뚫어 보았습니다. 카뮈의 이 소감은 단지 문학적 표현만은 아니죠. 인간이 결정론적 세계관과 자유의지라는 갈등 속에서 끊임없이 씨름하고 있다는 사실을 상기시킵니다. 물리적 법칙과 과거의 사건들에 의해 통제된다는 결정론의 주장과, 인간이 스스로 선택할 수 있는 자율적 존재라는 자유의지론의 주장은 본질적으로 대립하며, 인간 존재의 복잡성을 드러냅니다.

이 논쟁은 유전자 알고리즘genetic algorithm이라는 컴퓨터 시뮬레이션 모델에서 확연히 드러납니다. 유전자 알고리즘은 진화와 자연선택의 과정을 모방한 알고리즘으로, 규칙에 따라 작동하지만 돌연변이라는 예측 불가능한 요소가 창발하는데, 결정론determinism 구조 속에서도 자유로운 선택의 여지를 발견하려는 자유의지free will의 시도와 닮아 있습니다. 카뮈의 말처럼, 자유는 위험하지만 그 안에서 진정한 삶의 의미를 발견할 수 있습니다. 유전자 알고리즘 역시 이러한 자유와 제약의 긴장 속에서 최적해를 찾아가는 과정을 보여줍니다. 인간의 자유와 선택이 결정론적 구조 안에서 어떻게 실현될 수 있는지 알고리즘을 통해 알아보겠습니다.

유전자 알고리즘은 자연계의 진화 원리를 컴퓨터 프로그램으로 구현한 시뮬레이션입니다. 이 알고리즘의 기본 아이디어는 '적자생존'입니다. 자연에서 환경에 잘 적응한 개체가 더 오래 살아남고 번식하듯이, 유전자 알고리즘도 '문제를 잘 해결하는' 해답을 점점 더 발전시켜 최적의 해답을 찾아갑니다. 유전자 알고리즘은 몇 가지 중요한 단계로 구성됩니다. 첫 번째 단계는 초기 개체군 생성 단계입니다. 문제를 해결하기 위한 초기 해답들, 즉 개체들을 무작위로 생성하죠. 이 개체들은 유전자DNA를 가진 생물이라고 생각하면 됩니다. 각 개체는 숫자, 문자열, 배열 등으로 표현되는데, 이를 '염색체'라고 부르며, 문제의 잠재적 해답을 나타냅니다. 두 번째 단계는 적합도 평가fitness evaluation 단계입니다. 해당 개체가 문제를 얼마나 잘 해결했는지 점수를 매겨 각 개체가 얼마나 '적합한지'를 평가합니다. 이때 문제의 목표에 따라 다르게 설계된 적합도 함수fitness function가 이 계산을 담당합니다. 셋째 단계는 선택selection 단계입니다. 적합도가 높은 개체가 다음 세대에서 부모 역할을 할 가능성이 높아지죠. 즉, 더 잘 적응한 개체가 살아남아 번식하는 원리입니다. '룰렛 휠 선택법'이나 '토너먼트 선택법' 같은 방법으로 부모를 선택합니다. 네 번째 단계는 교배crossover입니다. 선택된 부모 개체를 조합해 새로운 자손을 만드는데, 이를 교배라고 부릅니다. 두 부모의 유전자를 섞어 새로운 염색체를 만드는데, 자연의 유전자 재조합과 비슷하죠. 예를 들면, 아버지가 [11001]이고 어머니가 [10110]이라면, 교배 결과는 [11010]이 됩니다. 앞부분은 아버지로부터, 뒷부분은 어머니로부터 가져온 것이죠. 다섯 번째 단계는 돌연변이^{mutation}입니다. 돌연변이는 염색체의 일부를 무작위로 변경하는 과정인데, 새로운 가능성을 탐색하고 다양성을 유지하기 위해 중요합니다. [11010]에서 돌연변이가 발생해 [11110]로 바뀌는 경우가 이에 해당합니다. 이러한 돌연변이가 없으면 알고리즘이 아래와 같이 지역 최적해$^{local\ optimum}$에 갇힐 위험이 있습니다.

 이런 단계들을 통해 교배와 돌연변이를 거치며 새롭게 생성된 자손들이 새로운 세대가 됩니다. 즉 세대를 거듭할수록 전체 개체군의 평균 적합도가 높아지게 되죠. 이런 규칙 기반의 구조는 마치 우주가 물리 법칙에 따라 움직이는 결정론적인 세계관을 떠올리게 합니다. 다시 말해, 초기 개체군이나 적합도 함수와 같은 특정 조건이 주어지면 결과는 일정하게 결정되는데, 모든 일은 원인에 의해 정해진다는 결정론과 흡사하죠. 유전자 알고리즘에서 개체들이 아무리 노력해도 적합도 함수가 허락하지 않으면 선택될 수 없습니다. 하지만 여기에서 흥미로운 요소가 등장합니다. 바로 돌연변이입니다. 유전자 알고리즘에서 돌연변이는 기존 규칙을 벗어난 새로운 가능성을 열어줍니다. 예상치 못한 변화가 일어나며, 시스템은 완전히 새로운 방향으로 나아갈 수도 있죠. 이 비결정론적인 요소는 자유의지와 연결될 여지가 있습니다. 돌연변이는 기존 경로에서 벗어나게 만듭니다. 이는 우리가 어떤 결정론적 조건 속에서도 창의적이고 독립적인 선택을 할 수 있다는 자유의지의 철학적 개념과 닮아 있습니다. 돌연변이는 유전자 알고리즘 내부에서 마치 '자유롭게 선택'하는 순간처럼 보입니다. 이것은 인간의 자유의지가 환경적 제약을 넘어설 가능성과 공명합니다.

유전자 알고리즘은 자유와 결정이 공존하는 독특한 구조를 보여줍니다. 유전자 알고리즘이 정해진 탐색 공간 안에서 작동하듯, 인간의 자유도 물리적·사회적 제약 안에서 이루어지죠. 하지만 돌연변이처럼 창의적 변화의 순간은 새로운 가능성을 열어줍니다. 적합도 함수는 "이 선택이 더 나은가?"를 판단하는 기준이 되는데, 이는 우리 사회에서 도덕적 선택이 평가되는 방식과 유사합니다. 그러나 새로운 변화를 만들어내는 돌연변이는 기존 기준을 초월할 수도 있죠.

자유롭도록 저주받은 인간, 결정론과 실존의 긴장

결정론과 자유의지는 수세기 동안 뜨거운 논의의 대상이 되어왔습니다. 우리는 매 순간 다양한 조건에 따라 선택을 하지만, 그 선택이 이미 정해진 경로를 따르는 것인지 아니면 스스로의 의지로 결정한 것인지는 여전히 논쟁의 여지가 있죠. 결정론 관점에서 보면, 세상의 모든 사건은 원인과 결과의 법칙에 따라 필연적으로 발생합니다. 즉, 현재의 모든 상황과 선택은 이전 사건들의 영향을 받아 결정되며, 자유로운 의지가 개입할 여지는 없다는 입장이죠. 이런 견해는 인과관계 causality 를 기반으로 하며, 특정 원인이 존재하면 반드시 그에 따른 결과가 뒤따른다고 설명합니다. 대표적 결정론자 중 하나인 데이비드 흄은 모든 사건은 그 원인에 의해 필연적으로 발생한다고 주장하며, 자연 세계에서 발생하는 모든 일은 필연적 인과 관계의 결과라고 봅니다. 흄은 자연 세계에서 모든 것이 원인과 결과로 이루어졌다고 생각했으며, 이는 인간의 행동도 마찬가지라는 주장으로 이어집니다. 그의 경험론적 empiricist 철학은 모든 지식과 경험이 관찰 가능한 사건들에 기초하고 있으며, 그 경험은 특정 원인들에 의해 결정된 결과로 나타난다고 봅니다. 따라서 인간이 내리는 선택이나 행동도 앞서 일어난 사건들과 환경적 요인에 의해 결정된 것이므로, 인간은 자신의 행동을 진정으로 통제할 수 없다고 보는 것이죠.

장 폴 사르트르는 인간이 자신의 선택을 통해 스스로를 정의한다고 말하면서 인간이 자신의 선택과 행동에 대해 완전한 책임을 져야 한다고 말합니다. "인간은 자유롭도록 저주받았다"는 인간이 상황과 조건에 얽매이지 않고 자유롭게 선택할 능력을 가졌지만 그 선택에 대한 책임도 반드시 감수해야 한다는 의미를 내포하고 있죠. 인간이 어떤 상황에 놓이더라도 그 상황을 변명 삼아 자신의 책임을 회피할 수 없습니다. 사르트르는 대표작《존재와 무》에서 인간의 존재는 "실존이 본질에 앞선다"고 말하며, 인간이 스스로의 행동을 통해 자신을 만들어간다고 합니다. 인간은 필연적으로 어떤 상황에서든 선택을 해야 하며, 그 선택은 전적으로 자신의 책임하에 있다는 말이죠. 또 "우리는 행동하지 않을 자유가 없다"고 말하며, 인간이 자신의 상황에서 결정을 내리는 존재임을 강조합니다. 사르트르의 이 철학은 결정론과 상반된 입장으로, 인간이 외부 환경에 의해 통제되지 않고 자율적으로 자신의 행동과 삶을 결정할 수 있음을 의미합니다.

선택이 가능한 결정론은 가능한가?
결정된 운명 속 자유

결정론에서는 인간이 물리적 세계의 법칙과 과거 사건들에 의해 통제된다고 보고, 자유로운 선택은 환상에 불과하다고 주장합니다. 이와 대조적으로 자유의지론에서는 인간이 스스로 선택할 수 있는 자율적 존재로서, 자신의 운명을 결정지을 능력을 가졌다고 말합니다. 이 논쟁에 보다 현대적으로 접근해 보면, 양립가능론compatibilism이라는 입장이 있습니다. 양립가능론은 결정론과 자유의지가 상호 배타적인 개념이 아니라 둘이 공존할 수 있다는 입장을 제시합니다. 현대 철학자 대니얼 데닛은 그의 책 《마음의 진화》(사이언스북스, 2016)에서 "결정론이 참이라고 해서 자유가 불가능한 것"은 아니라고 하면서, 자유는 "우리가 물리적 세계 안에서 스스로 만들어가는 것"이라고 주장하며, 결정론적 세계관과 인간의 선택적 자유가 양립 가능함을 설득력 있게 논증합니다. 인간의 자유를 물리적 법칙 속에서도 실현 가능한 현상으로 보며, 이를 일상적 경험과 과학적 이해를 통합하는 중요한 철학적 과제로 제시합니다. 이 입장에 따르면, 인간의 행동은 물리적 법칙과 과거의 사건들에 의해 영향받을 수 있지만, 인간이 자유롭게 선택할 능력을 배제하지 않습니다. 데닛은 "자유는 절대적인 무제약 상태가 아니라, 제약 조건 속에서 형성되는 실질적 가능성"이라고 설명하며, 물리적 세계의 제약이 오히려 자유의 실현을 돕는 역할을 할 수 있음을 강조합니다. 도로교통법이 운전자의 자유를 제한하지만 동시에 안전한 운전을 통해 더 많은 자유를 보장하는 원리와 같습니다.

양립가능론은 우리가 일상적으로 경험하는 선택의 자유와 결정론적 세계관을 통합하려는 철학적 시도라고 할 수 있습니다. 선택의 자유를 '무제한적 자유'로 정의하지 않고, 현실 세계의 조건과 제약 속에서 실현 가능한 자유로 재해석한 접근입니다. 데닛은 "자유란 우리 자신을 환경과의 상호작용 속에서 형성해가는 능력"이라는 점을 강조하며, 이를 통해 인간이 결정론적 법칙 속에서도 자율성을 유지할 수 있다는 긍정적인 메시지를 전달합니다. 대니얼 림은 《컴퓨터로 철학하기》(이상북스, 2025)에서 시뮬레이션 생명 모델인 콘웨이의 라이프 게임을 통해 결정론과 자유의지가 양립할 가능성에 대해 다룬 대니얼 데닛의 논의를 인용합니다. 데닛은 라이프 게임이 엄격한 결정론적 규칙을 따름에도 불구하고, 일정한 복잡성을 가진 구조가 환경을 관찰하고 반응하며 특정 행동을 회피하는 능력을 가질 수 있다고 주장합니다. 즉, 개별적인 셀^{cell}의 움직임은 사전에 정해진 규칙에 의해 결정되지만, 보다 큰 단위의 구조에서는 예측 불가능한 복잡한 패턴과 상호작용이 나타날 수 있으며, 자유의지와 유사한 현상으로 해석할 여지가 있다고 설명합니다. 이 주장을 통해 데닛은 결정론적 시스템 내에서도 자유의지의 개념을 재구성할 수 있는 가능성을 제시합니다. 특히 데닛은 결정론적 세계에서도 모든 것이 불가피하지 않음을 보여줍니다. 생명게임에서 복잡한 구조체는 '회피자'로 불리며, 이들은 충돌과 같은 해로운 상황을 회피할 수 있습니다. 그는 "결정론적 세계에서도 회피 가능한 것이 있다는 점이, 결정론과 불가피성을 동일시하는 인지적 착각을 깨뜨릴 열쇠"라고 주장합니다.

> 회피자가 존재한다는 것은 결정론과 필연성을 얽매는 인지적 환상을 무너뜨리는 데 필요한 것이다.⋯ 라이프 세계와 같은 결정론적

세계에서는 다른 것들보다 더 효과적으로 피해를 회피할 수 있는 것들을 설계할 수 있으며, 이들은 이러한 능력 덕분에 지속적으로 존재할 수 있다.

데닛의 논의는 결정론과 자유의지가 반드시 상호 배타적일 필요가 없으며, 오히려 자유로운 선택이 결정론적 구조 안에서도 가능하다는 양립가능론compatibilism을 옹호합니다. 그는 회피가능성avoidability 개념을 통해, 단순한 물리적 인과관계 속에서도 도덕적 책임과 자유의지가 충분히 성립할 수 있음을 설명하고자 하죠. 즉, 어떤 존재가 환경을 인식하고 특정 결과를 회피할 수 있다면, 결정론적 규칙 안에서도 자유로운 선택이 가능함을 의미한다고 주장합니다. 이 주장을 통해 데닛은 콘웨이의 라이프 게임 시뮬레이션을 활용하여 결정론적 세계에서도 복잡한 구조가 선택과 회피의 가능성을 보일 수 있음을 설명합니다. 그는 자신의 저서《마음의 진화》에서 이러한 개념을 구체적 사례를 통해 탐구하며, 결정론이 반드시 인간의 자유의지를 부정하는 것은 아니라는 입장을 제시합니다.

유전자 알고리즘과 자유의지 논의를 통해 우리는 새로운 질문들을 던질 수 있습니다. 인간의 자유의지가 유전자 알고리즘의 돌연변이처럼 비결정론적 요소로 설명될 수 있을까요? 유전자 알고리즘은 결정론적 구조와 자유의지 가능성이 공존하는 독특한 사례입니다. 이를 통해 인간의 선택, 자유, 창의성을 더 깊이 이해할 수 있는 철학적 통찰을 얻을 수 있죠. 우리도 이런 알고리즘처럼, 정해진 조건 속에서 새로운 가능성을 찾아 나가는 존재 아닐까요?

8장

엔트로피와 오토포이에시스

소멸을 거스르는 생명, 네겐트로피와 자기조직화

엔트로피는 그리스어 '엔트레페인'에서 유래하여 '후퇴하다' '내려가다'라는 의미를 지닙니다. '방향 전환'이라는 뜻이 과학적 맥락에서는 '질서에서 무질서로의 전환'을 상징하게 된 것이죠. 엔트로피는 물리적 시스템에서 무질서가 증가하는 자연적 경향을 나타내는 데 사용됩니다. 컴퓨터과학보다 물리학, 즉 열역학 제2법칙의 핵심 개념으로 주로 사용되는데 직관적으로 쇠퇴나 혼돈, 그리고 질서의 상실이라는 이미지를 떠올리게 만들죠. 그러나 흥미로운 점은 쇠퇴나 무질서라는 개념 자체가 질서를 전제로 한다는 것입니다. 질서가 없다면 무질서라는 개념도 존재할 수 없기 때문입니다. 엔트로피가 증가한다는 것은 무질서의 정도가 증가함을 의미하지만,

기존 질서와 구조를 전제함으로써만 의미를 가질 수 있습니다.

생명 현상은 엔트로피 관점에서는 하나의 역설처럼 보입니다. 물리학과 화학의 법칙에 따르면 우주는 점점 더 무질서로 나아가야 하지만, 지구와 같은 행성에서는 복잡한 질서와 생명이 등장합니다. 생명체가 스스로 에너지를 소비하며 내부 질서를 유지하고 주변 환경으로 엔트로피를 방출하기 때문이죠. 생명은 엔트로피를 감소시키는 현상이 아니라 오히려 엔트로피 법칙 속에서 그 작용을 활용해 스스로를 유지하고 번영하는 역동적 과정입니다. 슈뢰딩거는 생명체가 질서를 유지하기 위해 환경에서 에너지를 섭취하고 이를 활용해 엔트로피를 낮추는 과정을 설명하며 《생명이란 무엇인가》(한울, 2021)에서 '네겐트로피'라는 용어를 도입했습니다. 그는 생명체를 엔트로피 법칙을 거스르는 것이 아니라 환경으로 엔트로피를 방출하면서 내부 질서를 유지하는 시스템으로 보았죠. 즉 생명체는 음식이나 빛과 같은 환경에서 에너지를 섭취하며 이를 통해 질서를 유지합니다. 이러한 에너지는 생명체 내부에서 엔트로피를 낮추는 데 사용되죠. 생명체는 결국 환경으로 더 높은 엔트로피를 방출하며, 이는 열역학 법칙에 위배되지 않는다는 의미입니다. 이때 생명체가 스스로의 조직과 질서를 유지하고 성장하기 위해 환경에서 '부정적 엔트로피'를 얻는 과정을 네겐트로피라고 합니다. 따라서 네겐트로피는 생명체가 물리적 법칙에 따라 소멸로 향하지 않고 스스로를 유지하며 질서를 창조하는 능동적 존재임을 강조하기 위해 사용되었던 거죠. 이 개념은 특히 클로드 섀넌의 정보이론이나 생물학적 시스템 연구에 중요한 기반이 되었으며, 생명체의 자기조직화와 질서 유지를 설명하는 데 널리 사용됩니다.

생명은 스스로를 창조하는가?
오토포이에시스, 과정철학, 그리고 환경세계

오토포이에시스Autopoiesis는 생명체가 스스로를 유지하고 재생산하는 과정을 설명하기 위해 움베르토 마투라나와 프란시스코 바렐라가 제시한 개념입니다. 생명체를 단순한 물리적 또는 화학적 시스템으로 이해하기보다 스스로를 창조하고 유지하는 자기참조적self-referential 시스템으로 보는 것이죠.

오토포이에시스의 핵심은 두 가지로 정리됩니다. 하나는 자기생산self-production입니다. 생명체는 내부 구성 요소를 끊임없이 생성하고 재구성해 자신을 유지하죠. 이 과정은 외부 환경에 의존하지만 생명체는 환경과의 상호작용 속에서도 스스로를 구별하고 독립된 존재로 남습니다. 세포가 세포막을 통해 외부 환경과 자신을 구분하며, 내부적으로 단백질과 효소 등을 생성해 스스로를 유지하듯이 말이죠. 또 다른 하나는 자기조직self-organization으로, 생명체가 외부 에너지와 물질을 흡수하는 것이 아니라 그것들을 자신의 조직과 과정에 맞게 재구성하는 능력을 강조합니다. 생명체는 이를 통해 외부 환경에 종속되지 않고 환경 속에서 독립적이고 고유한 정체성을 유지합니다. 마투라나와 바렐라가 공저한 책《인식의 나무》(자작아카데미, 1995)에서 한 구절을 살펴보겠습니다.

> 오토포이에시스 체계의 가장 놀라운 특성은 그것이 자기 자신의 힘으로 생겨나 자기 자신의 운동으로 환경에서 분리된다는 점이다.… 생물의 특징은 이러한 오토포이에시스 조직에 있다.

이러한 오토포이에시스 조직은 생명체를 일차원적인 물리적·화학적 과정의 결과물로 설명할 수 없게 합니다. 생명체는 외부 조건에 따라 수동적으로 반응하는 존재가 아니라, 스스로의 구조와 경계를 유지하며, 외부 환경과의 상호작용 속에서도 자기조직을 통해 자신의 정체성을 지속적으로 재생산합니다. 생명체가 환경의 영향을 받으면서도 자신의 고유한 체계를 유지하는 자율적 시스템임을 보여줍니다.

화이트헤드의 과정철학에서는 생명을 고정된 실체가 아니라 끊임없이 변화하는 과정으로 이해합니다. 생명체가 환경과의 상호작용 속에서 자기조직을 형성하고 지속적으로 변형해 나가는 능동적 존재라고 보았죠. 이런 관점은 마투라나와 바렐라가 제시한 오토포이에시스 개념과 유사해 보이지만, 두 개념 사이에는 중요한 차이가 있습니다. 오토포이에시스는 생명체가 스스로를 구성하고 유지하는 자기참조적 시스템이라는 점을 강조하지만, 화이트헤드는 생명체가 자기유지를 넘어 새로운 가능성을 창출하는 창조적 과정임을 강조합니다. 그는 《과정과 실제》(민음사, 2003)에서 "실재하는 것은 과정이며, 과정이 곧 실재"라고 보았으며, "생명체를 폐쇄적 시스템이 아니라 환경과의 상호작용 속에서 끊임없이 형성되고 변화하는 열린 존재"로 해석했습니다.

화이트헤드는 또 생명이 단조로운 기계적 반복을 초월한다고 보았습니다. 생명체가 외부 환경을 수용하면서도 스스로의 질서를 창조하는 방식으로 존재한다고 설명하며, 개개의 유기체는 고정된 존재가 아니라 창조적 전진 속에서 끊임없이 변화하며 새로움을 창출하는 존재라고 말입니다. 이런 점에서 화이트헤드의 과정철학은 오토포이에시스보다 더 동적인 개념을 포함합니다. 오토포이에시스가 생명체의 자기유지를 설명하는 폐쇄적 시스템이라면, 화이트헤드는 생명체가 외부와의 상호작용 속에서 스스로를 변화시키고 재창조하는 존재로 보았습니다. 그는 실재를 개별적으로 고립된 존재가 아니라 더 큰 유기적 전체 속에서 작용하는 것으로 보았으며, 모든 실재는 과정 속에서 스스로를 구성하고 변화해 간다고 보았습니다.

화이트헤드는 "개개의 사물은 창조적 생명을 잉태하고, 저마다 개성적 생애를 전개하며, 전체로서의 세계의 창조적 전진에 참여한다"고 말하며, 세계는 유기체적 관계 속에서 형성된다고 보았습니다. 모든 존재가 환경과의 관계 속에서 형성된다고 보았으며, 생명체가 환경 속에서 창조적 진화를 거듭하는 존재라고 보았죠. 즉 생명체는 자기 안에서만 스스로를 유지하는 것이 아니라, 환경과의 관계 속에서 끊임없이 변화하고 자기 조직을 재구성하는 유동적 존재라는 것입니다. 이러한 관점에서 화이트헤드는 "세계는 유기체이며, 모든 실재는 과정 속에서 스스로를 구성하고 변화해 간다"고 보았으며, 존재를 이해하는 방식 자체를 관계적이고 동적인 것으로 재구성했습니다.

야콥 폰 윅스퀼 또한 빼놓을 수 없습니다. 그의 환경세계Umwelt 이론은 생명체가 외부 환경에 수동적으로 반응하는 존재가 아니라 환경과의 관계 속에서 자신만의 세계를 창조하는 존재임을 강조합니다. 이는 마투라나와 바렐라의 오토포이에시스 개념과 유사하게 보일 수 있지만, 윅스퀼은 생명체가 환경을 인식하고 의미를 부여하는 방식에 초점을 맞춥니다. 즉 오토포이에시스가 생명체의 자기구성과 유지에 초점을 맞춘다면, 윅스퀼의 환경세계 개념은 생명체가 환경을 어떻게 경험하고 의미화하는지에 주목합니다. 그는 《동물들의 세계와 인간의 세계》(도서출판 비, 2012)에서 어떤 존재에게 중요한 것은 그 존재가 인식하고 경험하는 환경세계라고 말하며,

생명체마다 저마다의 감각과 인식을 통해 자기만의 세계를 형성한다고 설명합니다.

화이트헤드의 과정철학과 윅스퀼의 환경세계 개념은 생명체가 끊임없이 환경과 관계를 맺으며 변화하는 존재라는 점에서 공통된 관점을 공유합니다. 화이트헤드는 생명체를 환경과의 상호작용 속에서 자기 조직을 창조하는 과정적 존재로 보았으며, 윅스퀼은 생명체가 환경 속에서 자신만의 의미 체계를 구축하며 살아가는 존재로 이해했습니다. 특히 윅스퀼은 동일한 공간에서도 개별 생명체는 각기 다른 환경세계를 경험하며, 생명체의 인식과 행동이 환경을 해석하고 조정하는 능동적 과정이라고 설명하면서 진드기$^{Dermacentor\ marginatus}$가 경험하는 환경세계를 생생하게 묘사합니다.

이러한 관점은 생명체를 환경과의 상호작용을 통해 스스로 세계를 창조하는 존재로 이해하는 방식으로 나아갑니다. 윅스퀼은 또한 거미가 본능적으로 거미줄을 치는 것이라기보다 자신이 인식하는 환경 속에서 가장 적절한 방식으로 행동한다고 보았습니다. 거미줄은 물리적인 구조물 그 이상이며, 거미에게는 먹이를 포획하는 독특한 의미를 지닌 환경의 일부가 됩니다. 즉 윅스퀼은 생명체가 자신만의 감각과 행동을 통해 환경을 능동적으로 구성하는 존재라는 점을 강조하며, 이는 화이트헤드가 말한 "생명은 환경과의 상호작용 속에서 지속적으로 자신을 재창조하는 과정"이라는 개념과 맞닿아 있습니다.

바타유와 루만이 본 사회,
잉여 에너지와 자기조직화의 역설

사회 체계 또한 물리학적 관점에서 엔트로피와 유사한 특성을 지닙니다. 엔트로피는 자연적으로 시스템 내에서 무질서가 증가하는 경향을 나타내며, 질서 있는 상태를 유지하려면 외부 에너지가 필요합니다. 사회 역시 복잡성과 불확실성을 관리하고 질서를 유지하기 위해 끊임없이 조직과 재구성을 반복하죠. 사회적 소통은 이런 과정에서 중요한 역할을 하며, 가능성과 불가능성을 구분하는 규칙과 구조를 통해 엔트로피를 줄이고 체계를 안정적으로 유지합니다. 예컨대 법적 규범이나 문화적 관습은 무질서를 제한하고 예측 가능한 사회적 행동을 가능하게 하는데, 이 경우 규범과 관습이 엔트로피를 줄이는 역할을 합니다.

루만은 《사회적 체계들》에서 사회를 자기조직화하는 오토포이에시스 체계로 설명하면서 이 체계는 엔트로피와의 끊임없는 투쟁 속에서 스스로를 유지한다고 주장합니다. 그는, 사회는 의사소통을 통해 선택 가능한 가능성과 그렇지 않은 가능성을 줄이고 복잡성을 관리한다고 말하며, 의사소통이 사회 체계를 형성하고 유지하는 핵심적 메커니즘임을 강조합니다. 사회는 무수히 많은 가능성이 공존하는 복잡한 환경 속에서 의사소통을 통해 특정 선택지를 배제하거나 강화함으로써 질서를 형성합니다. 이 과정에서 사회적 규범과 구조가 정립되며, 무질서와 혼란이 줄어들고, 체계적 조직이 형성됩니다. 결국 사회는 엔트로피의 증가 속에서도 스스로를 조정하고 안정성을 유지할 수 있는 자기조직화 체계로 작동한다고 루만은 설명하죠. 시장 경제에서는 수많은 거래 가능성 중에서 가격 메커니즘을 통해 선택지가 제한되고 질서가 형성되는데, 이 경우 사회적 엔트로피를 줄이고 체계의 지속가능성을 보장하는 건 바로 가격 메커니즘이 되겠죠.

엔트로피 개념은 이제 물리학이나 컴퓨터과학은 물론 경제와 사회 문제를 이해하는 데도 중요한 역할을 합니다. 전통 경제학은 희소성을 중심으로 자원을 관리하고 최적의 효율성을 추구합니다. '경제'economy라는 단어 자체가 절약과 관리라는 의미를 내포하고 있기도 하죠. 그러나 조르주 바타유는 전통 경제학의 이런 접근 방식을 넘어 낭비와 소모의 문제에 주목했습니다. 그는 지구와 태양계에서 생성되는 과잉 에너지와 자원이 축적될 경우 재앙으로 이어질 수 있다고 보았습니다. 예컨대 전쟁과 같은 극단적 사건은 이 잉여 자원과 에너지를 적절히 소모하지 못한 결과로 설명될 수 있습니다. 바타유는 이러한 잉여를 '저주받은 부분'the accursed share이라고 부르며, 이를 관리하지 못할 때 인간 사회가 직면할 위기를 경고했습니다.

무지한 우리들은 스스로 감당해야 할 발한 작용을 택하지 못하고 있다. 무지로 인해 인간과 그 기획은 파국적인 파괴에 이른다. 만약 우리가 잉여 에너지를 스스로 파괴할 수 없다면 그것을 활용할 수도 없다. 마치 길들이지 않은 야수처럼 그것은 우리 인간을 파괴할 것이다. 우리들은 그 피할 수 없는 폭발의 뒤처리를 스스로 감당하지 않으면 안 된다.

바타유가 《저주받은 몫》(문학동네, 2000)에서 언급한 바와 같이 잉여 에너지는 인간 사회가 반드시 직면해야 할 필연적 문제입니다. 엔트로피 관점에서 잉여 에너지는 체계 내의 무질서를 증가시키며, 이를 적절히 처리하지 못할 경우 더 큰 혼란과 파괴를 초래합니다. 에너지가 축적될수록 시스템은 점점 더 불안정해지고 결국 폭발적 해소를 강요받게 됩니다. 자연과 인간 사회 모두에 적용됩니다. 지구 온난화, 환경 파괴, 그리고 자원의 불균형은 모두 우리가 잉여 에너지를 제대로 관리하지 못한 결과입니다. 엔트로피 법칙은 에너지가 항상 더 높은 무질서 상태로 이동하려는 경향을 가졌음을 보여주며, 인간의 기술과 사회 체계는 이 과정을 늦추거나 방향을 전환할 책임을 가집니다.

현대 사회는 점점 더 많은 데이터와 소통으로 인해 복잡성이 증가하고 있습니다. 엔트로피가 증가한다는 의미이기도 하죠. 이런 이유로 디지털 네트워크와 글로벌 소통의 확장은 새로운 형태의 혼란을 야기할 수 있죠. 하지만 알고리즘과 인공지능이 복잡성을 줄이고 효율성을 높이는 역할을 하며, 이는 엔트로피를 관리하는 새로운 방식이 될 수 있습니다. 물론 지나친 자동화와 획일화는 새로운 형태의 혼란을 초래할 가능성도 있습니다. 조르주 바타유의 관점에서 해석하면, 현대 사회의 디지털 네트워크와 알고리즘이 복잡성을 관리하는 동시에 새로운 혼란을 초래할 가능성은 잉여 에너지 문제와 밀접하게 연결됩니다. 바타유는 잉여 에너지가 적절히 소모되지 않을 경우, 필연적으로 폭발적이고 파괴적인 방식으로 해소될 수밖에 없다고 보았습니다. 디지털 네트워크에서의 알고리즘과 인공지능은 복잡성을 효율적으로 관리하는 도구처럼 보이지만, 그 이면에서 과도한 데이터 축적과 정보의 불균형은 새로운 사회적 긴장과 갈등을 낳을 수 있습니다. 마치 잉여 에너지가 제어되지 못하고 폭발을 초래하는 것처럼, 알고리즘이 사회적 다양성을 억압하거나 특정 집단에 권력을 집중시키는 방향으로 작동할 때 새로운 형태의 엔트로피를 증가시킬 수 있음을 기억해야 합니다.

9장

확률 알고리즘과 우연성

몬테카를로와 라스베이거스 알고리즘,
무작위성이 질서를 창조하는 순간

확률 알고리즘probabilistic algorithm은 이름 그대로 확률에 기반해 문제를 해결하는 알고리즘으로, 매번 실행할 때마다 다른 결과를 낼 수 있는 특징을 지니고 있습니다. 무작위성randomness을 도입해 문제를 해결하는 경로를 선택하는데, 전통적 알고리즘과 확연히 다릅니다. 전통적 알고리즘은 모든 경우의 수를 하나씩 순차적으로 탐색해 최적의 해답을 찾는 방식인 반면, 확률 알고리즘은 특정 확률에 따라 경로를 선택하고 반복해서 결과에 도달합니다. 이 알고리즘의 가장 큰 장점은 바로 그 무작위성에서 비롯된 효율성입니다. 미로를 탐색하는 문제를 생각해 볼 수 있습니다. 전통적 탐색 방법은 미로의 모든 경로를 탐색하면서 최단 경로를 찾는 방식이지만, 확률 알고리즘은 여러 경로 중 무작위로 몇 가지 경로를 선택해 이동해봅니다. 처음 몇 번의 시도에서는 최적 경로를 찾지 못할 수 있지만, 시간이 지나면서 반복 실행을 통해 좋은 경로를 찾을 확률이 높아집니다. 알고리즘이 전체 문제 공간을 탐색하지 않고도 최적 또는 근사 해결책을 빠르게 찾아낼 수 있기 때문이죠. 확률 알고리즘의 무작위성은 큰 문제 공간에서 전통적 탐색 방법이 비효율적일 때 해결책을 더 빨리 찾을 수 있습니다.

확률 알고리즘은 주로 두 가지 유형으로 구분됩니다. 첫 번째 유형인 라스베이거스 알고리즘은 항상 정확한 결과를 보장하지만, 실행 시간이 확률적으로 달라질 수 있습니다. 두 번째 유형인 몬테카를로 알고리즘은 실행 시간이 고정적이지만, 결과의 정확성이 확률적으로 보장됩니다.[21] 먼저 라스베이거스 알고리즘을 살펴보겠습니다. 라스베이거스 알고리즘의 널리 알려진 예로는 퀵 정렬quick sort 알고리즘에서 무작위 피벗 선택을 들 수 있습니다. 퀵 정렬은 정렬 알고리즘 중 하나로, 데이터를 정렬하기 위해 리스트를 분할하고 각 부분을 재귀적으로 정렬하는 방식으로 동작합니다. 이 과정에서 피벗을 선택하는 방식이 알고리즘의 효율성을 결정짓는 중요한 요소입니다.[22] 전통적인 퀵 정렬에서는 첫 번째 요소나 마지막 요소를 피벗

[21] 몬테카를로와 라스베이거 알고리즘이 도박과 관련된 이름을 갖게 된 이유는 무작위성과 확률적 사고를 활용하는 특성 때문이다. 몬테카를로 알고리즘은 모나코의 유명 카지노 지역인 몬테카를로에서 유래된 이름으로, 확률적 시뮬레이션과 난수를 활용해 문제를 해결하거나 근사값을 계산하는 방식이다. 주사위를 굴리거나 룰렛을 돌리는 도박의 본질과 유사해, 원자폭탄 개발 프로젝트(맨해튼 프로젝트) 당시 연구자들이 이 알고리즘에 '몬테카를로'라는 이름을 붙인 것으로 알려졌다. 라스베이거스 알고리즘은 미국의 도박 도시 라스베이거스에서 이름을 가져왔으며, 결과의 정확성은 항상 보장되지만, 실행 시간이 확률적으로 변할 수 있는 특성이 있다.

[22] 피벗(pivot)은 퀵 정렬 알고리즘에서 리스트를 정렬할 때 기준이 되는 요소를 말

으로 선택하지만, 이 경우 입력 데이터가 이미 정렬된 경우처럼 특정한 형태를 가지면 시간 복잡도가 최악인 $O(n^2)$로 증가할 위험이 있습니다. 반면 라스베이거스 알고리즘을 적용하면 피벗을 무작위로 선택하여 입력 데이터의 구조와 무관하게 평균적인 시간 복잡도 $O(nlogn)$을 유지할 가능성이 높아지죠. 무작위성이 실행 시간의 최적화를 도와주는 좋은 예라 할 수 있습니다. 이 방식의 장점은 결과의 정확성을 보장하면서도 실행 시간을 확률적으로 최적화한다는 점입니다. 피벗을 무작위로 선택하기 때문에 특정 입력에 따른 성능 저하 가능성을 효과적으로 회피할 수 있습니다. 예컨대 매우 큰 데이터 세트를 정렬할 때 퀵 정렬의 무작위 피벗 선택은 일관되게 빠른 정렬을 가능하게 합니다.

몬테카를로 알고리즘 같은 기법에서는 무작위 샘플링을 통해 문제를 해결하는데, 이 방법은 시뮬레이션이나 통계적 분석에 특히 효과적입니다. 구글 딥마인드가 개발한 알파고AlphaGo가 이세돌과의 대전에서 효과적으로 사용한 기술 중 하나가 몬테카를로 트리 탐색Monte Carlo tree search이라는 알고리즘입니다. 게임의 여러 가능한 움직임을 무작위로 시뮬레이션해 최적의 선택을 찾는 방식으로 작동하죠. 바둑처럼 경우의 수가 매우 많은 게

한다. 퀵 정렬은 리스트를 작은 부분으로 나누며 정렬하는데, 피벗은 리스트를 두 부분으로 나누는 중심 역할을 한다. 리스트의 요소들은 피벗을 기준으로 피벗보다 작은 값은 왼쪽 그룹, 큰 값은 오른쪽 그룹에 속한다. 이 과정을 반복하면서 리스트를 점점 더 작은 부분으로 나누면 결국 전체 리스트가 정렬된다. 예를 들어, [7, 3, 1, 9, 4]라는 리스트에서 7을 피벗으로 선택하면, 7보다 작은 값들 [3, 1, 4]와 7보다 큰 값 [9]로 나뉘게 되는데, 이후 각 그룹에서도 새로운 피벗을 선택하여 같은 과정을 반복한다. 이렇게 피벗을 중심으로 리스트를 계속 나누고 정렬하면, 전체 리스트가 빠르고 효율적으로 정렬된다. 피벗은 퀵 정렬의 핵심 요소로, 적절한 피벗 선택이 알고리즘의 성능을 크게 좌우한다.

임에서는 모든 가능성을 계산하는 것이 불가능하기 때문에, 몬테카를로 방식으로 무작위 샘플링을 사용해 효율적으로 선택을 평가합니다. 이 과정에서 알파고는 딥러닝을 결합해 더 뛰어난 예측 능력을 가지게 되고 승리를 거두었습니다. 물론 몬테카를로 알고리즘 자체는 알파고 이전에도 물리학, 금융, 통계학 등 여러 분야에서 광범위하게 사용되고 있습니다.

확률과 존재,
우리가 선택하는 것이 아니라 선택이 우리를 만든다?

우연성contingency은 세상에서 예측할 수 없는 사건이나 우연한 상황을 의미합니다. 세상은 우리 계획대로만 움직이지 않죠. 항상 예상치 못한 사건들이 발생하고, 그로 인해 우리가 미처 생각하지 못한 결과들이 나타납니다. 철학자 육후이는 《재귀성과 우연성》에서 우연성을 자신의 철학 주제로 삼고 있습니다.

> 수십 년 동안 알고리즘에 무작위성을 도입하는 것은 일반적인 관행이었으며, 이는 라스베가스 알고리즘이나 몬테카를로 알고리즘과 같은 무작위 알고리즘에서 특히 두드러진다. 이러한 알고리즘은 정렬과 검색에 널리 사용된다. 그러나 여기서 우연성이나 무작위성은 단순한 논리적 개념을 넘어서, 기능과 작동에 중요한 역할을 한다. 프로그래밍에서 무작위성이 어떻게 적용되는지 살펴보면 더욱 분명해진다. 첫째, 무작위성은 알고리즘이 모든 샘플을 사용할 필요

없이 최적의 결과를 찾도록 하여 계산 비용을 절감할 수 있게 한다. 둘째, "초과 정보"를 제거하여 입력 데이터를 더 풍부하게 만들어, 학습 알고리즘이 압축된 형태로 학습하게 한다. 셋째, 무작위성을 도입하면 학습 알고리즘이 변이를 통해 로컬 최소값에서 벗어날 수 있게 되는데, 이는 구글 검색엔진이 적용하는 방식이다. 많은 경우 로컬 최소값은 최적이 아니기 때문에, 확률적 경사 하강법 stochastic gradient descent 과 같은 알고리즘을 통해 이러한 로컬 최소값을 뛰어넘을 수 있다. 결과적으로 정확히 전역 최소값이나 최대값에 도달하지는 못할 수도 있지만 근사치에 도달할 수 있다.

무작위성의 도입은 알고리즘이 태생적으로 지닌 경직성을 넘어 더 유연하고 창의적인 문제 해결 방식을 가능하게 합니다. 무작위성은 예측 불가능한 요소를 포함하는 것이 아니라, 알고리즘이 기존의 제한된 경로를 벗어나 새로운 가능성을 탐색할 수 있도록 돕는 중요한 기제로 작동할 수 있습니다. 확률 알고리즘이 불확실한 상황 속에서도 최선의 결과를 찾으려는 방식은 철학에서 우연성과 맞닿아 있습니다. 철학에서도 우연성은 예측할 수 없는 사건들이 어떻게 새로운 가능성을 열어주는지를 설명합니다.

알고리즘적 우연성은 압축이 불가능하거나 계산할 수 없을 때 발생한다. 이는 계산 불가능하고 예측할 수 없는 요소로 다시 등장한다. 그러나 이러한 우연성은 더 높은 지성적 삶의 잠재력, 즉 사고라는 순환으로 도약하는 계기로 작용할 수 있으며, 그 결과 해당 순환에 흡수될 수 있다. 여기서 사고는 피드백이나 자기참조와 다르지만,

그것들과 반대되는 개념은 아니다. 다만 이는 단순한 긍정적 혹은 부정적 피드백 모델로 축소될 수 없는데, 그 이유는 단순한 사이버네틱스 기계의 목적성을 문제화하기 때문이다.

육후이가 《재귀성과 우연성》에서 설명한 알고리즘적 우연성은 단순한 무작위성과는 본질적으로 다릅니다. 알고리즘적 우연성은 예측하거나 계산할 수 없는 상황에서 드러나는 변화의 순간을 가리키며, 이러한 순간은 기존의 계산 체계가 닿지 못하는 영역에 도달할 새로운 가능성을 열어줍니다. 우리가 흔히 알고 있는 사이버네틱스의 피드백이나 자기참조self-reference 개념과 연결되면서도, 그것들을 뛰어넘어 더 복잡하고 고차원적인 사고로 나아갈 수 있죠. 알고리즘적 우연성은 이를 통해 기존 한계를 넘어 창발적 사고의 새로운 영역으로 한 걸음 더 걸어갈 수 있습니다.

사이버네틱스는 시스템이 외부 환경과 상호작용하면서 자신을 조정하고 유지하는 메커니즘으로, 피드백과 자기참조를 핵심 개념으로 삼습니다. 피드백은 시스템이 외부에서 받은 정보를 바탕으로 자신의 상태를 조정하는 과정을 설명하죠. 특히 자기참조는 시스템이 스스로를 참조해 자신의 구조와 기능을 유지하거나 변화시키는 방식을 나타내는데, 루만의 사회 시스템 이론에서 이 개념들이 중요한 역할을 합니다. 루만은 사회를 하나의 자기생성적self-generative 체계로 보고, 사회가 끊임없이 자신을 참조하면서 내부 구조를 재조직하고 변화한다고 설명합니다. 사회는 의사소통을 통해 스스로를 구성하고 유지하며, 환경 변화에 대응하면서도 자체적 논리에 따라 발전하는 역동적 시스템으로 작동합니다. 이를 통해 사회는 외부 환경에 의해 결정되는 것이 아니라, 내부의 피드백 과정을 통해 스스로를 조정하고 지속성을 확보하는 자율적 체계로 기능합니다. 의사소통은 이전 의사소통의 결과를 기반으로 새로운 의사소통을 생성하며, 이 과정에서 시스템은 내부 질서를 유지함과 동시에 새로운 가능성을 탐색합니다. 알고리즘적 우연성은 기존 규칙에 얽매이지 않고 무작위성과 변이를 통해 새로운 사고와 해결책을 모색하는 과정을 포함합니다. 루만의 사회 시스템처럼 알고리즘적 우연성도 기존의 한계를 넘어서는 창발적 가능성을 열어줍니다.

루만의 이론에서 중요한 점은 사회 시스템이 안정성을 유지하는 데 그치지 않고, 새로운 조건에 따라 자신의 구조와 기능을 재구성할 수 있다는 것입니다. 이는 피드백과 자기참조가 새로운 질서를 창출하는 창발적 과정으로 작동함을 보여주죠. 알고리즘적 우연성도 마찬가지입니다. 알고리즘이 무작위성을 통해 새로운 데이터를 탐색하고 기존 틀을 벗어난 해결책을 발견하는 것은, 사회 시스템이 새로운 의사소통의 가능성을 통해 스스로를 재구성하는 과정과 유사합니다. 이런 창발적 특성은 복잡성과 불확실성이 증가하는 현대 사회에서 특히 중요합니다.

> 사이버네틱스 피드백은 '동등목적성' equifinality 을 제공하여 개별 상황에 따라 다양한 경로를 통해 동일한 목표에 도달할 수 있게 한다. 그러나 이러한 체계는 의지와 이성이 긴장 상태에 있는 진정한 자율적 목적성 auto-finality 을 실현하지는 못한다.

육후이는 이어서 동등목적성의 한계와 자율적 목적성의 필요성을 말하고 있습니다. 사이버네틱스의 피드백 시스템에서 동등목적성은 시스템이 다양한 경로를 통해 동일한 목표에 도달할 수 있도록 합니다. 복잡한 환경 속에서도 시스템이 안정성을 유지하며 작동할 수 있도록 말이죠. 만약 목표 자체가 외부로부터 주어진 것으로 고정된다면 변화 가능성이 배제되겠죠? 이때 우연성은 예측할 수 없는 사건이나 상황이 시스템의 작동에 영향을 미치며, 기존 경로를 벗어나 새로운 가능성을 창출할 수 있는 잠재력을 가지게 됩니다. 동등목적성이 다양한 경로를 탐색하는 데 초점이 맞춰져 있다면, 우연성은 목표 설정의 근본적 변화를 가능하게 합니다.

우연성은 목표를 달성하는 과정에서 발생하는 변동성이 아니라, 목표 자체를 새롭게 정의할 수 있는 창발적 힘입니다. 자율적 목적성은 외부 규정에서 벗어나 시스템이 스스로 목표를 설정하고 달성하기 위해 동적 경로를 탐색하는 능력을 의미합니다. 우연성은 이러한 자율적 목적성을 실현하며, 기존 틀을 넘어 창의성과 유연성을 부여합니다. 불확실성과 예측불가능성이 장애물이 아니라 진정한 자율성과 창발성을 위한 필수 조건이 될 수 있음을 보여줍니다.

확률 알고리즘과 우연성은 모두 예측할 수 없는 상황 속에서 새로운 질서와 가능성을 발견한다는 공통점을 공유합니다. 확률 알고리즘은 난수와 무작위성을 활용해 복잡한 문제를 해결하거나 최적의 해를 탐색하며, 실행 과정에서 점점 더 나은 답을 찾아갑니다. 반면 우연성은 철학적으로 우리가 예상하지 못한 사건이나 상황을 통해 삶의 새로운 기회와 변화를 만들어내는 요소로 작용하죠. 두 개념 모두 불확실성을 장애물로 보지 않고, 오히려 창의적이고 발전적인 잠재력을 가진 과정으로 재해석합니다. 우연성을 이해하고 포용하는 태도가 미래의 열린 가능성을 받아들이는 데 중요한 역할을 합니다. 우연한 사건이나 예측할 수 없는 변화는 기존 구조와 질서를 흔들 수 있지만, 동시에 새로운 사고의 전환점이 될 수 있습니다.

4부___

알고리즘으로 철학하기

4부에서는 앞서 정리한 개념적 토대를 바탕으로, 알고리즘을 철학적으로 분석하는 본격적 논의를 전개합니다. 알고리즘이 언어철학, 인식론, 형이상학, 윤리학과 같은 철학적 영역에서 어떻게 의미를 형성하고 개념적 구조를 재구성하는지를 살펴보고, 알고리즘이 현대 철학의 사유 속에서 중요한 이론적 자원으로 작동하는 방식을 알아보겠습니다. 알고리즘은 특정 문제를 해결하는 연산적 과정인 동시에 사고의 패턴을 형성하는 구조적 메커니즘이기도 합니다. 따라서 알고리즘을 철학적으로 분석하는 것은 곧 우리가 세계를 이해하고 구성하는 방식 자체를 다시 묻는 일과 연결된다고 할 수 있습니다.

1장

구문분석 알고리즘과 언어철학

문장의 숨겨진 규칙을 찾아서!
알고리즘과 생성문법의 만남

일반인은 물론 컴퓨터과학을 전공한 사람에게도 생소한 로버트 플로이드라는 학자가 있습니다. 구문분석parse 알고리즘을 해결하는 데 백트래킹 기법을 효과적으로 활용한 업적으로 1978년 컴퓨터과학의 노벨상이라 불리는 튜링상을 수상했습니다. 구문분석은 문장을 구성하는 구조를 분석하는 과정으로, 언어의 문법 규칙에 따라 입력된 문장이 유효한지를 검증하고 구조적 의미를 도출하는 작업입니다. 플로이드의 백트래킹 방식은 우선 하나의 경로를 따라 문장을 분석하다가, 특정 시점에서 문법 규칙을 위반하거나 경로가 잘못되었음을 확인하면, 이전 상태로 되돌아가 다른 경로를 시도합니다. 그다음 문법 규칙의 트리를 따라가며 재귀적으로 구문을 분석합니다.

문자열 $abc=1+2\times(3+df)$를 예로 구문분석 과정을 살펴보겠습니다. 먼저 문자열을 의미 있는 단위로 나누는 단계인 토큰화tokenization를 수행합니다. 즉 $abc, =, 1, +, 2\times, (3+df)$ 같은 요소를 추출하죠. 이후 문법 규칙을 적용해 각 구성 요소 간 관계를 정의합니다. 이 과정에서 =는 할당 연산자이며, $2+2\times(3+df)$는 표현식으로 처리됩니다. 표현식 내에서는 괄호()로 우선순위를 고려하고, ×는 곱셈 연산, +는 덧셈 연산으로 해석됩니다.

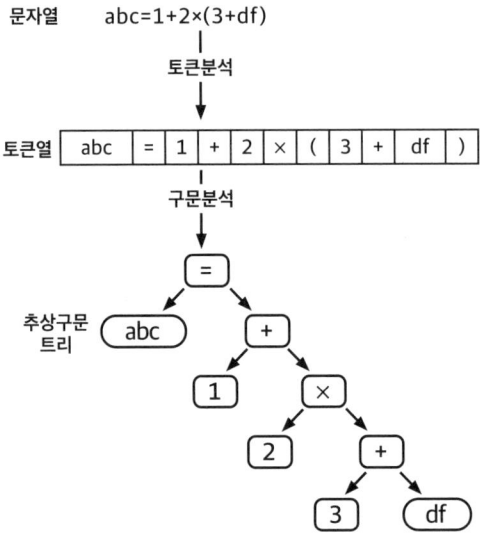

[도표 3]

구문 트리syntax tree는 이런 분석 결과를 계층적으로 나타냅니다. 위 문자열의 경우 abc가 왼쪽에 위치하고, 오른쪽에 $1 + (2 \times (3 + df))$ 형태의 표현식이 배치된 트리가 생성됩니다. 이 트리는 문법 관계를 시각적으로 표현하며, 각각의 노드가 연산자나 토큰을 나타냅니다. 이 과정을 통해 문자열의 구조적 의미를 명확히 이해할 수 있으며, 이후 계산, 변환, 또는 코드 생성 단계로 활용됩니다. 구문분석은 문법적으로 올바른 입력을 확인하고, 이를 바탕으로 시스템이 데이터를 처리하거나 실행 가능하게 만드는 필수적 과정입니다.

플로이드의 공로는 백트래킹하는 프로그램을 자동으로 생성하는 방법입니다. 백트래킹은 현재 상태에서 가능한 모든 후보군을 하나씩 살펴가면서 솔루션이 될 가능성이 있으면 후보를 구축하고 가능성이 없다면 즉시 포기하면서 솔루션을 찾아 나가는 문제 해결 방법론이죠. 이때 솔루션이 될 가능성이 있으면 유망하다promising고 하며, 유망하지 않은 노드에 가지 않는 것을 가지치기pruning라고 하는데, ×표시를 한 후 다시 되돌아온다고 하여 백트래킹이라는 이름이 붙여졌습니다.

솔루션을 찾는 가장 확실한 방법이 하나 있습니다. 완전탐색 혹은 브루트 포스brute force라고 불리는 방식으로, 모든 루트에 있는 해를 찾아보는 방식이죠. 문제는 최악의 경우 시간이 우주의 나이보다 더 걸릴 수 있다는 것입니다. 그런데 백트랙킹은 그다음 가지를 탐색하지 않고 원래 위치로 돌아와 다음 순서로 진행하기 때문에 빠져나올 수 없는 늪에 빠지는 경우를 피할 수 있습니다. 이 방식은 구문분석에도 사용되며 특히 인공지능 분야에서도 활용도가 매우 높습니다.

노암 촘스키는 언어를 인간의 보편적 인지 능력으로 보고, 심층구조deep

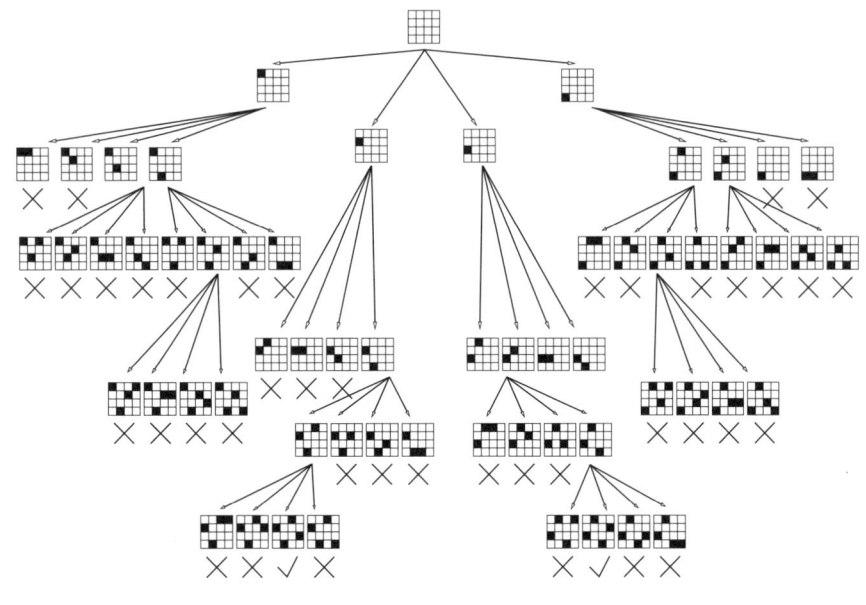

[도표 4]

structure와 표층구조surface structure라는 개념을 제안했습니다. 심층구조는 언어의 보편적인 문법 원리를 반영하는 추상적 구조이며, 표층구조는 심층구조가 실제 언어적 표현으로 변환된 결과물입니다. 이 두 구조의 관계는 언어가 생성되고 이해되는 과정을 설명하는 핵심 원리로, 촘스키의 생성문법은 이를 수학적이고 규칙적인 방식으로 체계화한 것입니다.

구문분석 알고리즘은 촘스키의 생성문법을 계산적으로 구현한 사례입니다. 이 알고리즘은 언어의 문법 규칙을 기반으로 입력된 문장의 구조를 분석합니다. 특히 S→NP VP, VP→V NP와 같이 생성문법에서 제시된 규칙을 알고리즘 형태로 구현하여, 문장의 각 구성 요소를 분해하고, 구조적 관계를 구문 트리로 표현합니다. 심층구조에서 표층구조로의 변환 과정을

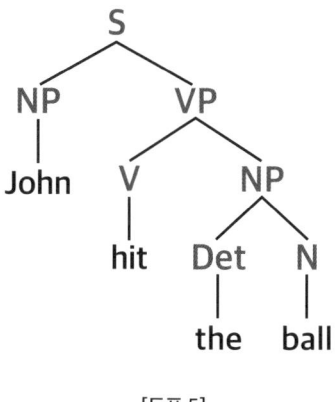

[도표 5]

자동화하는 작업과 유사하죠.

    구문분석 알고리즘은 문법 규칙을 컴퓨터 코드로 표현하고, 이를 활용해 입력된 문장이 문법적으로 올바른지 확인합니다. 예를 들어, 'John hit the ball'이라는 문장이 주어지면, 알고리즘은 이를 분석해 다음과 같은 구문 트리를 생성합니다.

    이 트리는 'John'이 명사구$^{\text{noun phrase}}$이고, 'hit the ball'이 동사구$^{\text{verb phrase}}$임을 보여주는데, 심층구조와 표층구조를 연결해 문장의 문법적 관계를 시각화하는 과정이라고 할 수 있습니다. 구문분석 알고리즘은 입력된 문장이 생성문법의 규칙에 따라 유효한지를 확인하며 문법 규칙을 검증합니다. 예를 들어, 'the John ball hit'와 같은 비문법적 문장은 알고리즘에 의해 올바르지 않은 문장으로 판정됩니다. 이런 검증은 생성문법의 이론적 원리를 컴퓨터과학의 알고리즘으로 실현하여 문장 구조와 언어의 규칙성을 분석합니다.

추상화와 본질 탐구,
플로이드와 튜링이 알려주는 사고의 기술

플로이드는 1978년 구문분석 알고리즘 개발과 프로그래밍 언어의 형식적 검증formal verification 분야에 기여한 공로로 튜링상을 받았습니다. 컴퓨터과학에서 알고리즘의 중요성을 강조하며, 프로그램의 올바름을 수학적으로 증명하는 방법론을 정립한 공로였죠. 이것은 특히 프로그래밍 언어 설계와 컴파일러 구현에 지대한 영향을 미쳤습니다.

튜링상은 매년 컴퓨터과학 발전에 혁신적으로 기여한 연구자들에게 수여하는 컴퓨터과학 분야의 가장 권위 있는 상입니다. 상 이름은 컴퓨터과학의 아버지라 불리는 앨런 튜링을 기리기 위해 붙여졌죠. 튜링상 수상자는 자신만의 독창적 업적으로 해당 분야의 발전에 기여했음을 인정받습니다. 플로이드는 '프로그래밍의 패러다임'Programming Paradigms이라는 주제로 튜링상 수상 기념 강연을 했습니다.

까다로운 알고리즘 설계를 했을 때의 경험에 따르면 일종의 기술이 제 능력을 키우는 데 크게 도움이 되었습니다. 즉 의욕을 북돋는 문제를 하나 푼 다음, 그때의 통찰에만 의지하여 같은 문제를 처음부터 다시 풀어봅니다. 이 과정을 가능한 한 명확하고 직접적인 해가 나올 때까지 반복합니다. 이렇게 유사한 문제를 풀기 위해 일반성이 있고 그렇다면 또한 주어진 문제에 가장 효과적인 방법으로 처음부터 접근할 수 있는 규칙을 찾습니다. 그러한 규칙은 영구적 가치를 갖게 되는 경우가 많습니다.… 미래와 과거의 마감에 쫓기며 시달리는 게 프로그래머의 일상이지만, 방법론의 추상화에 힘쓰는 것이 현명한 장기 투자입니다.

튜링은 계산 가능한 함수와 알고리즘 실행을 위한 튜링 머신이라는 추상적 기계를 정의함으로써, 컴퓨터과학의 이론적 토대를 마련했습니다. 대부분의 컴퓨터과학 이론이 추상적 사고와 모델링 작업에 기반한다는 점에서, 컴퓨터과학 분야의 가장 권위 있는 상의 이름으로 튜링을 선택한 것은 매우 적절합니다. 추상성은 철학에서 개념적 모델과 논리적 체계를 통해 복잡한 현실을 단순화하고 본질을 탐구하는 데 필수적 도구인 것처럼, 컴퓨터과학에서도 복잡한 문제를 해결하고 효율적인 알고리즘을 설계하는 데 중요한 역할을 합니다. 프로그래머가 복잡한 문제를 단순화하고, 반복 가능한 규칙을 발견하기 위해 문제의 핵심을 추출하고 이를 일반화하는 과정은 철학자가 세계의 근본 원리를 탐구하며 개념적 틀을 형성하는 작업과 유사합니다. 이런 점에서 앨런 튜링이 1950년 발표한 논문 "컴퓨터 기계와 지능"Computing Machinery and Intelligence이 철학 논문지 〈Mind〉에 실렸다는 사실은 매우 의미심장합니다.

2장

패턴 인식 알고리즘과 게슈탈트 이론

패턴을 읽는 기계, 의미를 찾는 인간, 알고리즘과 게슈탈트 심리학

게슈탈트 이론은 20세기 초 독일에서 시작된 심리학 이론으로, 인간 지각의 직관적 본질을 설명합니다. '전체는 부분의 합보다 크다'는 원칙으로, 인간이 정보를 처리할 때 개별 요소를 분석하는 것이 아니라 전체 맥락 속에서 요소들 간 관계를 파악하고 구조화하는 것이죠. 근접성proximity, 유사성similarity, 폐쇄성closure과 같은 속성은 인간 지각이 복잡한 정보를 단순화하고, 이를 통해 전체적인 의미를 구성하는 과정을 설명할 때 필요한 원칙들입니다. 반면 패턴 인식 알고리즘은 데이터를 체계적으로 분석하고 유의미한 패턴을 찾아내기 위해 설계된 기술로, 게슈탈트 이론과 마찬가지로 복잡한 정보를 구조적으로 이해하기 위한 신경망 기술이죠. K-평균 클러스터링이나 CNN^Convolutional Neural Network^과 같은 알고리즘은 데이터를 분류하고 패턴을 인식하는 과정에서 게슈탈트 원칙들을 암묵적으로 반영합니다. 그중 K-평균 클러스터링 알고리즘은 데이터를 여러 그룹으로 나누는 비지도 학습 알고리즘입니다. 데이터 간 거리 계산을 바탕으로 그룹, 즉 클러스터를 형성하죠. 대니얼 림의 《컴퓨터로 철학하기》에서 제시된 예로서 사람들의 키와 몸무게 데이터를 사용해 자연스럽게 두 그룹으로 나누는 과정을 살펴보겠습니다. 다음은 10명의 키와 몸무게 데이터입니다.

(198, 90), (216, 128), (203, 112), (191, 84), (198, 82), (182, 77), (184, 82), (193, 80), (190, 90), (175, 76)

이 데이터를 그래프로 나타내면 다음 그림과 같습니다.

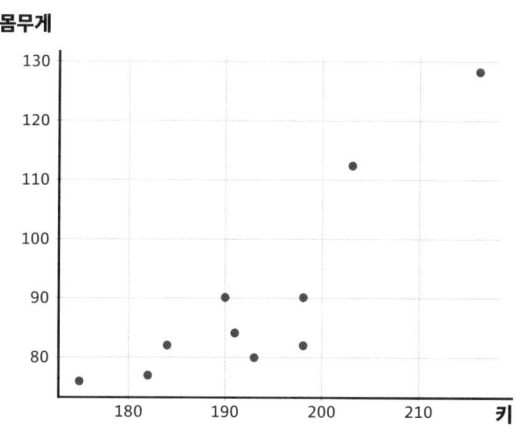

[도표 6] 10명의 키와 몸무게

컴퓨터는 데이터를 인간이 보는 방식처럼 이해하지 못하기 때문에, 데이터를 효과적으로 그룹화할 기준이 필요합니다. 이를 해결하기 위해 K-평균 클러스터링 알고리즘을 활용해 데이터를 두 그룹으로 나눕니다. 먼저 [도표 7-1]에서 보는 바와 같이 검은색과 회색 ✖를 임의의 두 위치에 시작점으로 설정합니다. 그런 다음 데이터가 검은 표식에 더 가까우면 검은 그룹으로, 회색 표식에 더 가까우면 회색 그룹으로 배정합니다. 이런 과정을 반복한 후 각 데이터 포인트를 가까운 시작점에 따라 오른쪽 그림과 같이 그룹화합니다.

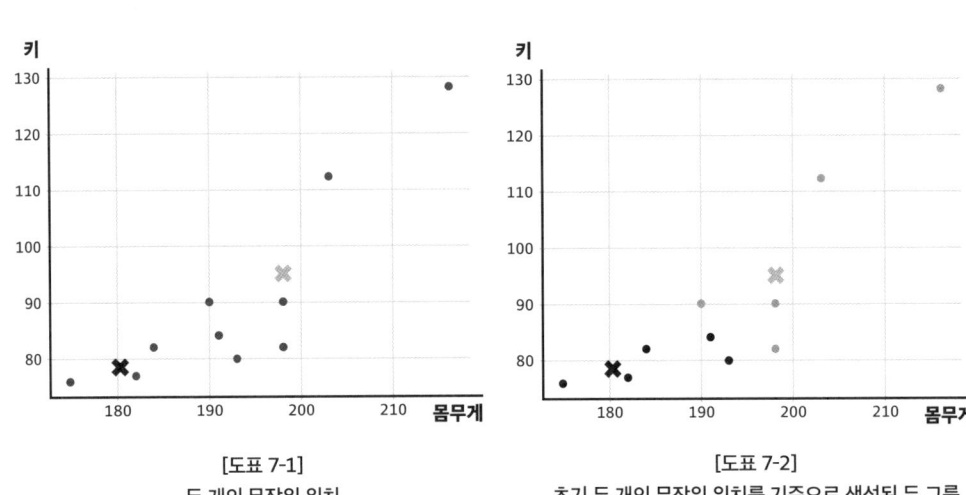

[도표 7-1]
두 개의 무작위 위치

[도표 7-2]
초기 두 개의 무작위 위치를 기준으로 생성된 두 그룹

이후 각 그룹의 중심을 계산해 [도표 8-1]처럼 새로운 중심점centroid으로 설정하고, 데이터를 다시 배정합니다.

이 과정을 통해 컴퓨터는 점차 데이터를 분류하며, 각 그룹의 중심점을 반복적으로 조정해 나갑니다. 이런 방식으로 K-평균 클러스터링은 [도표 8-2]와 같이 데이터를 자연스럽게 구분된 그룹으로 나누는 효과적인 알고

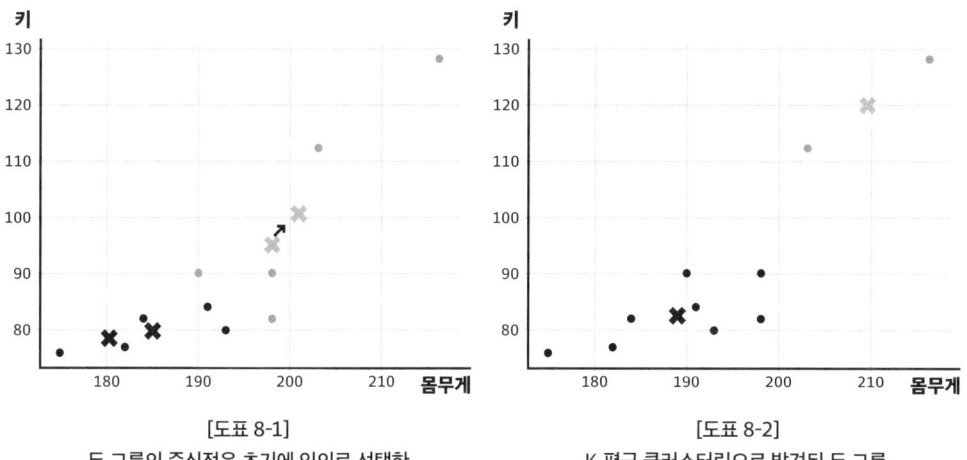

[도표 8-1]
두 그룹의 중심점은 초기에 임의로 선택한
두 위치와 다르다.

[도표 8-2]
K-평균 클러스터링으로 발견된 두 그룹.

리즘입니다.

유사성similarity은 인간이 색상, 크기, 모양이 비슷한 객체를 자연스럽게 하나의 그룹으로 묶는 지각 과정을 설명할 때 사용하는 원칙입니다. 사람들이 파란색 점과 빨간색 점이 섞인 그림을 볼 때, 파란색 점과 빨간색 점을 서로 다른 그룹으로 묶어 보는 방식이 대표적 예입니다. 이 원칙은 데이터에서 유사한 패턴을 찾아내고 구조적으로 분석하는 컴퓨터 알고리즘, 특히 합성곱 신경망이라 불리는 CNN의 작동 원리와 밀접하게 연결됩니다. CNN은 이미지를 분석하고 분류하는 데 특화된 딥러닝 알고리즘입니다. CNN의 핵심은 이미지를 작은 부분 단위로 나누어 에지(경계)나 텍스처 특징들(패턴, 반복, 질감) 등 각 단위에서 유사한 패턴을 감지하는 것입니다. CNN은 여러 층layer으로 구성되며, 각 층은 필터filter를 사용해 특징feature을 추출하는데, 이 필터는 선의 방향, 색상의 변화, 특정 패턴을 감지하며 이미지의 구조적 특징을 학습합니다.

CNN이 이미지를 처리할 때 사용하는 필터는 게슈탈트 유사성 원칙의 기계적 구현으로 볼 수 있습니다. 필터는 픽셀 간의 유사성을 기반으로 특정 패턴을 감지해 이미지의 전체 구조를 이해합니다. 고양이와 개를 분류하는 CNN 모델은 귀의 모양이나 눈의 크기와 같은 유사한 특징을 학습해 두 객체를 구분합니다. 인간이 유사성을 바탕으로 대상을 지각하는 방식과 유사하죠. CNN이 유사성 원칙을 구현하는 방식은 패턴을 감지하는 데 그치지 않고 학습 과정을 통해 특정 유사성을 강화하거나 혹은 무시하도록 설계할 때도 사용됩니다. 가장 많이 사용되는 분야가 의료 영상 분석이죠. 특정 조직의 색상이나 질감의 유사성을 감지해 질병 여부를 판별할 수 있습니다.

폐쇄성closure은 인간이 불완전한 형태를 완전한 형태로 인식하려는 경향을 설명합니다. 예를 들어, 손글씨에서 일부 선이 끊어져 있더라도 우리는 그 글자를 완성된 형태로 이해할 수 있는데, 인간이 부족한 정보를 스스로 보완해 전체적 맥락 속에서 의미를 부여하기 때문입니다. 게슈탈트 이론은 인간 인지의 직관성과 주관적 해석을 강조하는 반면, 패턴 인식 알고리즘은 정량적 데이터 분석에 강점을 가집니다. 따라서 이 두 접근법을 결합하면 인간의 맥락적 인지와 알고리즘의 정밀한 계산 능력을 동시에 활용할 수 있습니다.

후설의 철학이 딥러닝을 만났을 때, 지향성과 어텐션 메커니즘

후설의 현상학은 인간 경험의 본질을 사유하면서 지각과 의식 간의 관계를 분석합니다. 의식은 항상 어떤 대상에 대해 의식하는데, 후설은 이를 지향성intentionality이라 명명했죠. 의식이 정보를 받아들이는 수동적 과정이 아니라, 대상을 향하고 의미를 구성하는 능동적 활동이라는 의미입니다. 이런 지향성 개념은 인간 지각의 맥락적 특성을 강조하는 게슈탈트 이론과 깊은 관련이 있습니다. 특히 게슈탈트 이론의 근접성과 유사성 원칙은 이러한 지향성을 잘 보여줍니다. 근접성 원칙은 가까운 요소들을 하나의 그룹으로 인식하게 하며, 유사성 원칙은 비슷한 색상이나 모양을 가진 요소들을 하나의 구조로 묶어줍니다. 모든 경험은 그 자체의 의도적 구조를 통해 이루어진다는 후설의 주장은, 인간이 분리된 감각 데이터를 수동적으로 처리하는 것이 아니라 의식적으로 이를 통합해 의미를 구성하는 과정을 설명합니다. 이처럼 게슈탈트 이론의 원칙들은 후설의 지향성 개념을 지각과 인지의 영역에서 구체화함은 물론 이러한 지향성을 통해 인간 의식의 맥락적 특성을 명확히 드러냅니다. 인간은 세계를 분리된 감각의 집합으로 경험하지 않고 항상 그 전체성을 경험한다고 말한 이유이기도 합니다. 게슈탈트 이론과 후설의 현상학은 모두 이러한 통합적 지각의 본질을 사유하며, 인간 의식이 지각 대상을 어떻게 맥락 속에서 구조화하고 해석하는지를 설명하는 데 상호 보완적으로 작용합니다.

특히 후설의 지향성 개념은 현대 알고리즘 설계에도 반영되고 있습니다. 어텐션attention 메커니즘이 그 예입니다. 딥러닝 모델, 특히 자연어 처리

NLP와 이미지 분석에서 필수적인 기술로 자리 잡고 있는 이 메커니즘은 입력 데이터의 모든 요소를 동일하게 처리하지 않고, 특정 데이터 포인트에 더 높은 가중치를 부여해 중요한 정보를 선별합니다. 이러한 과정은 후설의 지향성 개념, 즉 의식은 항상 특정 대상을 향하며 그 대상을 중심으로 의미를 구성한다는 철학적 통찰과 연결되죠.

어텐션 메커니즘의 작동방식을 간단히 설명해보겠습니다. 먼저 데이터를 처리할 때 각 데이터 포인트의 상대적 중요도를 계산합니다. 기계 번역의 경우 입력 문장의 단어들이 모두 동일한 중요성을 갖는 것이 아니라 번역 맥락에서 핵심 역할을 하는 단어들이 더 큰 비중을 차지하게 되죠. 이를 위해 3단계를 거칩니다. 먼저 입력된 데이터와 모델의 쿼리query를 비교해 각 데이터 포인트의 관련성을 측정합니다. 그런 다음 관련성을 기반으로 각 데이터 포인트에 가중치를 부여하는데, 이 과정은 일반적으로 다음과 같은 소프트맥스softmax 함수[23]를 사용해 가중치를 정규화합니다.

$$\alpha_i = \frac{exp(Score_i)}{\sum_j exp(Score_j)}$$

이 소프트맥스 함수는 입력된 점수score를 확률처럼 보이게 만드는 방

---

[23] 머신러닝에서 입력값(점수 등)을 확률처럼 변환하는 데 사용된다. 이 함수는 높은 점수에는 더 큰 확률을, 낮은 점수에는 더 작은 확률을 할당하며, 변환된 값들의 합이 항상 1이 되도록 한다. 이 함수를 통해 모델은 출력된 값들을 확률로 해석할 수 있으며, 주로 다중 클래스 분류 문제에서 각 클래스에 속할 확률을 계산하는 데 사용된다. 가령 이미지 분류에서 특정 이미지가 고양이일 확률, 개일 확률 등을 계산할 때 유용하다. 이 함수는 입력값의 크기를 유지하면서도 부드럽게(soft) 정규화해 확률 분포를 만드는데, 이름에서처럼 'soft'는 데이터의 상대적 차이를 보존하며 'max'는 가장 중요한(높은) 값을 강조한다는 뜻을 담고 있다.

법입니다. 수식은 복잡해 보이지만 해석은 어렵지 않습니다. 각 점수를 지수함수인 e^x로 바꿉니다. 이렇게 하면 모든 점수가 양수가 되죠. 높은 점수일수록 지수 함수의 결과가 더 커집니다. 그런 다음 변환된 모든 점수의 합을 계산하고, 각 점수를 이 합으로 나눕니다. 이렇게 하면 모든 점수의 비율이 계산됩니다. 이제 각 점수는 0과 1 사이의 값이 되고, 이 값들의 총합은 1이 됩니다. 가장 중요한 데이터는 가장 큰 값을, 덜 중요한 데이터는 작은 값을 갖습니다. 이렇게 계산된 가중치를 사용해 중요한 정보에 더 큰 비중을 두고 데이터를 종합합니다. 이러한 작동방식은 데이터 내에서 가장 중요한 요소를 선별해 초점을 맞추는 과정으로, 후설의 지향성과 유사한 패턴을 보여줍니다.

　후설은 의식은 항상 특정 대상을 향하며, 인간의 의식이 특정 대상을 선택적으로 주목하고 이를 중심으로 의미를 구성한다고 말합니다. 어텐션 메커니즘 역시 입력 데이터에서 특정 요소에 집중하는 방식으로, 후설이 말한 의식의 지향성을 기계적으로 구현하려는 시도로 볼 수 있습니다. 가령 번역 모델에서 입력 문장의 단어들 간 맥락을 고려해 번역할 때 가장 중요한 단어를 선택합니다. 사람이 번역할 때 문장의 핵심 단어와 구문에 집중해 전체 의미를 구성하는 과정과 유사하죠. 어텐션 메커니즘은 자연어 처리[NLP]뿐만 아니라 이미지 인식, 음성 인식, 그리고 챗GPT와 같은 언어 모델인 생성형 AI에서 주로 사용됩니다.

　패턴 인식 알고리즘, 게슈탈트 이론, 후설의 현상학은 각기 다른 영역에서 데이터를 이해하고 인지적 경험을 사유하고 구현하는 데 중요한 역할을 합니다. 패턴 인식 알고리즘은 데이터를 분석하고 패턴을 찾아내며, 게슈탈트 이론은 인간이 정보를 직관적으로 구조화하고 전체를 이해하는 방식을 설명합니다. 후설의 현상학은 이 모든 과정을 경험과 의식의 본질과 연결 짓습니다. 게슈탈트 이론의 직관적 통찰, 후설의 철학적 깊이를 연관시켜 사유하면 알고리즘의 작동방식과 인간과 기계의 상호작용을 보다 더 쉽게 이해할 수 있습니다.

3장
강화학습과 경험주의

인간과 기계는 어떻게 배우는가?
탐험과 활용

경험주의Empiricism는 모든 지식은 경험에서 나온다는 철학 사조입니다. 존 로크와 데이비드 흄 같은 경험주의자들은 우리가 본능이나 타고난 개념이 아니라 오직 경험을 통해서만 세상을 이해할 수 있다고 말하죠. 특히 존 로크는 《인간 지성론》(한길사, 2015)에서 출생 시 인간의 마음을 '빈 서판'tabula rasa에 비유했습니다. 인간은 태어날 때 본능적이거나 선천적인 지식 없이 오직 경험을 통해 지식을 획득한다고 말합니다. 우리의 모든 아이디어는 감각을 통한 경험과 마음의 반성reflection을 통해 형성되며, 우리의 모든 지식은 세상과 상호작용하면서 얻은 경험들로 채워진다고 보았죠.

강화학습reinforcement learning은 인공지능에서 매우 중요한 학습 방법입니다다. 간단히 설명하면, 에이전트라는 인공지능 시스템이 어떤 환경에서 행동을 선택하고, 그 선택이 좋은 결과를 가져오면 보상을 받고 나쁜 결과를 가져오면 벌을 받으며 점점 더 나은 결정을 학습하는 과정입니다. 이 과정을 반복하면서 에이전트는 어떤 행동이 가장 좋은 결과를 낳는지 경험을 통해 배우게 됩니다.

알파고는 바둑을 처음부터 인간과의 대국을 통해 학습한 것이 아니라, 먼저 인간 기사의 기보 데이터를 활용한 지도학습supervised learning으로 기본적인 전략과 수 읽는 능력을 익혔습니다. 이후 강화학습 단계를 거치면서 스스로 수백만 번의 대국을 반복하며 더욱 정교한 전략을 발전시켰습니다. 이 과정에서 알파고는 자기 자신과 대국하며 다양한 수를 실험하고 승리 확률이 높은 수를 강화하는 방식으로 최적의 결정을 학습했죠. 또 몬테카를로 트리 탐색Monte Carlo tree Search을 활용해 가능한 모든 수를 평가하고, 가장 높은 기대 승률을 가지는 수를 선택하도록 최적화되었습니다. 이런 학습 과정을 거치면서 초기에는 기보를 단순 모방하는 수준이었던 알파고가 점점 더 복잡한 전략을 스스로 개발하게 되었으며, 결국 인간 최고 기사를 능가하는 실력을 갖추게 되었습니다. 물론 강화학습의 '경험'은 인간의 감각적 경험과는 다릅니다. 경험주의 철학에서는 인간이 감각을 통해 세상을 경험하고 그 경험을 통해 지식을 축적한다고 말합니다. 반면 강화학습에서의 경험은 에이전트가 환경과 상호작용하며 얻은 데이터를 기반으로 한 피드백입니다. 인간의 경험은 주관적이며 감각적 경험에서 비롯되지만, 알파고와 같은 시스템의 경험은 대규모 데이터를 처리하고 분석한 결과죠. 이 두 개념을 비교할 때, 인간의 경험은 보다 직관적이고 감각적인 반면 강화학습의 경험은 데이터 처리와 계산을 통해 이루어진다는 것을 염두에 두어야 합니다.

강화학습에서 탐험exploration과 활용exploitation은 에이전트가 환경에서 최적의 행동을 학습하는 데 중요한 전략입니다. 탐험은 에이전트가 아직 경험하지 않은 행동을 시도해 새로운 정보를 얻는 과정이에요. 에이전트는 탐험을 통해 더 나은 결과를 얻을 수 있는 가능성을 찾죠. 하지만 탐험을 많이 하면 단기적으로는 보상을 덜 받을 수도 있습니다. 반대로 활용은 이미 배운 행동을 바탕으로 현재 상황에서 최대 보상을 얻으려는 과정입니다. 이 두 가지 전략은 서로 균형을 이루는 것이 중요합니다. 초기 학습 단계에서는 탐험을 많이 해서 환경에 대한 이해를 넓히는 것이 필요합니다. 에이전트가 다양한 행동을 시도하며 어떤 행동이 가장 효과적인지 알아내야 합니다. 시간이 지남에 따라 에이전트는 탐험보다 활용에 더 집중하게 되는데, 이미 학습한 내용을 바탕으로 안정적으로 보상을 얻는 데 초점을 맞추기 때문이죠. 이를 위해 ε-그리디ε-Greedy 같은 알고리즘을 사용해 일정 확률로 탐험과 활용을 조절할 수 있습니다. 이 알고리즘은 강화학습에서 탐험과 활용을 적절히 조절하기 위한 간단하면서도 효과적인 방법입니다. 간단하게 살펴보겠습니다.

경험에서 학습으로,
강화학습이 경험주의를 계승하는 방식

에이전트가 어떤 확률 ε로 새로운 행동을 탐험하고, 나머지 확률 1-ε로 이미 알고 있는 최적의 행동을 선택해 활용합니다. 여기서 ε는 에이전트가 얼마나 자주 탐험을 시도할지를 결정하는 파라미터죠. 에이전트는 ε를 통해 안정적인 보상을 얻으면서도 새로운 정보를 발견할 기회를 가질 수 있습니다. 학습 초기에는 에이전트가 환경을 충분히 탐색할 수 있도록 ε값을 높게 설정해 탐험을 우선시합니다. 이후 학습이 진행되며 환경에 대한 이해가 깊어지면, ε값을 점차 줄여 활용을 늘리게 됩니다. 이렇게 하면 에이전트는 초기에는 다양한 행동을 시도하며 학습하고, 후반부에는 이미 배운 정보를 바탕으로 안정적이고 최적화된 행동을 수행하게 됩니다. 이 지점이 철학적 경험주의와 연결될 수 있어요. 경험주의에서는 모든 지식이 경험을 통해 축적된다고 보며, 새로운 경험을 통해 기존 지식을 확장하고 수정합니다. 경험주의에서 과거 경험을 통해 쌓은 지식을 바탕으로 현재 상황에 적합한 결정을 내리듯, 강화학습의 에이전트는 이전 경험에서 학습한 행동을 활용해 안정적인 보상을 얻습니다. 결국 탐험과 활용의 균형은 경험주의에서의 '새로운 경험을 통한 학습'과 '기존 지식 활용'이라는 두 가지 측면과 닮아 있습니다. 인간이 새로운 경험을 통해 지식을 확장하고 이미 배운 것을 바탕으로 더 나은 결정을 내리듯, 강화학습도 탐험을 통해 새로운 데이터를 얻고 그 데이터를 활용해 최적의 전략을 찾아갑니다. 물론 '경험'이라는 개념이 두 영역에서 다르게 작용하는 점을 명확히 해야 합니다. 경험주의의 경험은 감각적이고 주관적인 반면 강화학습의 경험은 기계적이고 데이터 기반이라는 차이가 존재합니다. 그러나 두 방식 모두 경험을 바탕으로 더 나은 결정을 내리려는 목표를 공유하고 있다는 점에서 유사성을 찾을 수 있어요.

경험주의 철학에서 중요한 핵심 중 하나는 우리가 세상과 상호작용하며 얻는 '경험'이 지식을 쌓는 주요 원천이라는 점입니다. 데이비드 흄은

《인간 본성에 관한 논고》(BOOKK, 2019)에서 이렇게 말합니다.

> 나는 분명히 외부 물체의 본질과 마찬가지로 정신의 본질도 알 수 없다고 여기기 때문에 신중하고 정확한 실험, 그리고 상이한 여건과 상황으로부터 유래하는 개별적 실험 결과들에 대한 관찰들을 제외한 다른 방식으로 정신의 능력과 성질에 관한 어떤 개념도 형성할 수 없다고 생각한다. 그리고 비록 실험을 궁극에까지 추적하여 가장 단순한 극소수의 원인들로부터 모든 결과를 설명함으로써, 할 수 있는 한 우리의 원리가 보편타당하도록 노력해야 한다고 할지라도, 여전히 우리는 분명히 경험을 넘어설 수 없다.

흄의 이러한 견해는 강화학습의 핵심 원리와도 연결됩니다. 흄이 말한 "신중하고 정확한 실험"이 마치 강화학습을 예견하는 듯하죠. 흄이 경험을 넘어선 추론을 경계했던 것처럼, 강화학습도 현재의 경험과 데이터를 초월해 미래의 모든 상황을 예측하려 하기보다는 환경과의 지속적 상호작용 속에서 실질적 성과를 도출하는 데 초점을 맞춥니다. 또 흄이 "경험을 넘어설 수 없다"는 점을 강조했던 것처럼, 강화학습 역시 에이전트가 축적한 경험 데이터에 기반해 학습하며, 새로운 환경에서는 기존 경험을 바탕으로 점진적으로 적응합니다. 이는 강화학습의 정책 업데이트 과정에서 경험적 데이터가 중심 역할을 한다는 점을 명확히 보여줍니다. 강화학습에서 경험을 통한 지식 축적은 행동과 결과의 관계를 지속적으로 재평가하고 최적화하는 과정입니다.

강화학습과 경험주의는 모두 경험을 통한 학습의 중요성을 강조하지만, 그 방식과 적용 영역에서 차이가 있습니다. 경험주의는 인간이 감각적 경험을 통해 세상을 이해하고 지식을 축적하는 철학적 관점이며 그 과정은 주관적이고 인간의 인식과 밀접하게 연관됩니다. 반면 강화학습은 기계가 데이터를 바탕으로 환경과 상호작용하며 보상과 벌을 통해 최적의 행동을 찾아가는 알고리즘적 과정입니다. 인간의 경험은 감각과 직관에 기반하지만, 강화학습의 경험은 수많은 데이터와 피드백을 통해 점진적으로 학습하는 과정이라는 점에서 차이가 있죠. 그럼에도 불구하고 두 개념 모두 '경험'이 단순한 과거 기록이 아니라 더 나은 선택을 하기 위한 중요한 학습 자원이라는 공통된 철학을 갖고 있습니다. 경험주의는 철학적으로 인간이 지식을 어떻게 쌓아가는지를 설명하고, 강화학습은 이 원리를 인공지능 분야에서 실질적으로 구현한 예라 할 수 있습니다. 두 가지 개념을 이용해 경험이 우리의 삶과 기술 모두에서 얼마나 중요한 역할을 하는지, 그리고 더 나은 결정을 위해 어떤 경험이 필요한지를 깊이 생각해볼 수 있습니다.

사이버네틱스에서 강화학습까지, 경험론이 기계학습에 남긴 유산

이 장을 맺기 전에 기계학습과 경험론의 통찰력을 제일 먼저 발견했다고 여겨지는 노버트 위너의 사유를 살펴보겠습니다. 그는 1948년에 출간된 《사이버네틱스》(읻다, 2023)에서 이렇게 적고 있죠.

기계도 인간의 가장 뛰어나 성질, 즉 학습능력이 있는 것일까? 기계가 학습 능력을 실제로 가질 수 있음을 알기 위해서 밀접한 관련이 있는 두 개념, 즉 관념의 연합과 조건반사에 대해서 생각해보자. 로크에서 흄에 이르는 영국 경험론자는 인간 마음의 내용이 로크에 의하면 관념으로, 또 훗날의 저자들에 의하면 관념과 인상으로 이루어졌다고 생각했다. 마치 깨끗한 칠판이 그 위에 쓰인 기호에 아무런 영향도 주지 않은 것과 마찬가지로 마음은 관념이나 인상에 아무런 영향도 주지 않는 것으로 보았다. 이들 관념은 힘이라고 부를 만한 것은 아닐지라도 일종의 내적 활동에 의해서 유사성의 원리, 인접성의 원리, 원인과 결과의 원리를 따라 서로 결합되고, 다발이 되는 것으로 생각했다. 원리 중에서 가장 중요한 것은 아마도 인접성의 원리일 것이다. 시간적 또는 공간적으로 잠시 함께 일어나는 관념이나 인상은 서로 환기하는 능력을 얻게 되고, 그들 중 어느 하나가 존재하면 전체의 다발이 생기는 것이라 생각했던 것이다.

경험론적 사고가 기계의 학습 가능성과 긴밀하게 연결될 수 있음을 예언하고 있습니다. 인간이 감각적 경험을 통해 점진적으로 학습하는 것처럼, 기계 또한 데이터를 입력받고 패턴을 인식하며 새로운 지식을 축적할 수 있다는 거죠. 특히 관념의 연합과 조건반사 개념을 기계학습의 원리로 확장하면서, 기계가 입력-출력의 자동반응을 넘어 환경과의 상호작용 속에서 점진적으로 적응하는 존재가 될 수 있음을 강조합니다. 이런 통찰력은 현대의 강화학습이 보상과 벌을 통한 피드백을 바탕으로 최적의 정책을 학습하는 방식과 유사한 면이 있습니다. 이 책의 부제가 "동물과 기계의 제어와 커뮤니케이션"임을 감안하면 위너는 기계가 경험을 축적하고, 연관성을 인식하며, 새로운 행동을 결정하는 과정이 인간의 학습 과정과 본질적으로 다르지 않다고 보았던 거죠. 사이버네틱스적 접근을 통해 기계 또한 일정한 방식으로 '경험'을 형성할 수 있으며, 이를 바탕으로 환경에 적응하고 변화할 수 있음을 설득력 있게 제시합니다. 이러한 통찰은 이후 기계학습과 인공지능 연구가 경험론적 철학과 연결될 수 있는 이론적 기반을 마련하는 데 중요한 역할을 한 것으로 평가받고 있습니다.

4장

범죄 예측 알고리즘과 정의론

정의로운 알고리즘은 가능한가?
미래를 예측하는 데이터, 과거를 반복하는 사회

어느 날 경찰청 상황실 대형 화면에 긴급 경고 메시지가 뜹니다. "이 지역에서 곧 범죄가 발생할 확률 90%." 범죄 예측 시스템이 발동된 것입니다. 경찰은 즉시 해당 지역으로 출동하고, 주민들은 더욱 엄격한 감시 아래 놓이게 됩니다. 이 경고는 무엇을 근거로 나온 것일까요? 영화 〈마이너리티 리포트〉에서처럼, 이 예측은 완전한 진실일까요, 아니면 과거의 편향된 데이터와 결합된 기술이 만들어낸 왜곡된 미래일까요? 범죄를 예방하기 위해 개발된 기술이지만, 그 기술 자체가 불공정함과 편견을 강화하고 있는 것은 아닐까요?

실제로 2020년 미국 캘리포니아주 산타크루즈 시의회는 범죄 예측 인공지능 시스템의 사용을 중단시킨 바 있습니다. 약 10년간 운영돼온 이 치안 예측 시스템은 지역 내 인종차별과 사회적 양극화를 부추긴다는 논란 끝에 폐기 처분되었습니다. 실제로 한 지역에서 자전거 도난 사건이 발생한 이후 범죄 예측 알고리즘은 가해자의 부모를 끊임없이 감시 대상으로 지정하며 경찰 출석을 반복적으로 요청했습니다. 이로 인해 그 가족은 모임이나 직장에서조차 경찰의 감시를 받는 등 과도한 단속의 피해를 겪어야 했습니다. 알고리즘은 데이터를 기반으로 했을 뿐이지만, 그 결과는 특정 주민들을 잠재적 범죄자로 낙인찍는 편향된 시스템으로 작동했던 것이죠.

> 알고리즘은 패배자로 낙인찍힌 사람들이 언제까지나 계속 패배자로 남도록 만든다. 반면 운이 좋은 소수는 빅데이터 경제에 대한 통제력을 갈수록 확장하고 막대한 부를 축적하면서 자신은 모든 특혜를 누릴 자격이 있다고 확신한다.

캐시 오닐은 《대량살상 수학무기》(흐름출판, 2017)에서 이러한 위험을 예리하게 지적합니다. '대량살상 수학무기'Weapons of Math Destruction 는 알고리즘과 데이터 기반 의사결정 모델이 가진 불투명성과 책임성의 결여가 결합되어 사회적 불공정을 대규모로 확대할 위험성을 경고하는 개념입니다. 그것이 어떻게 사회적 문제를 악화시키고 특정 집단에 대해 체계적 불이익을 초래할 수 있는지를 풍부한 사례를 들어 설명하고 있죠. 이런 알고리즘은 교육, 고용, 법 집행, 금융 등 여러 사회적 영역에서 광범위하게 사용되고 있습니다. 특히 범죄 예측 알고리즘은 이 개념의 전형적 사례할 수 있죠. 이 알고리즘은 과거의 범죄 데이터를 사용해 특정 지역, 인종, 혹은 계층의 범죄 가능성을 예측하는데, 이 과정에서 편향된 데이터가 편향된 결과로 이어질 수 있습니다. 역사적으로 소수 인종이나 경제적으로 취약한 지역에서 더 많은 경찰의 감시가 이루어진 경우, 알고리즘은 그 데이터를 바탕으로 해당 지역이나 집단의 범죄율이 더 높다고 예측할 가능성이 크죠. 이로 인해 해당 지역에 대한 과도한 경찰 감시가 계속되며, 그로 인해 새로운 범죄 기록이 축적되고, 그 데이터는 다시 알고리즘의 편향을 강화합니다. 그렇다면 편향된 데이터를 기반으로 알고리즘이 예측한 결과가 과연 공정할까요? 그것이 과연 정의로운 결과를 만들어낼 수 있을까요?

오닐은 수학은 진실을 말하지만, 그 진실은 늘 정의롭지 않을 수 있다고 경고하며, 범죄 예측 알고리즘crime prediction algorithm 같은 모델들이 어떻게 거대하면서 불투명한 힘으로 작용해 사회적 불평등을 강화하는지를 폭로합니다. 이 알고리즘들은 과연 문제를 해결하고 있는 걸까요? 아니면 더 깊은 사회적 편견을 재생산하며, 우리가 정의justice라고 믿는 것을 왜곡시키고 있는 건 아닐까요? 정의를 구현하려 했던 알고리즘이 정의를 무너뜨리는 도구가 되는 이 아이러니한 상황에서 우리는 알고리즘이 과연 우리 사회를 더 안전하게 만들고 있는지, 아니면 그저 눈에 보이지 않는 불의의 수레바퀴를 계속 돌리고 있는지 질문해야 할 시점에 와 있습니다.

알고리즘이 정의를 보장하는가?
인공지능과 도덕적 상상력의 역할

존 롤스는《정의론》(이학사, 2003)에서 공정한 사회란 모든 사람이 차별

없이 동등한 기회를 가져야 한다고 주장합니다. 특히 롤스의 차등의 원칙 difference principle은 사회적 불평등이 허용될 수 있지만, 그 불평등이 가장 취약한 계층에게도 이익이 된다는 전제하에서 허용됩니다. 범죄 예측 알고리즘이 정의로운 사회에 기여하려면, 이 알고리즘이 가장 불리한 위치에 있는 사람들에게도 이익이 되어야 합니다. 하지만 현실에서는 이러한 알고리즘이 오히려 사회적 약자나 소수자에게 더 많은 감시와 처벌을 가하는 방식으로 작동할 가능성이 높습니다. 알고리즘이 과거 데이터를 바탕으로 특정 지역에서의 범죄 가능성을 예측하면, 그 지역 사람들은 과도한 경찰 감시를 받게 되고, 이는 그들이 공정한 대우를 받을 권리를 훼손할 수 있죠. 롤스의 '정의론'에서 말하는 공정한 대우 원칙을 위반하는 것입니다. 범죄 예측 알고리즘이 롤스의 '정의론'에 부합하는지, 특히 취약한 계층에게 부당한 피해를 주지 않는지에 대한 질문을 던져야 합니다.

> 시간제노동자, 실업자, 낮은 신용평가점수를 평생 업보처럼 짊어지고 살아가야 하는 사람들을 포함해 피해자의 절대다수는 빈곤층이다. 이들은 힘이 없다. 돈으로 영향력을 사는 오늘날 사회에서 대량살상 수학무기의 피해자들은 입이 있어도 말을 하지 못하는 벙어리나 다름없다.

대량살상 수학무기의 가장 치명적인 문제점은 그 결과가 불투명하고 책임을 묻기 어려운 점입니다. 범죄 예측 알고리즘이 편향된 결과를 도출했을 때, 그에 따른 책임은 누구에게 있는지 명확하지 않을 수 있습니다. 만약 특정 지역 범죄 가능성을 높게 예측한 알고리즘의 판단이 잘못되었다고 드러난다면, 그 피해에 대한 책임은 알고리즘 개발자에게 있는가, 데이터를 제공한 경찰에게 있는가, 아니면 그 예측을 사용한 법 집행 기관에 있는가의 문제가 발생합니다.

롤스는 사회 구조가 책임성responsibility을 담보할 수 있어야만 공정하다고 보았습니다. 그러나 범죄 예측 알고리즘의 결과에 대해 책임을 물을 수 없는 구조는 공정성의 원칙을 위반할 수 있습니다. 알고리즘이 투명하게 작동하고, 그 결과에 대해 명확히 책임을 물을 수 있는 메커니즘이 마련될 때 이 알고리즘은 정의로운 도구로 작동할 수 있습니다. 알고리즘이 투명성과 책임성을 보장하지 않는다면, 정의로운 사회는 결과에 대한 명확한 책임을 요구한다는 롤스의 정의론에 따라 우리는 그 결과를 정의롭다고 믿을 수 없습니다.

'responsibility'는 '응답하다, 답하다'라는 의미의 라틴어 *respondere*에서 유래했죠. 이 단어의 뿌리는 're-'다시와 'spondere'약속하다, 보증하다로 나뉘며, 그 의미는 다시 한번 보증하거나 응답하는 것을 암시합니다. 즉 책임성이란 어떤 행위나 상황에 대해 응답하고 그 결과에 대해 답할 수 있는 상태, 즉 응답하는 능력을 말합니다. 책임성은 개인이 자신의 행동이나 결정에 대해 도덕적·윤리적 의무를 지닌다는 의미로 해석됩니다. 책임성의 철학적 논의는 주로 윤리학과 관련이 깊고, 특히 자유의지와 연관된 논쟁이 핵심입니다. 만약 인간이 자유의지를 가지고 자신의 행동을 선택할 수 있다면, 그 선택의 결과에 대한 책임을 져야 한다는 것이 기본적인 주장입니다.

칸트는 책임성을 자율적 이성에 기반한 도덕적 의무로 해석했습니다. 인간은 이성을 통해 스스로 도덕법을 세우고, 그에 따라 행동할 능력을 지닌 존재이기 때문에 책임성을 가집니다. 칸트의 책임 개념은 도덕적 행위자가 자신의 행동에 대해 스스로 설명하고 그 결과에 책임을 질 수 있어야 한다는 자율성 개념과 맞닿아 있습니다. 사르트르는 실존주의적 관점에서 책임성을 좀 더 극단적으로 해석했는데요. 인간은 자신의 본질을 스스로 만들어가는 존재로서 절대적 자유를 가지고 있기 때문에 그 모든 선택에 대해 무한한 책임을 진다고 보았죠. 그의 '자유의 저주'라는 표현은 인간이 어떤 상황에서도 선택을 피할 수 없으며, 따라서 자신의 존재와 모든 결정에 대해 완전한 책임을 져야 한다는 관점에서 나온 것입니다. 그러나 책임성은 개인적 차원뿐만 아니라 사회적·제도적 맥락에서도 중요한 역할을 합니다. 한 개인이나 단체가 사회적 규범이나 법적 규율에 따라 응답할 수 있는 상태, 즉 자신의 행위가 공동체에 미치는 영향에 대해 답변하고 그 결과에 책임을 지는 것 역시 책임성의 중요한 측면입니다.

범죄 예측 알고리즘이 정의로운 사회에 기여하기 위해서는 윤리적 설계가 필수적입니다. 알고리즘이 어떤 데이터에 기반해 결정을 내리고 있는지를 명확히 설명할 수 있어야 하며, 특히 편향된 데이터를 배제하는 것이 중요합니다. 이를 위해 설명 가능한 인공지능XAI: explainable AI 기술이 도입되어야 하며, 알고리즘 감사algorithm auditing를 통해 지속적으로 알고리즘이 공정하게 작동하고 있는지 평가해야 합니다. 또 알고리즘의 결과가 사회적 불평등을 재생산하지 않도록 편향성을 줄이는 노력이 필요합니다.

데이터 처리 과정은 과거를 코드화할 뿐, 미래를 창조하지 않는다. 미래를 창조하려면 도덕적 상상력이 필요하다. 그런 능력은 오직 인간만이 가지고 있다.

오닐의 경고대로, 데이터와 알고리즘이 아무리 정교해져도 그것이 지향하는 세계는 과거의 연장선일 뿐입니다. 미래를 새롭게 만들어가기 위해서는 단순한 데이터 처리 이상의 것이 필요합니다. 바로 인간의 도덕적 상상력과 가치 판단이 필요한 이유입니다. 기술이 제공할 수 없는, 오직 인간만이 발휘할 수 있는 능력으로 우리가 진정 원하는 미래를 설계하는 데 반드시 요구되는 요소입니다.

5장

베이즈 알고리즘과 과학적 추론

불확실성 속에서 신념을 업데이트하기, 베이즈 정리와 과학적 추론

1800년대 중반, 과학자들은 기체가 왜 열에 따라 팽창하고 압력이 변하는지 알지 못했습니다. 당시에는 플로지스톤 이론phlogiston theory, 즉 '열소'라는 개념이 널리 받아들여졌습니다. 모든 물질은 열이라는 신비로운 '열소'를 포함하고 있으며, 이 열소가 기체의 팽창을 설명한다고 믿었죠. 그러나 제임스 클러크 맥스웰과 루트비히 볼츠만이 제안한 분자운동이론kinetic theory of gases은 완전히 새로운 패러다임을 제시했습니다. 기체의 성질이 분자들의 운동에 의해 설명된다고 주장한 것이죠. 결국 플로지스톤 이론은 역사의 뒤안길로 사라졌습니다.

옛날 문제들은 더러 다른 과학 분야로 이관되거나 또는 완전히 '비과학적'인 것이라고 선언되기도 한다. 이전에는 존재하지 않았거나 또는 사소해 보였던 여러 문제들이 새로운 패러다임의 등장과 더불어 유의미한 과학적 성취의 원형 바로 그것이 될 수도 있다.⋯ 그리고 문제들이 바뀜에 따라서 단순한 형이상학적 추론, 용어 놀음, 또는 수학적 조작으로부터 참된 과학적 해답을 구별 짓는 기준도 바뀌게 되는 일이 흔하다. 과학혁명으로부터 출현하는 정상 과학적 전통은 앞서 간 것과는 양립되지 않을 뿐 아니라, 통약불가능한 것이다.

토마스 쿤이 《과학혁명의 구조》(까치, 2013)에서 말한 바와 같이, 새로운 패러다임의 등장은 단순한 이론의 교체가 아니라 세계를 이해하는 방식 자체를 근본적으로 변화시킵니다. 이전 이론들이 설명하지 못했던 현상들이 새로운 틀 안에서 재해석되죠. 과학적 진보는 이러한 패러다임 전환을 통해 이루어진다는 것이 쿤의 핵심 주장입니다. 그러나 이런 변화는 한순간에 이루어지지 않습니다. 초기에는 새로운 이론에 대한 반발과 회의가 따릅니다. 그러나 점진적으로 실험과 관찰이 축적되면서 기존 틀이 무너지고 새로운 이론이 점차 수용되면서 과학적 사고의 기준을 재정립하게 됩니다. 이 과정은 베이즈 추론bayesian inference이 설명하는 사고방식과 흡사합니다. 베이즈 알고리즘은 새로운 데이터가 주어질 때마다 기존 가설을 조정하면서 가장 신뢰할 만한 결론을 점진적으로 도출하는 방법입니다. 과학에서 기존 이론이 흔들리고 새로운 이론이 점차 신뢰를 얻게 되는 과정은, 데이터를 통해 가설의 확률을 업데이트하며 결론에 도달하는 베이즈 접근법과 밀접하게 연결됩니다. 과학적 추론scientific reasoning은 사실의 나열이 아닌 지속적인 검토와 수정 과정을 통해 진리에 점진적으로 다가가는 체계적 노력입니다. 다시 말해 과학적 추론은 관찰된 데이터로부터 합리적 결론을 도출하려는 인간의 지적 활동의 핵심인 거죠. 과학자들은 불완전하고 때로는 불확실한 데이터를 기반으로 미래를 예측하거나 가설을 검증합니다. 이 과정에서 확률적 사고와 통계적 방법론은 필수 도구로 자리 잡았습니다. 베이즈 추론은 이러한 과학적 추론의 기본 원리를 알고리즘화한 대표적인 방식입니다.

베이즈 추론과 과학적 추론은 모두 우리말로 '추론'으로 번역되지만, 영어에서는 각각 'inference'와 'reasoning'으로 구분됩니다. 베이즈 추론이 확률적 계산을 기반으로 가설의 신뢰도를 갱신하는 과정이라면, 과학적 추론은 보다 광범위한 논리적 사고 체계를 의미하기 때문이죠. 베이즈 추론에서 'inference'는 새로운 증거가 주어졌을 때 가설의 확률을 재조정하는 과정을 가리키며, 수학적으로 엄격하게 정의된 방법론을 따릅니다. 반면 과학적 추론에서 'reasoning'은 가설 설정, 실험, 관찰, 이론 검증과 같은 전반적인 과학적 사고 과정을 포괄하는 개념입니다. 즉 'inference'는 특정한 결론을 도출하는 과정에 초점을 맞추는 반면, 'reasoning'은 논리적 사고의 전체적 구조를 포함하는 개념입니다. 과학적 추론reasoning은 귀납법과 연역법을 포함하며 실험과 검증을 통해 이론을 구축하는 과정이지만, 베이즈 추론inference은 확률론적 접근 방식을 통해 특정 가설이 맞을 가능성을 지속적으로 조정하는 기법입니다. 이러한 차이로 인해 '추론'이라는 동일한 용어로 번역되지만 그 의미하는 바는 다릅니다.

베이즈 정리의 개념부터 살펴보면서 본격적으로 논의를 시작해보겠습니다. 베이즈 정리는 조건부 확률을 계산하는 수학 공식으로, 새로운 데이터를 통해 기존 가설의 확률을 업데이트하는 베이즈 추론과 알고리즘의 이론적 기반이 됩니다. 베이즈 추론은 사전 확률과 관찰된 데이터를 결합해 사후 확률을 계산하고, 이를 통해 의사결정과 예측을 수행하는 과정입니다. 이것을 실제 문제 해결에 응용한 것이 바로 베이즈 알고리즘bayesian algorithm으로 나이브 베이즈 분류기, 베이즈 네트워크, 베이즈 최적화 등 다양한 형태로 구현됩니다. 이메일 스팸 필터링에서 베이즈 알고리즘은 특정 단어가 포함된 이메일이 스팸일 확률을 계산하며, 점차 새로운 데이터를 바탕으로 분류 정확도를 높이는 데 활용됩니다.

베이즈 추론의 핵심 개념은 사전 확률prior probability과 사후 확률posterior probability입니다. 베이즈 추론은 초기 가설에 대한 사전 확률을 설정한 뒤, 새로운 증거를 바탕으로 그 확률을 갱신해 가설의 신뢰도를 재평가합니다. 이 과정은 과학에서 이론이 처음 가설로 제시되고, 실험적 증거를 통해 신뢰도가 점진적으로 수정되는 방식과 매우 흡사하죠. 우선 과학적 추론 과정을 베이즈 정리로 각색해서 살펴보겠습니다.

$$P(H|E) = \frac{P(E|H) \cdot P(H)}{P(E)}$$

베이즈 추론은 새로운 증거가 주어졌을 때 가설에 대한 신뢰를 업데이트하는 방법입니다. 기본적으로 이 정리는 기존 믿음에 새로운 정보를 더해 가설이 맞을 가능성을 다시 계산하는 것입니다. 각각의 요소를 쉽게 설명해보겠습니다. H는 가설로, 우리가 맞다고 가정하거나 증명하고자 하는 주장입니다. '이 약이 효과가 있다'는 가설일 수 있습니다. E는 증거로, 우

리가 실제 관찰한 데이터나 결과입니다. 이 약을 먹은 사람이 건강해진 것을 관찰한 결과가 증거가 되겠죠. $P(H)$는 선행 확률을 말하며, 새로운 증거를 보기 전 가설이 맞을 가능성을 의미합니다. 즉, 과거 경험이나 연구에 기반해 우리가 이 가설을 얼마나 믿고 있는지를 말합니다. 만약 이미 여러 연구에서 이 약이 효과가 있다고 했다면, 초기 확률은 높을 수 있습니다. $P(E|H)$는 우도^{likelihood}라고 하며, 가설 H가 참이라고 가정했을 때, 우리가 실제로 관찰한 증거 E가 나타날 확률을 의미합니다. 쉽게 말해, 이 약이 효과가 있다고 가정했을 때 특정 환자가 건강을 회복할 가능성이 얼마나 높은가를 평가하는 거죠. 우도는 가설이 참일 경우 우리가 관찰하는 증거가 얼마나 자연스럽게 발생할지를 나타내는 척도이자 가설의 신뢰도를 평가하는 중요한 요소가 됩니다. 이 약이 효과가 있다면 대부분의 환자가 건강을 회복할 것으로 예상되므로, 우도 $P(E|H)$는 높은 값이 될 것입니다. 반면 약이 효과가 없는 가설(H)이 맞다면, 환자의 건강 회복이 단순한 우연일 가능성이 높아지고, 따라서 우도는 낮아지게 됩니다.

$P(E)$는 이 증거가 나올 전체적인 가능성입니다. 즉, 모든 가설을 고려했을 때 이 증거가 얼마나 흔한지를 나타냅니다. 약이 효과가 있든 없든, 사람들이 병이 나을 가능성이 얼마인가를 의미하죠. $P(H|E)$는 사후 확률을 의미하며, 증거를 고려한 후 가설이 맞을 확률입니다. 즉, 새로운 증거로 기존 믿음을 조정해 가설이 맞을 가능성을 업데이트한 결과입니다. 쉽게 말해 베이즈 정리는 기존 믿음에 새로운 관찰을 더해 가설이 맞을 확률을 다시 계산하는 과정이라고 할 수 있습니다.

베이즈 추론을 일상에서 흔히 볼 수 있는 사례로 설명해보겠습니다. 아침에 친구가 우산을 들고 나가는 모습을 보고 오늘 비가 올 가능성을 예측하려 한다고 가정해보죠. 먼저 우리는 기존의 믿음, 즉 선행 확률을 가지고 있습니다. 예를 들어, 일기예보에 따르면 이 지역에서 평균적으로 비가 올 확률은 약 10%라고 해보죠. 이 확률은 새로운 정보를 얻기 전 우리가 가지고 있던 초기 신념입니다. 여기에 새로운 증거가 추가됩니다. 바로 친구가 우산을 들고 나가는 장면입니다. 우리는 비가 오는 날 친구가 우산을 들고 다니는 경우가 많고, 비가 오지 않는 날에는 우산을 잘 들지 않는다는 사실을 알고 있습니다. 구체적으로, 비가 오는 날 친구가 우산을 들 확률, 즉 우도는 80%이며 비가 오지 않는 날에도 우산을 들고 다닐 확률은 20%라고 가정해보겠습니다. 이제 베이즈 추론을 적용해 이 새로운 증거가 기존 신념에 어떤 영향을 미치는지 계산할 수 있습니다. 즉, 친구가 우산을 들고 나간 것을 본 후 비가 올 가능성을 갱신하는 것입니다. 계산 결과, 친구가 우산을 들고 나가는 장면은 비가 올 가능성을 약 10%에서 30.8%로 높입니다. 즉, 친구의 행동이 비 올 확률을 높이는 새로운 정보로 작용해 우리의 신념이 업데이트된 것입니다. 그래서 우산을 꺼내서 들고 나갈지 말지를 확률적으로 계산할 수 있겠죠. 베이즈 정리는 이처럼 기존 믿음에 새로운 증거를 결합해 가설의 신뢰도를 갱신하는 과정을 수학적으로 표현합니다.

과학은 어떻게 진보하는가?
반증주의와 베이즈 추론의 대화

베이즈 추론과 과학적 추론은 새로운 증거가 주어졌을 때 기존 가설을 갱신하는 과정에서 유사한 특징을 보입니다. 베이즈 추론에서는 초기의 신념, 즉 선험적 확률을 설정하고, 새로운 증거가 주어졌을 때 이를 통해 사후 확률을 계산하여 가설의 신뢰도를 갱신합니다. 이 과정에서 초기 확률은 기존 지식이나 가설로부터 출발하며, 새로운 증거가 들어올 때마다 기존 가설의 확률을 점차 수정하고 강화합니다.

과학적 추론에서도 연구자들은 기존 이론이나 가설을 바탕으로 새로운 증거를 수집하고, 그에 따라 가설을 검증하거나 수정해 나갑니다. 이런 과정은 반복되며, 새로운 실험 결과가 나올 때마다 과학자들은 가설에 대한 신뢰도를 재평가해 점진적으로 이론을 확립해 가죠. 가설이 점진적으로 안정된 상태로 수렴되는 과정은 베이즈 추론의 반복적 갱신 과정과 유사합니다. 또 베이즈 추론과 과학적 추론은 둘 다 불확실성을 내포합니다. 베이즈 추론에서는 확률을 통해 가설에 대한 불확실성을 정량화하며, 사후 확률이 높아질수록 그 가설이 타당할 가능성이 커집니다. 과학적 추론 역시 실험과 관찰에서 불확실성을 인정하고 가설이 절대적 진리로 간주되지 않음을 전제합니다. 따라서 과학적 이론은 새로운 증거가 나올 때 수정될 가능성을 항상 염두에 두죠.

과학철학자 칼 포퍼는 과학적 이론이 반드시 반증가능성 falsifiability 을 가져야 하며, 실험적 반증을 통해 이론이 수정되고 발전해야 한다고 주장했습니다.

> 과학은 연속적으로 발전한다. 과학적인 지식의 성장에 관하여 말할 때, 내가 염두에 두고 있는 것은 관찰 결과의 축적이 아니라 과학 이론들을 끊임없이 파기하는 한편 더 낫거나 만족스러운 이론으로 대체하려는 노력이다. 그런데 이것은 새로운 실험과 관찰에서 과학적

> 지식의 성장이 지닌 가장 중요한 측면을 보는 사람들까지도 주목할 만한 가치가 있다고 여겨지는 절차이다.… 왜냐하면, 이론에 대한 비판적 검토를 통해 우리는 이론을 시험하고 폐기하려는 시도를 하게 되며, 이런 시도들은 더 나아가 이론과 그 이론에 대한 비판이 가져다주는 자극이나 인도가 없었다면 어느 누구도 생각조차 할 수 없는 실험과 관찰로 우리를 인도하기 때문이다.

포퍼의 《추측과 반복》(민음사, 2001)에 따르면, 결국 과학의 발전은 기존 지식의 축적이 아닌 끊임없이 이론을 시험하고 수정하며 대체해 나가는 과정에서 이루어집니다. 새로운 실험과 관찰은 기존 이론의 한계를 드러내고, 그 이론에 대한 비판적 검토는 과학자들로 하여금 더 정교한 가설을 세우도록 자극하죠. 이는 단지 기존 이론의 보완이 아니라 때로는 완전히 새로운 접근을 필요로 하기도 하며, 이 과정에서 이전에 상상하지 못했던 연구의 지평이 열리게 됩니다. 비판과 폐기의 과정은 과학적 사고를 고정된 틀에 가두지 않고 끊임없이 확장하게 만드는 원동력입니다. 이론이 폐기될 때 비로소 새로운 이론이 그 자리를 채우며, 과학은 이를 통해 연속적으로 변화하고 성장해 갑니다. 과학적 지식의 성장은 고정된 진리를 쌓아올리는 것이 아니라 보다 넓고 깊은 진리에 다가가기 위한 '끝없는 탐구' 그 자체인 것입니다. 과학이 지닌 진정한 힘은 바로 이 비판적 검토와 변화를 통해 미래를 향해 열린 지식을 추구하는 데 있습니다.

반면 베이즈 추론은 이론이 새로운 증거에 맞춰 점진적으로 수정될 수 있음을 강조합니다. 즉, 가설이 완전히 반증되지 않는 한, 새로운 증거를 통해 이론의 확률이 점진적으로 업데이트되어 개선된다는 관점이죠. 물론

포퍼의 반증주의와 베이즈 추론은 상반된 개념이 아니라 상호보완적일 수 있습니다. 포퍼는 이론이 명확하게 반증되면 폐기해야 한다고 주장하지만, 베이즈 추론은 부분적으로 이론이 맞지 않는 경우도 폐기하지 않고 점진적으로 수정될 수 있음을 설명하죠. 과학적 진보가 항상 급격한 변화가 아닌 점진적 수정 과정일 수 있다는 점에서 베이즈 추론은 과학적 진보를 설명하는 유용한 도구가 될 수 있습니다.

토마스 쿤은 과학이 정상 과학normal science에서 패러다임 전환paradigm shift을 통해 발전한다고 주장했습니다.

> 패러다임은 방법들의 원천이요, 문제 영역이며, 어느 주어진 시대의 어느 성숙한 과학자 사회에 의해 수용된 문제풀이의 표본이다.… 실험은 새로운 이론의 발견이 아니라 패러다임을 습득하기 위한 과정인 것이다. 따라서 새로운 패러다임의 승인은 필연적으로 상응하는 과학을 다시 정의하게 하는 경우가 많다.

쿤의 이론에 따르면, 과학은 기존 이론을 따르는 정상 과학 상태에서 기존 패러다임이 새로운 증거에 의해 붕괴되면 혁명적 변화를 거쳐 새로운 패러다임이 등장합니다. 베이즈 추론은 급진적 패러다임 전환과 달리 새로운 증거가 나타날 때마다 기존 이론이 점진적으로 수정되는 과정을 중시합니다. 그럼에도 불구하고 베이즈 추론은 패러다임 전환 이전의 과정을 설명하는 데 매우 유용할 수 있습니다. 쿤이 주장한 패러다임의 변화도 베이즈 추론을 통해 설명될 수 있습니다. 기존 패러다임의 신뢰도가 새로운 증거로 인해 낮아지면서 새로운 패러다임이 사후 확률에서 더 높은 값을 얻어 교체될 수 있죠. 이를 통해 베이즈 추론은 패러다임 전환이 일어나기까지의 점진적인 증거 축적 과정을 설명하는 데 적합한 틀이 될 수 있습니다.

실재론 vs. 반실재론, 과학적 이론은 현실을 반영하는가?

과학철학의 주요 논쟁 중 하나는 실재론과 반실재론입니다. 실재론자들은 과학 이론이 시간이 지남에 따라 현실을 점점 더 정확하게 반영할 수 있다고 주장합니다. 베이즈 추론은 새로운 증거가 나타날 때마다 이론이 업데이트되고, 이론이 현실을 더 잘 설명하게 된다는 점에서 이러한 실재론적 관점을 잘 설명합니다. 이론이 점차 현실에 가까워지는 경향을 베이즈 추론이 설명해줄 수 있기 때문입니다. 앤드루 핀버그와 같은 기술철학자가 대표적인데요. 그는 《기술을 의심한다》(당대, 2018)에서 과학 이론과 기술적 시스템의 발전이 사회적 맥락에서 현실을 반영하며 진화한다고 강조하면서, 과학적 이론이 사회적·물리적 현실을 점차 더 잘 설명한다는 과학적 실재론을 지지합니다. 핀버그의 논의는 사회적 구조와 상호작용하면서 실재를 반영하는 방향으로 발전한다는 점에서 실재론적 관점을 심화시킵니다.

반면 브뤼노 라투르와 같은 반실재론자들은 과학적 이론이 절대적으로 현실을 반영한다고 보지 않습니다. 그는 '사물의 의회'parliament of things 개념을 통해 과학적 이론이 절대적 진리를 제공하기보다는 사회적·정치적 맥락에서 구성된다고 주장합니다.

> 라투르는 정치생태학, 정치적 인식론, 코스모폴리틱스에 덧붙여 사물정치 Dingpolitik라는 용어로 자신의 정치철학적 기획을 기술한다.… 라투르의 세계는 언제나 (테크노사이언스적 측정 도구에서 생물학적 유기체, 생태계, 기후, 오존층에 이르는) 물질적 객체들로 가득하고, 이러한 하이브리드 객체들은 당연히 자신들의 정치를 가질 이유가 있다. 이런 의미에서 사물의 의회는 정확히 사물정치의 문제다. 라투르는 기본적으로 인간과 사물, 자연-문화의 하이브리드들의 이중적 대표라는 문제를 우리 시대의 가장 커다란 정치적 도전으로 진단하기 때문이다. 사물의 의회와 사물의 정치는 다름 아닌 사물을 (곧 유사객체, 하이브리드, 물질적 객체를) 정치적 토론과 갈등, 타협의 중심에 놓는 것이다.

아네르스 블록과 토르벤 엘고르 옌센의 《처음 읽는 브뤼노 라투르》(사월의책, 2017)에서 라투르의 사물정치와 사물의 의회 개념은 인간만이 아니라 기후, 오존층 같은 물질적 객체들도 정치적 논의의 장에 포함되어야 한다는 그의 정치철학적 관점을 보여줍니다. 여기서 라투르는 인간과 비인간, 예컨대 생태계나 기술적 도구들이 상호 연결된 하이브리드 객체로서 함께 토론하고 의사결정에 참여해야 한다고 주장합니다. '사물의 의회'란 바로 이러한 하이브리드 객체들을 정치적 토론과 갈등의 중심에 배치해 인간과 비인간이 함께 정치적 결정을 내릴 수 있도록 장을 마련하는 것입니다. 라투르는 인간과 사물, 자연과 문화가 독립적으로 존재하는 것이 아니라 서로 얽히고 상호작용한다고 보고, 이를 반영하는 정치적 논의가 필요하다고 주장합니다. 인간 중심의 정치에서 벗어나 기후 변화와 같은 현대 사회의 복잡한 문제를 해결하기 위해, 인간과 비인간이 함께 참여하는 새로운 정치적 공간을 만들어야 한다고 말이죠.

STS,[24] 즉 과학기술학은 과학과 기술이 사회와 맺는 관계를 연구하는 학문입니다. 토마스 쿤이 과학혁명의 구조에서 과학사의 패러다임 변화를 강조하며 과학철학의 새로운 방향을 제시했다면, 브뤼노 라투르는 STS를 독자적인 연구 분야로 확립하는 데 결정적 역할을 했죠. 라투르의 연구는 과학과 기술이 사회 속에서 어떻게 구성되고 작동하는지를 분석하는 데 초점을 맞추며, 현대 사회가 직면한 복잡한 문제를 해결하는 데 STS가 필수적인 학문이라는 평가를 받게 만들었습니다. 특히 그는 과학기술이 사회적·정치적 맥락 속에서 구성된다는 점을 강조하며, 과학기술이 사회적 행위자들과 결합하여 새로운 실재를 만들어낸다고 보았습니다. 이런 시각은 패러다임 전환과 점진적 변화의 조합을 통해 과학이 발전한다는 베이즈 추론적 접근과도 연관될 수 있습니다. 즉 과학은 독립적으로 존재하는 것

---

[24] STS(Science and Technology Studies)는 과학과 기술이 사회와 맺는 관계를 연구하는 학문 분야로, 과학이 객관적 진리를 탐구함은 물론 사회적·정치적·문화적 요인에 의해 구성된다는 점을 강조한다. 이 학문은 20세기 중반부터 본격적으로 발전했으며, 토마스 쿤이 과학혁명의 구조에서 패러다임 전환 개념을 제시하며 과학사와 과학철학의 연구 방향을 변화시킨 것이 중요한 출발점이 되었다. 이후 브뤼노 라투르, 스티븐 샤핀(Steven Shapin), 해리 콜린스(Harry Collins) 등의 연구자들이 과학적 지식이 실험실, 정책, 산업 등과 어떻게 연결되는지를 분석하며 STS를 독립된 학문으로 확립하는 데 기여했다. 특히 라투르의 행위자-연결망 이론은 과학과 기술을 사회적 네트워크 속에서 구성된 요소로 해석하며, 인간뿐만 아니라 기술, 기계, 문서, 제도 등의 비인간 행위자도 사회적 과정에서 중요한 역할을 한다는 점을 강조했다.

이 아니라 사회적 상호작용과 피드백을 거쳐 점진적으로 조정되고 형성된다는 점에서, 베이즈 추론이 설명하는 확률적 갱신 과정과 유사한 면이 있죠. 그러나 라투르의 이런 접근이 모두에게 환영받은 것은 아닙니다. 라투르는 실험실 연구를 분석하면서 과학적 사실조차도 '구성된 것'이라고 주장했으며, 과학을 객관적 진리로 보는 전통적 입장과 정면으로 충돌했습니다. 특히 노벨상을 받은 호르몬 TRF의 발견[25]을 연구하면서, 라투르는 이 호르몬이 자연 속에서 대수롭지 않게 '발견된' 것이 아니라 실험실의 사회적 맥락 속에서 '구성되었다'고 주장했습니다. 이에 대해 과학자들은 그를 '비실재론자'로 규정하며 과학적 발견을 왜곡한다고 비판했죠. 라투르의

---

25 브뤼노 라투르와 스티브 울가는 《실험실 생활》(한울아카데미, 2019)에서 미국 소크 연구소(Salk Institute)에서 수행된 생명과학 연구를 민족지학적 방법으로 분석했다. 그들은 특히 티로트로핀 방출 인자(Thyrotropin-Releasing Factor) 즉, TRF 호르몬의 발견 과정을 연구하면서, 과학적 사실이 단순한 자연적 발견이 아니라 실험실 내에서의 사회적 과정과 언어적 구성의 결과임을 강조했다. TRF는 갑상선자극호르몬(TSH)의 분비를 조절하는 신경호르몬으로, 미국의 생리학자 로저 길레민(Roger Guillemin)과 앤드류 샐리(Andrew Schally) 연구팀에 의해 1969년에 발견되었다. 두 연구자는 각각 독립적으로 뇌하수체 호르몬의 방출 기전을 연구하면서 TRF를 분리·확인했으며, 이 발견으로 1977년 노벨 생리학·의학상을 공동 수상했다. 라투르와 울가는 이 연구 과정을 분석하며, TRF가 자연 속에 존재하는 실체로서 '발견된' 것이 아니라, 실험실 내에서 연구자들이 실험 데이터를 해석하고 논문을 작성하는 과정에서 점진적으로 '구성된' 것이라고 주장했다. 그들은 실험실에서 연구자들이 사용하는 언어, 도구, 기술적 조작, 논문 출판 과정 등이 특정한 연구 결과를 '사실'로 정착시키는 데 중요한 역할을 한다고 보았다. 즉, 과학적 사실은 연구자의 실험적 조작과 데이터 해석, 동료 과학자들과의 합의 과정 등을 거쳐 사회적으로 구성된다는 것이다. 이러한 라투르의 입장은 과학적 발견이 특정한 사회적·문화적 맥락 속에서 형성된다는 사회구성주의(constructivism)의 핵심 개념과 연결된다. 그러나 이러한 주장 때문에 라투르는 '비실재론자(anti-realist)'라는 비판을 받기도 했다. 과학자들은 라투르가 과학적 사실 자체를 부정하고 있다고 오해하는 경우가 많았지만, 과학적 지식이 구성되는 과정에서 사회적 요소가 중요한 역할을 한다는 점을 강조하는 것이었다.

행위자-연결망 이론은 인간과 비인간 행위자를 대칭적으로 분석해야 한다는 점에서 더욱 논란을 불러일으키기도 했습니다. 기술과 같은 비인간 행위자도 인간 행위자와 마찬가지로 네트워크 속에서 의미를 생산하고 사건을 형성하는 능동적 요소로 보아야 한다고 주장했지만, 전통적인 과학철학자들과 사회구성주의자들은 이를 지나치게 급진적인 견해라고 평가했습니다. 비인간 행위자가 인간과 동일한 수준의 행위성을 가질 수 없으며, 이는 분석자가 개입하여 해석한 결과일 뿐이라고 말이죠.

비인간 행위자 개념은 기술철학에서 중요한 논점 중 하나로, 기술을 사회적 과정 속에서 능동적인 역할을 수행하는 요소로 보는 시각과 맞닿아 있습니다. 기술은 인간의 의도를 적극적으로 인간의 행위와 결합하여 새로운 가능성을 창출하거나 기존 질서를 변화시키는 능동적 요소로 작용할 수 있습니다. 베이즈 추론이 새로운 증거에 따라 가설을 지속적으로 갱신하며 지식을 형성하는 방식처럼, 기술도 환경과 상호작용하면서 사회적 맥락 속에서 그 의미와 역할이 변화합니다. 따라서 기술의 행위성을 인간과 동일한 차원에서 논의할 수는 없더라도, 그것이 인간 행위와 분리될 수 없는 상호작용적 요소임을 고려해야 한다는 점에서 라투르의 논의는 STS뿐만 아니라 현대 기술철학에도 중요한 시사점을 제공한다고 할 수 있습니다.

베이즈 추론과 과학적 추론을 기반으로 하는 과학철학은 과학 탐구의 본질을 설명하는 중요한 이론적 기반이며, 과학적 진보가 어떻게 이루어지는지 이해하는 데 많은 도움이 됩니다. 베이즈 추론은 기존 가설을 새로운 증거를 통해 점진적으로 수정하는 과정을 보여주며, 과학적 이론이 고정된 진리가 아닌 지속적으로 변화하고 발전하는 체계임을 말해주죠. 다만 초기 확률 설정이나 데이터 편향이 결과에 영향을 미칠 수 있다는 점에서, 이 과정에는 비판적 검토와 데이터 검증이 반드시 수반되어야 합니다.

6장

객체지향 프로그래밍과 객체지향 철학

객체지향 패러다임, 소프트웨어 개발에서 철학적 사고까지

　객체지향 프로그래밍object-oriented programming과 객체지향 철학object-oriented philosophy, 이 두 개념 모두 객체라는 핵심 개념을 중심으로 세상을 이해하려고 합니다. 프로그래밍은 소프트웨어 개발에서 쓰이는 기술적 방법론이고, 철학은 우리가 세상을 어떻게 이해하는지를 묻는 분야죠. 하지만 둘 다 사물이나 객체를 어떻게 바라보고, 이 객체들이 독립적이면서도 상호작용하는지를 탐구한다는 점에서 흥미로운 공통점을 가졌습니다. 마치 가상 공간을 창조하는 소프트웨어 개발자와 현실 세계를 사유하는 철학자가 같은 테이블에 앉아 대화하는 것 같달까요? 하나는 코드와 객체들을 엮어 가상의 세상을 만들어내고, 다른 하나는 현실 속에서 존재와 관계를 탐구하며 사유의 지도를 그립니다. 이 둘은 겉보기엔 전혀 다른 영역에서 활동하는 것 같지만, 사실은 서로 다른 언어로 같은 질문을 던지고 있습니다. 객체, 관계, 상호작용이라는 공통 주제를 중심으로 이들은 각자의 방법론을 통해 복잡한 세계를 이해하고 조작합니다.

객체지향 프로그래밍은 프로그램을 객체라는 독립 단위로 나누어 개발하는 방식입니다. 객체는 현실 세계의 사물이나 개념을 모델링한 것으로, 자신만의 데이터(속성)와 그 데이터를 처리하는 동작(메서드)을 포함합니다. 그렇다면 객체^{object}란 무엇일까요? 객체는 데이터와 이를 처리하는 동작이 결합된 하나의 단위라고 볼 수 있습니다. 자동차를 객체로 생각해볼까요? 자동차는 다양한 속성^{attribute}, 즉 상태를 가지고 있습니다. 색상, 현재 속도, 엔진 상태 등이 이에 해당하죠. 동시에 자동차는 이러한 속성을 바탕으로 동작합니다. 시동 걸기, 가속하기, 브레이크 작동 같은 기능이 자동차의 메서드^{method}가 됩니다. 결국 객체는 자신만의 속성과 메서드를 통해 독립적으로 작동할 수 있는 단위입니다. 이런 객체들이 상호작용하며 프로그램이 이루어지는데, 객체지향 프로그래밍은 이를 통해 현실 세계를 반영한 직관적이고 확장 가능한 설계를 가능하게 합니다. 한마디로 객체지향 프로그래밍은 데이터와 동작을 하나로 묶어 현실 세계를 코드로 구현하는 체계적 접근법이라고 할 수 있습니다.

이 객체지향 프로그래밍에서 철학과 연결되는 중요한 개념 몇 가지를 살펴보겠습니다. 캡슐화^{encapsulation}는 객체의 속성과 메서드를 하나로 묶어, 외부에서 직접 접근하거나 변경할 수 없도록 보호하는 프로그래밍 개념입니다. 간단히 말해, 객체 내부의 데이터를 직접 수정하지 못하게 하고, 정해진 방법(메서드)을 통해서만 접근하도록 제한하는 것이죠. 자동차를 예로 들어보겠습니다. 자동차의 속도는 운전자에게 매우 중요한 정보지만, 속도를 텔레파시와 같은 방식으로 직접 변경할 수 있다면 위험한 상황이 발생할 수 있습니다. 지각할까 봐 조급해진 마음이 그대로 텔레파시로 전달될 테니까요. 그래서 속도는 가속 페달이나 브레이크와 같은 정해진 조작 방법을 통해서만 조절합니다. 캡슐화도 이와 같아요. 데이터를 보호하고, 꼭 필요한 방식으로만 수정할 수 있도록 안전한 틀을 제공하는 것이죠. 이 방식은 객체의 동작을 예측 가능하고 체계적으로 만들어 프로그램의 안정성을 높이고 오류를 방지합니다. 캡슐화를 한마디로 정의하면, 객체를 안정적이고 신뢰할 수 있는 상태로 유지하는 보호막이라고 할 수 있습니다.

그다음은 추상화abstraction인데요. 복잡한 시스템에서 핵심 부분만 드러내고 불필요한 세부 사항은 감추는 개념입니다. 본질적으로 사용자가 알아야 할 중요한 요소에만 집중할 수 있도록 돕는 것이죠. 자동차의 시동을 걸 때를 생각해볼게요. 우리는 그저 '시동 걸기' 버튼을 누르기만 하면 됩니다. 버튼을 누르면 엔진 내부에서 어떤 기계적 과정이 일어나는지는 알 필요가 없죠. 이런 세부적 작동 원리를 몰라도 자동차를 문제없이 사용할 수 있는 것이 바로 추상화의 힘입니다. 프로그래밍에서도 마찬가지입니다. 복잡한 내부 로직이나 작동방식을 감추고, 사용자가 필요한 기능만 사용할 수 있도록 인터페이스를 제공하는 것이 추상화입니다. 이 추상화를 이용하면 시스템을 단순하고 직관적으로 설계할 수 있으며, 복잡성을 줄여 효율적으로 관리할 수 있습니다. 추상화는 사용자가 쉽게 접근할 수 있도록 복잡함을 단순화하는 기술이라고 할 수 있습니다. 이것이야말로 복잡한 문제를 간단히 해결하는 프로그래밍의 핵심 원칙 중 하나입니다.

상속inheritance은 객체지향 프로그래밍에서 기존 클래스의 특성과 동작을 새로운 클래스에 물려주는 개념입니다. 이 상속을 이용하면 코드의 재사용성을 극대화하고, 중복 코드를 줄여 유지보수를 효율적으로 할 수 있습니다. '차량'이라는 기본 클래스가 있다고 가정해보죠. 이 클래스에는 바퀴 개수, 연료 종류와 같이 모든 차량이 공통으로 가지는 속성과 이동 및 정지와 같은 동작이 정의되어 있습니다. 이제 '자동차' '트럭' '오토바이'와 같은 새로운 클래스를 만들 때 이 차량 클래스를 상속받으면, 공통적인 속성과 동작을 다시 정의하지 않아도 됩니다. 대신 각 클래스에서는 자동차의 에어컨 기능, 트럭의 적재 용량, 오토바이의 헬멧 착용 여부 확인 기능처럼 각 차량 유형에 특화된 속성과 동작을 추가로 정의할 수 있죠. 상속은 프로그램의 구조를 체계적이고 논리적으로 설계하도록 돕는 중요한 도구입니다. 공통된 코드를 재사용하면서도 필요에 따라 개별 클래스에 맞는 새로운 기능을 추가할 수 있어 유연성과 확장성을 동시에 제공합니다. 한마디로 상속은 코드 재사용과 관리의 지름길이라 할 수 있습니다.

다형성polymorphism은 같은 이름의 메서드가 객체 타입에 따라 다르게 동작하는 객체지향 프로그래밍의 핵심 개념 중 하나입니다. 이 개념은 유연하고 확장 가능한 코드 설계를 가능하게 합니다. '이동하기'라는 메서드가 있다고 생각해보죠. 이 메서드는 자동차 객체와 자전거 객체에서 모두 사용될 수 있지만, 각각의 동작 방식은 다릅니다. 자동차는 바퀴를 굴려 이동하고, 자전거는 페달을 밟아 이동하죠. 이처럼 같은 메서드 이름을 사용하면서도 각 객체의 특성에 맞게 동작을 구현할 수 있는 것이 바로 다형성입니다. 다형성은 프로그램 설계에서 일관성과 재사용성을 높이는 중요한 원칙입니다. 개발자는 다형성을 통해 다양한 객체를 하나의 공통된 인터페이스로 다룰 수 있어, 코드의 복잡성을 줄이고 유지보수를 간소화할 수 있습니다. 다형성은 같은 이름의 메서드로 서로 다른 객체를 자연스럽게 다룰 수 있는 기술적 유연성을 제공한다고 볼 수 있습니다.

객체지향 프로그래밍에서는 객체들이 독립적으로 존재하면서도 상호작용하여 전체 프로그램을 구성합니다. 이러한 구성 과정 속에서 객체들은 서로 메시지를 주고받으며 협력하고, 개별 객체의 동작이 결합되어 전체적인 프로그램 기능을 수행하게 됩니다. 객체 간 상호작용과 협력 구조가 복잡한 시스템을 보다 유기적이고 체계적으로 설계할 수 있도록 합니다. 자동차 객체는 속도나 연료 같은 상태(속성)를 가지고 있으며, 시동 걸기나 가속하기와 같은 동작(메서드)을 수행합니다. 하지만 자동차는 혼자 작동하는 것이 아니라 다른 객체와 상호작용함으로써 제대로 기능합니다. 예를 들어, 자동차 객체는 엔진 객체에 '시동을 걸어라'라는 메시지를 보낼 수 있고, 그 결과 바퀴 객체가 회전하게 됩니다. 또 자동차는 도로 객체와 상호작용하여 목적지로 가는 경로를 판단하거나, 신호등 객체와 협력해 안전하게 멈추거나 출발할 수도 있습니다.

이처럼 객체는 자신의 데이터를 저장하고, 그 데이터를 바탕으로 동작하며, 필요한 경우 다른 객체와 상호작용합니다. 객체지향 프로그래밍의 강점은 바로 이러한 협력 구조를 통해 복잡한 시스템을 작은 단위로 나누고, 이를 조합해 큰 프로그램을 설계할 수 있다는 점입니다. 객체지향 프로그래밍은 모듈화와 재사용성, 확장성을 극대화해 유연한 설계가 가능하다는 사실을 꼭 기억하기 바랍니다.

객체는 어떻게 존재하는가?
객체지향 철학과 프로그래밍의 연결

객체지향 철학은 객체지향 존재론object-oriented ontology이라고도 불리며, 여기서 말하는 객체는 우리 주변 사물들을 말합니다. 그레이엄 하먼은 이 객체지향 철학을 통해 사물의 독립적 존재와 그들 사이 관계성을 강조합니다. 철학에서의 객체는 인간만을 중심으로 세상을 이해하지 않고, 사물 그 자체의 독립적 실재에 초점을 맞춘다는 거죠.

> 실체에 대한 이 모든 전통적 특징은 거부되어야 한다. 객체는 자연적인 것이거나 단순한 것이거나 파괴될 수 없는 것일 필요가 없다. 대신 객체는 스스로의 자율적 실재성에 의해서만 규정될 것이다.

하먼은 《쿼드러플 오브젝트》(현실문화연구, 2019)에서 객체의 자율적 실재성을 강조하며, 기존 전통적 실체 개념의 한계를 지적합니다. 객체를 자연적이거나 단순한 실체로 고정할 필요가 없으며, 이를 구성하는 조각이나 외부 관계로 환원되지 않는 독립적이고 고유한 존재로 정의하죠. 객체는 관계를 거부할 수 있는 자율적 특성을 지닌 동시에 자신의 구성 요소를 초월한 전체로서 드러나는 이중성을 갖습니다. 하먼은 인간 중심적 관점에서 벗어나 모든 객체를 평등한 실재로 다루자고 제안합니다. 객체는 상호작용 속에서도 본질이 완전히 소진되지 않는 존재로 이해되며, 이를 통해 객체지향 존재론은 환원 불가능한 독립적 실재를 사유합니다.

객체지향 철학의 핵심은, 사물이 인간의 필요나 관점에서만 정의되지 않고 그 자체로 독립적 존재라는 것입니다. 이 사물들은 상호작용하면서도 그 상호작용이 사물의 본질을 완전히 드러내지는 못합니다. 의자가 있다면, 우리는 그 의자의 기능을 이용해 앉을 수 있지만, 그 의자의 전체적 본질을 알 수 있는 건 아니죠. 이것은 철학적으로 보면 복잡한 시스템에서 핵심 부분만을 드러내고 불필요한 세부 사항은 감추는 개념입니다. 본질적으로 사용자가 알아야 할 중요한 요소에만 집중할 수 있도록 돕는 것이죠. 앞의 예에서 본 자동차 '시동 걸기' 버튼과 같습니다. 바로 추상화의 힘입니다.

    이 논의는 인간이 사물의 본질을 완전히 이해할 수 없다는 철학적 입장을 반영합니다. 객체지향 존재론에서는 사물 간 관계를 본질적 요소로 간주하지 않고, 인간이든 비인간 사물이든 모든 관계를 단순한 상호작용으로 봅니다. 여기서 핵심은 사물 자체의 독립성으로, 이는 객체지향 프로그래밍에서 객체들이 독립적으로 존재하면서도 메시지를 통해 상호작용하는 방식과 유사합니다. 이러한 접근은 사물을 관계 속에만 묶어두지 않고 그 고유한 존재를 강조하는 데 초점을 맞춥니다. 토마스 네일의 철학은 이런 논의에 새로운 차원을 더합니다. 그는 《존재와 운동》(앨피, 2021)에서 사물을 고정된 존재로 보지 않고 끊임없는 운동 속에서 정의되는 존재로 설명합니다. 사물이 정적인 실체가 아니라 끊임없이 변화하며 관계 속에서 그 의미가 재구성됩니다. 특히 사물이 한낱 독립된 존재임을 넘어, 운동과 변화 속에서 끊임없이 새롭게 드러난다는 점을 강조하죠.

> 존재는 흐른다. 이것이 최초이자 중심적 테제이며, 이것으로부터 운동 이론 전체가 따라 나온다. 운동 이론의 세 가지 핵심 개념은 흐름, 접힘, 장이다. 즉 존재는 흘러야 한다는 것, 존재는 접혀야 한다

는 것, 존재는 장을 통해 순환해야 한다는 것이다. 그러나 존재론적으로 말해서, 이 셋은 공동 일차적이며, 서로와 분리할 수 없다. 운동이 존재하기 위해서는 존재가 흐르고, 접히고, 순환해야 하는 것이다. 흐름, 접힘, 장은 움직임을 위한 역사적으로 필연적인 조건이다.

이러한 네일의 주장은 사물을 고정된 실체로 보지 않고 운동과 변화의 흐름 속에서 정의되는 동적 존재로 이해하는 독특한 존재론적 관점을 드러냅니다. '흐름, 접힘, 장'이라는 세 가지 핵심 개념은 존재의 조건이자 운동의 필연적 요소로 작용하며, 존재는 이들 세 가지 과정을 통해 지속적으로 새롭게 구성됩니다. '흐름'은 존재가 닫히거나 정체되지 않고, 환경과의 관계 속에서 지속적으로 움직이며 의미를 생성해 나가는 과정을 말합니다. '접힘'은 이러한 흐름 속에서 다양한 요소들이 상호작용하며 서로 안으로 접히고, 복합적인 구조와 다층적인 의미를 형성하는 과정을 가리킵니다. 사물의 본질과 의미는 단일하게 고정되지 않고, 관계의 차원에서 끊임없이 재구성됩니다. '장'은 이러한 운동과 접힘이 이루어지는 역동적 배경으로, 사물들 간 관계가 변화하며 존재를 새롭게 구성하는 공간을 제공합니다. 네일의 철학에서 존재란 고정된 실체가 아니라, 끊임없이 흐르고 접히며 장 속에서 재구성되는 과정으로 이해됩니다. 사물이 독립적이고 고립된 실체가 아니라, 운동과 상호작용 속에서 의미와 기능을 새롭게 만들어 가는 생동감 있는 존재라는 점을 부각합니다. 의자는 고정된 기능을 가진 사물 그 자체가 아닌 그 맥락 속에서 다양한 가능성을 지닌 존재로 나타납니다. 어떤 상황에서는 앉는 도구로, 또 다른 상황에서는 장식물이나 무언가를 지지하는 도구로 활용되듯, 의자의 본질은 고정된 것이 아니라 변화하는 맥락과 관계 속에서 드러나는 것입니다. 이런 관점은 객체지향 철학에서 강조하는 사물의 독립성과도 연결됩니다. 객체지향 철학은 사물이 독립적 실재를 지니면서도 운동과 상호작용을 통해 끊임없이 변화할 수 있음을 보여줍니다.

객체지향 프로그래밍과 객체지향 철학은 둘 다 객체의 독립성과 상호작용을 중시합니다. 객체지향 프로그래밍에서는 객체가 독립된 단위로 존재하면서도 다른 객체들과 상호작용을 통해 시스템이 작동합니다. 하나의 객체가 다른 객체와 메시지를 주고받을 때, 각 객체는 자신만의 캡슐화된 데이터를 유지하며, 외부에서는 그 객체의 내부 상태를 알 수 없죠. 철학에서도 사물은 독립적이지만, 다른 사물과의 상호작용을 통해 새로운 현상이 나타납니다. 나무와 바람이 상호작용할 때 바람은 나뭇가지를 흔들지만, 나무와 바람은 각자의 본질을 잃지 않죠. 그 상호작용은 하나의 현상일 뿐이지 그 사물들의 본질적 특성을 바꾸지는 않습니다. 이런 점에서 철학과 프로그래밍이 만나는 지점이 재미있습니다. 객체가 독립적으로 존재하면서도 상호작용을 통해 새로운 결과를 만들어내는 양태는 두 분야에서 공통적으로 나타납니다.

객체지향 프로그래밍의 중요한 개념 중 하나인 '캡슐화' 역시 객체지향 철학에서 사물의 본질은 감춰져 있고 상호작용을 통해 그 본질을 우리가 부분적으로만 알 수 있다는 주장과 일맥상통합니다. 우리는 컴퓨터 내부가 어떻게 돌아가는지 정확히 모르면서 필요한 기능만을 사용합니다. 마찬가지로 철학에서는 사물의 전체 본질은 여전히 감춰져 있고, 상호작용을 통해 그 일부만 드러납니다. 사물의 본질은 인간이나 다른 객체에게 완전히 드러나지 않죠. 바로 프로그래밍의 캡슐화와 철학적 사유가 맞닿는 부분입니다.

객체를 대하는 유일한 방법은 그것의 실재성이 모든 관계에서 해방된 것이고 모든 호혜성보다 더 심오한 것이라고 생각하는 것이다. 객체는 자기만의 진공 속에서 베일로 덮인 검은 수정이다. 객체는 그 자체의 조각으로도, 그와 마찬가지로 다른 사물들과의 외적 관계로도 환원될 수 없다.

《쿼드러플 오브젝트》에서 하먼의 관점은 객체의 불가해성과 독립성을 강조합니다. 객체는 그 본질을 외부에 완전히 드러내지 않으며, 상호작용이나 외부 관계에 의해 소모되지 않는 고유한 실체로 존재합니다. 객체는 자신만의 고유한 세계를 지니며, 어떤 관계 속에서도 그 본질이 마냥 노출되거나 환원되지 않습니다. 따라서 객체란 단순한 외부의 시각이나 관계에 의해서가 아닌 독립적이고 고유한 방식으로 존재하는 실재로 이해할 수 있습니다. 객체의 내적 성질이 외부 시각으로는 결코 완전히 파악될 수 없음을 의미하며, 객체와 객체 간 관계는 그 본질을 규정하는 것이 아니라 본질이 스스로를 드러내지 않는 방식으로 유지됩니다.

객체지향 프로그래밍에서 추상화는 객체의 전체적인 복잡성을 숨기고 필요한 부분만을 드러내는 방식으로 작동합니다. 마찬가지로 객체지향 철학에서는 사물의 본질이 인간의 경험에 완전히 드러나지 않으며, 그 사물은 여전히 자신만의 고유한 존재 방식을 유지합니다. 두 개념 모두 사물의 '일부'만이 외부에 노출된다는 점에서 공통점을 갖고 있죠. 추상화가 객체의 복잡성을 감추고 그 본질을 다 드러내지 않는 것처럼, 객체지향 철학에서도 사물의 본질은 그 상호작용 속에서 부분적으로만 드러나고 나머지는 우리에게 불가해한 영역으로 남습니다. 이를 통해 인간은 사물을 이용하거나 이해할 수 있지만, 그 사물의 전체적 본질을 완전히 파악할 수는 없음을 알 수 있죠. 결국 추상화와 객체지향 철학의 연결점은 사물의 '부분적 드러남'에 있습니다.

눈앞에 있음과 손안에 있음, 하이데거가 AI 시대에 던지는 질문

여기서 한 걸음 들어가면 하이데거와도 만나는 지점이 생깁니다. 하이데거는 《존재와 시간》(동서문화사, 2016)에서 인간이 사물의 본질을 완전히 알 수 없다고 말합니다. 하이데거는 우리가 사물과의 관계에서 그것을 '사용'하거나 '경험'하는 방식으로만 알 수 있으며, 사물의 본질 전체를 파악하는 것은 불가능하다고 보았습니다.

> 사람들은 여기에서도 다시금 둘러보는 가운데서는 아직 발견되지 않은 손안의 것의 도구성격을, 단지 그저 눈앞에 있기만 한 것의 파악을 위해서 앞서 주어져 있는 순진한 사물성으로 해석해서는 안 된다.

하이데거는 인간이 사물의 본질을 완전히 파악할 수 없다고 주장하며, 사물은 눈앞에 놓인 물리적 대상이 아니라 인간과의 관계 속에서 본질을 드러낸다고 설명합니다. 사물은 고정된 실체가 아니라, 인간이 그것과 어떻게 관계를 맺고 사용하는지에 따라 각기 다른 방식으로 의미를 부여받는 도구적 존재입니다. 하이데거는 사물에 대한 이해 방식을 '눈앞에 있음'Vorhandenheit, present-at-hand과 '손안에 있음'Zuhandenheit, ready-to-hand으로 나누어 설명합니다. '눈앞에 있음'은 사물이 물질 그 자체로서 존재하는 상태로, 그저 물리적 속성만을 지닌 객체로 보는 관점이죠. 반면 '손안에 있음'은 사물이 특정한 기능을 수행하는 도구로서 존재하는 상태를 가리키며, 인간이 사물을 특정 용도에 따라 사용할 때 사물의 의미가 더욱 풍부해진다는 뜻입니다. 책상 위에 놓인 망치는 무심코 '눈앞에 있는' 물체에 불과합니다. 그러나 그 망치를 들고 못을 박는 순간, 망치는 단순한 물질을 넘어 '손안에 있는' 도구로서의 본질을 드러내죠. 이처럼 하이데거는 사물이 인간의 목적과 사용 속에서 특정한 의미를 획득한다고 봅니다. 하이데거는 이런 접근 방식에서 사물의 전체적인 본질을 파악하는 것이 불가능하다고 힘주어 말합니다. 인간은 사물을 다양한 방식으로 사용하고 관계를 맺지만, 이 과정에서 사물의 일부분만이 드러나며, 그 본질은 언제나 온전히 접근할 수 없는 채로 남아 있습니다. 사물은 인간의 사용과 경험 속에서 의미를 획득하고 드러내는 복합적 존재입니다.

하이데거는 사물의 전체적인 복잡성을 파악하기보다는 그 기능적 측면을 통해 이해하는 것에 더 주목합니다. 사물이 우리에게 드러나는 방식이 항상 부분적이며 제한적이라는 거죠. '눈앞에 있음'과 '손안에 있음', 이 두 개념은 사물을 '기능적 차원'에서만 경험하는 인간의 존재 방식과 연결됩니다. 특히 '손안에 있음' 또는 '준비됨'이라는 개념은 사물이 우리의 주의를 끌지 않고 자연스럽게 사용되는 상태를 의미합니다. 예를 들어, 망치는 우리가 못을 박을 때 특별히 의식하지 않아도 손에 쥐어진 채 자연스럽게 기능하는 도구입니다. 그러나 망치가 부러지거나 손에 맞지 않으면, 우리는 갑자기 그것을 도구가 아닌 하나의 '존재자'object로 인식하게 됩니다.

즉, 평소에는 사물이 우리의 실천 속에서 '준비된 상태'로 사용되지만, 문제가 발생하면 그 기능이 중단되면서 우리는 비로소 사물의 존재 자체를 의식하게 됩니다. 이런 관점에서 하이데거는 우리가 사물의 본질을 온전히 파악하는 것은 불가능하며, 다만 사용과 경험을 통해 부분적으로만 인식할 수 있다고 주장합니다. 인간은 사물을 주로 기능적 차원에서 경험하며, 사물이 원활하게 작동할 때는 그 존재를 신경 쓰지 않지만, 그것이 고장 나거나 예상과 다르게 작동하는 순간 사물의 존재가 선명하게 드러난다는 점에서 그의 철학적 사유와 연결됩니다.

여기서 객체지향 프로그래밍과 객체지향 철학의 공통점 몇 가지를 소개하려는 것은 아닙니다. 객체지향 철학은 인간 중심적 관점을 넘어서, 사물과 비인간적 객체가 인간과 동등하게 중요한 존재로서 취급될 수 있음을 보여줍니다. 객체가 서로 독립적이지만, 인간과 상호작용하는 방식에 의존하지 않고도 시스템 안에서 자체적으로 중요한 역할을 수행함을 의미하죠. 우리가 인간과 기술, 사물 간의 관계를 다시 위치시키고, 인간의 입장에서만 세상을 바라보는 것이 아니라 인간과 사물, 기술이 서로 어떻게 동등하게 상호작용하는지를 더 깊이 고민해야 한다는 취지에서 두 개념을 같이 살펴보았습니다. AI와 같은 기술이 계속 발전하는 요즈음 객체지향 철학의 관점을 통해 기술의 자율성과 인간의 존재적 관계를 새로운 방식으로 재해석할 수 있는 힘을 갖추는 것이 어느 때보다 필요한 시기입니다.

7장

에이전트 기반 모델링과 신유물론

자율적 행위자들의 상호작용과 그로 인한 변화

런던 주식시장 한복판에서 두 사람이 주식 시세판을 보며 대화를 나누고 있습니다. 한 사람은 주식시장 데이터를 분석하며 알고리즘을 설계하는 금융공학자이고, 다른 한 사람은 철학자입니다. 금융공학자는 에이전트 기반 모델링 agent-based modeling 을 통해 투자자와 트레이더라는 에이전트들이 어떻게 자율적으로 행동하며 이들의 상호작용이 주식시장의 복잡한 흐름을 형성하는지 분석합니다. 데이터를 기반으로 시장의 변동성을 예측하고, 투자 전략을 최적화하는 데 초점을 맞추죠. 반면 철학자는 이 상호작용을 자본의 동역학과 구조적 변화라는 관점에서 바라봅니다. 주식시장이 단순한 거래의 장을 넘어 자본의 축적과 순환, 그리고 인간과 경제 체제가 얽혀 만들어내는 변화를 읽어냅니다. 이들의 대화는 서로 다른 접근 방식을 가지고 있지만 그 핵심은 연결됩니다. 금융공학자는 데이터와 알고리즘으로 주식시장의 상호작용과 패턴을 모델링하고, 철학자는 이 상호작용이 자본과 인간, 기술이 만들어내는 관계의 변화와 잠재적 가능성을 철학적으로 사유합니다. 이를 신유물론new materialism과 연결해보면, 금융공학자의 에이전트 기반 모델링은 자율적인 에이전트들이 상호작용하며 시스템을 형성하는 과정을 과학적으로 탐구하는 반면, 철학자는 신유물론의 시각에서 자본이라는 물질적 흐름과 인간 간의 관계가 어떻게 새로운 구조를 창출하는지를 철학적으로 고민하는 셈입니다. 주식시장이라는 공간에서 이 두 사람은 데이터와 알고리즘, 물질과 의미라는 서로 다른 언어를 사용하면서도, 자율적 존재들의 상호작용과 그로 인한 변화를 설명하고 있는 것이죠.

에이전트 기반 모델링은 복잡한 시스템의 동작과 상호작용을 시뮬레이션하기 위해 개별 구성 요소, 즉 에이전트들을 모델링하는 기법입니다. 이 모델링 기법은 개별 에이전트들이 자율적으로 행동하고, 상호작용을 통해 더 큰 전체 시스템을 형성하는 과정을 시뮬레이션합니다. 여기서 에이전트는 스스로 단순한 규칙을 따르는 독립적이고 자율적인 존재로 정의되는데, 사람, 동물, 기계, 프로그램 등 다양한 형태를 가질 수 있습니다. 예를 들어, 주식시장의 투자자, 생태계의 동물, 물류 네트워크의 트럭, 심지어 컴퓨터 네트워크의 노드도 에이전트가 될 수 있습니다. 중요한 점은 각 에이전트가 개별적으로 단순한 행동 규칙을 따르지만, 이들이 서로 영향을 주고받으면서 예상치 못한 결과나 새로운 질서를 만들어낸다는 것입니다. 개미 군집을 예로 들어보죠. 개미 한 마리의 행동은 매우 단순합니다. 개미는 주변 환경에 반응하며 움직이고, 동료 개미가 남긴 페로몬을 따라가며 먹이를 찾습니다. 하지만 이러한 단순한 행동들이 모이면, 군집 전체가 먹이를 효율적으로 운반하거나 둥지를 설계하는 복잡한 행동을 보입니다. 개별 개미는 스스로 군집의 목표를 인식하지 못하더라도, 상호작용의 결과로 거대한 생태 시스템이 형성됩니다.

그렇다면 에이전트 기반 모델링이 유용한 이유는 뭘까요? 시스템의 거시적 행동을 미시적 행동의 합으로 설명하려는 접근법이기 때문에 전통적 모델이 평균값이나 수학적 방정식으로 단순화하는 것과 달리, 복잡한 현상에 숨어 있는 세부적 과정을 드러낼 수 있다는 강점이 있습니다. 예컨대 주식시장에서 투자자들이 각자 독립적으로 매수와 매도 결정을 내리지만, 이들의 행동이 합쳐져 시장 가격의 급등락, 거품 형성, 붕괴와 같은 복잡한 현상을 만들어내는 것과 같은 원리입니다. 따라서 이 기법은 개별 에이전트들의 단순한 행동에서 출발해, 이들의 상호작용을 통해 나타나는 전체 시스템의 복잡성과 변화를 시뮬레이션하는 데 적합하기 때문에 개미 군집, 교통 흐름, 금융 시장, 전염병 확산 등 다양한 분야에서 현상의 본질을 이해하고 예측하는 데 활용될 수 있습니다.

반면 신유물론은 기존 철학적 사고에서 벗어나 물질을 수동적 존재가 아니라 능동적으로 상호작용하고 변화를 일으킬 수 있는 존재로 보죠. 물질이 인간의 통제를 받기만 하는 것이 아니라 스스로 상호작용하면서 세상을 바꾸는 힘을 가졌다는 것입니다. 우리 주변의 플라스틱, 금속, 물 같은 물질들은 그저 가만히 있는 것이 아니라 스스로 상호작용하며 환경에 영향을 미칩니다. 물은 바위에 부딪혀 침식을 일으키고, 플라스틱은 자연에서 분해되지 않은 채 지속적으로 변화를 만들어냅니다. 캐런 바라드 같은 신유물론 철학자는 물질이 수동적으로 그저 자리만 지키고 있는 것이 아니라, 능동적으로 작용하고 새로운 가능성을 창출한다고 이야기합니다.

이 점에서 신유물론은 물질의 자율성을 매우 강조하죠.

> 행위적 실재론에서 물질은 고정된 물체가 아니다. 물질은 내부-작용하는 생성 중에 있는 실질이며, 사물이 아니라 '행위'고 '행위성의 응결'이다. 물질은 독립적으로 존재하는 사물들의 내재적, 고정된 속성이 아니다. 물질은 진행 중인 물질화 속에 있는 현상이다. 물질은 행위성이 있고 내부-작용한다. 물질은 결코 가만히 있지 않고 역동적으로 내부-작용하는 생성이다.

《캐런 바라드》(커뮤니케이션북스, 2023)의 저자 박신현의 설명대로, '행위적 실재론'에서 물질은 고정된 물체가 아니라 끊임없이 생성되고 변화하는 실체입니다. 물질은 정적인 사물이면서 '행위성의 응집'으로 이해되어야 하며, 독립적으로 존재하는 것이 아니라 내부 작용을 통해 끊임없이 형성되는 과정입니다. 물질은 그 자체로 역동적 생성 과정이며, '행위'를 통해 특정한 형태나 속성을 갖추게 됩니다. 바라드의 《우주와 중간에서 만나기》 *Meeting the Universe Halfway*, 2007에서 제시된 거미불가사리는 신유물론의 철학적 관점을 실증적으로 보여줍니다. 거미불가사리는 뇌나 눈 같은 전통적 감각기관 없이도 온몸이 하나의 시각 시스템으로 작용하며 환경을 인식하고 이에 반응할 수 있습니다. 이런 특성은 생명체의 인지와 행동이 뇌처럼 중앙화된 구조에 의존하지 않고 전체 신체와 환경의 상호작용을 통해 이루어진다는 점을 의미합니다.

또 거미불가사리는 특정 신체 부위를 스스로 절단하고 재생하는 능력을 지녔는데, 생물학적 적응을 넘어 생명체가 자신의 물질적 형태를 능동적으로 재구성할 수 있다는 점을 보여줍니다. 더 나아가 주변 환경에서 얻은 빛에 따라 자신의 색을 변화시키는 능력은 이 생명체가 외부와의 관계를 통해 끊임없이 변화하고 새로운 형태를 구성해 나가는 역동적 존재임을 드러냅니다. 거미불가사리는 끊임없이 변형되고 환경과 상호작용하며 스스로를 조율해가는 능동적 실체입니다.

사물과 비인간 존재도 행위자다, 비인간의 행위성과 자율적 시스템

에이전트 기반 모델링과 신유물론은 비인간적 존재들이 자율적으로 상호작용하면서 세상을 변화시킵니다. 신유물론이 물질을 자율적으로 작용하는 존재로 본다면, 에이전트 기반 모델링에서는 각 에이전트가 독립적이지만 상호작용하면서 복잡한 시스템을 만들어낸다고 보죠. 에이전트 기반 모델에서 개별 에이전트들은 각각 단순한 규칙을 따르지만, 그들이 함께 모여서 새로운 질서나 시스템을 만들어내는 것처럼 말이죠. 신유물론도 물질이 스스로 상호작용을 통해 새로운 형식이나 구조를 만들어낸다고 말합니다. 자연재해나 기후변화는 인간이 통제할 수 없는 물질의 자율적 작용으로 볼 수 있죠. 온도, 대기, 바람 같은 요소들이 상호작용하면서 날씨나 기후 패턴을 형성하는데, 이 과정에서 인간이 모든 걸 예측하거나 통제할 수는 없습니다. 이것은 마치 에이전트 기반 모델에서 에이전트들이 모여 예상하지 못한 변화를 만들어내는 것과 비슷합니다.

에이전트 기반 모델링과 신유물론의 또 다른 중요한 공통점은 예측 불가능성입니다. 에이전트 기반 모델링에서는 개별 에이전트들이 각자 규칙을 따르지만, 에이전트 사이 상호작용에서 나타나는 결과는 종종 예측할 수 없습니다. 이를 창발성^{emergence}이라고 부르는데, 이것은 개별적 요소들이 모여 만들어진 결과가 아닌 상호작용을 통해 생겨나는 새로운 질서라 할 수 있습니다. 신유물론도 마찬가지입니다. 물질은 상호작용하면서 예상치 못한 결과를 만들어낼 수 있습니다. 그리고 그 결과는 인간이 미리 계산하거나 예측할 수 없는 경우가 많죠. 물질의 자율성이 작용하는 방식 때문입니다. 물질이 상호작용하면서 새로운 가능성을 열어가고, 그 과정에서 새로운 패턴이나 구조가 창발한다는 점에서 에이전트 기반 모델링과 신유물론은 모두 자율적 상호작용을 통해 새로운 변화를 만들어낸다는 특성을 공유합니다.

신유물론은 비인간적 존재들 역시 인간과 마찬가지로 중요한 행위자^{actor}로 작용할 수 있습니다. 이런 관점은 전통적인 인간 중심적 사고에서 벗어나 인간 이외의 요소들, 즉 기술, 자연, 물질 등이 세상을 변화시키는 중요한 역할을 할 수 있다는 점을 인정하는 입장입니다. 신유물론은 브뤼노 라투르의 행위자-네트워크 이론^{ANT}을 비롯한 다양한 현대 철학적 흐름과 연결됩니다. 라투르는 인간만이 주체가 아니라 사물과 비인간적 존재들도 상호작용 속에서 주체로 작용할 수 있다고 말합니다.

> 라투르의 행위자-연결망, 말하자면 비인간적 관계들은 지역적 경계들과 국가적 경계들을 가로지른다. 이처럼 통제 불가능하고 형태를 바꾸는 지형도가 그의 사유에서 또 하나의 핵심 요소다.⋯ 노키아 핸드폰은 공식적으로 '핀란드제'로 생각되지만, 사실은 베이징

의 산업공단을 비롯한 여러 나라에서 만들어진 부품으로 구성되며 전 세계 수백만의 사용자들을 잠재적으로 연결한다. 이러한 하이브리드적이고 탈사회적인 세계에서 라투르의 행위자-연결망과 '집합체'라는 개념은, 우리가 정확히 누구와 그리고 무엇과 연결되는가, 이 연결들이 시간과 공간 속에서 어디에 위치하는가, 이처럼 상이한 유형의 연결들이 어떠한 사회적 도덕적 정서적 특성을 수반하는가 하는 문제들에 대한 관습적 이해를 재사유하게 만드는 총체적이고 급진적인 도전을 제기한다.

《처음 읽는 브뤼노 라투르》에서 소개된 라투르의 이론은 사물, 기술, 자연환경, 그리고 인간이 모두 연결된 네트워크의 일원으로 작용한다는 점을 강조합니다. 인간 중심적 사고를 넘어 하이브리드적이고 탈사회적 관계 속에서 모든 존재가 서로 영향을 주고받는 복잡한 상호작용을 사유합니다. 라투르의 관점에서 중요한 점은 이와 같은 네트워크가 자연과 인간, 기술과 사회, 주체와 객체 같은 기존 경계와 구분들을 무너뜨린다는 것이죠. 이런 글로벌 연결망 안에서 사물과 인간의 관계를 이해하는 데만 그치지 않고, 이 관계들이 공간과 시간 속에서 어떻게 형성되고, 변화하며, 영향을 미치는지를 새롭게 생각해야 합니다. 이러한 글로벌 연결망을 통해 우리는 '누구와 무엇이 연결되어 있는가' '이 연결들이 공간과 시간 속에서 어디에 자리하는가' '이 연결들이 어떤 사회적·도덕적·정서적 의미를 지니는가' 등의 질문을 새롭게 고민해야 합니다.

'생동하는' 물질,
비인간 행위자들의 네트워크

제인 베넷도 신유물론의 중요한 철학자 중 한 명으로 《생동하는 물질》(현실문화, 2020)에서 물질의 생기론적 활력, 즉 생명성vitality을 강조합니다. 베넷은 물질이 단지 인간의 지배를 받는 수동적 존재가 아니라, 그것 자체로도 활동적이고 영향력 있는 존재라는 거죠. 베넷은 물질이 상호작용 속에서 새로운 가능성과 변화의 원천이 될 수 있다고 말하면서, 물질과 비물질 간 경계가 끊임없이 상호작용을 통해 변형된다고 설명합니다. 비인간적 존재들은 자체적인 활력을 가지고 있으며, 인간의 의지와는 무관하게 중요한 역할을 수행한다는 점이 신유물론의 핵심 개념 중 하나라 할 수 있습니다. 신유물론은 우리와 환경, 기술, 그리고 사물과의 관계를 다시 되돌아보게 합니다. 인간 중심적 사고는 기술 발전과 자연 파괴를 야기할 수 있다는 비판 속에서, 신유물론은 인간과 비인간 존재들 간 상호작용을 동등한 위치에서 바라볼 것을 요구합니다. 인간만이 세상을 변화시키는 주체가 아니라 기술적 요소, 자연적 요소, 그리고 물질도 그 자체로 세상에 중요한 영향을 미친다고 말이죠. 따라서 신유물론은 인간과 비인간 존재들이 세상을 변화시키는 데 있어 공동 행위자로 기능할 수 있다는, 인간만이 세상의 중심이 아니라 다양한 비인간적 요소들이 우리 삶에 중요한 영향을 미친다는 시각을 수용하자고 말합니다.

이제 우리는 인간의 행복과 안정을 증진시키는 또 다른 방법을 제시할 수 있는 위치에 서게 된다. 바로 우리를 구성하는 물질성의 지위를 격상하는 것이다. 각각의 인간은 경이롭게 생동하는 동시에 위험스럽게 생동하는 물질로 이루어진 이질적인 합성체이다. 만약 물질이 그 자체로 활력을 지닌다면, 주체와 개체 사이의 차이가 최소화될 뿐 아니라 모든 사물들이 공유하는 물질성의 지위가 격상될 것이다. 저항력과 변화무쌍한 행위성, 즉 사물-권력이 두드러짐에 따라, 모든 신체는 단순한 대상 이상이 된다. 생기적 유물론은 인간성에 대한 특수한 모델을 인정하지 않기 때문에, 칸트식 윤리가 기준이 되는 세계 내에서 계속하여 고통받는 인간에게 일종의 안전망을 제공할 수 있다. 윤리적 목적은 그러한 신체들에게 가치를 더 관대하게 분배하는 것이 된다.… 이러한 접근이 인간 착취나 억압의 문제를 해결할 수는 없지만, 이 같은 접근을 통해 우리는 모든 신체가 관계들의 빽빽한 네트워크 속에서 불가분하게 얽혀 있다는 점에 주목할 수 있다. 그리고 생동하는 물질이 서로 엮인 세계에서, 연결망의 한 부분에 해를 끼치는 것은 당연하게도 그 자신에게 해를 끼치는 것과 같다.

베넷은《생동하는 물질》에서 인간의 행복을 위해서라도 물질에 대한 새로운 시각이 필요하다고 말합니다. 우리는 전통적으로 물질을 한낱 고정된, 무생명으로 간주해왔을 뿐이지만, 베넷은 물질이 살아 움직이는 성질을 가졌다고 봅니다. 만약 물질이 활력을 지닌 존재로 여겨진다면, 인간과 사물의 경계가 흐려지고 모든 사물의 가치는 더 높아질 것입니다. 윤리의 목표는 단지 인간에게만 가치를 부여하는 것이 아니라 모든 생명체와 물질에게도 더 넓은 가치를 부여하게 됩니다. 또 모든 것이 서로 얽혀 있기 때문에, 하나의 존재나 사물에 해를 끼치는 것은 결국 다른 연결된 것에도 해를 미치게 됩니다.

　에이전트 기반 모델링에서도 비인간 존재들이 자율적으로 행동하는 것을 설명할 수 있습니다. 개별 에이전트는 꼭 인간일 필요가 없습니다. 자연 요소나 기계 시스템도 에이전트로서 자율적으로 상호작용하고, 이들이 서로 협력하면서 새로운 결과를 만들어냅니다. 기계 시스템이나 인공지능도 하나의 에이전트로 작용할 수 있고, 이들이 상호작용하면서 새로운 결과나 패턴을 만들어냅니다. 신유물론과 에이전트 기반 모델링은 인간만이 세상의 중심이 아니며, 비인간 요소들도 세상을 구성하고 변화시킨다는 메시지를 전하고 있습니다. 이젠 인간 중심의 데카르트적 사유에서 벗어날 때가 되었다고 말입니다.

8장

외부 메모리 관리 알고리즘과
기억의 외부화

기억의 저장소가 뇌를 넘어설 때,
기술과 인간의 공진화

인간 두뇌와 로봇을 연결해 데이터를 다운로드하는 기술이 곧 현실화될 것이라고 공공연하게 말하는 사람들이 있습니다. 일론 머스크가 그 중 한 사람이죠. 그는 뇌에 컴퓨터 칩을 이식해 신경 질환을 치료하고자 설립한 스타트업 '뉴럴링크'Neuralink의 공동 대표이기도 합니다. 메모리와 디지털 기술의 발전이 인간의 기억과 인격을 컴퓨터로 전송할 수 있는 혁신적 가능성을 열어줄 것이라고 장담하고 있죠. 이 기술은 포스트휴먼post-human 시대의 도래를 가속화하며 인간과 기계의 경계를 재정의할 것으로 보입니다. 이 변화는 기술적 혁신 그 이상의 철학적 함의를 지닙니다. 사진을 찍고, 메모를 남기고, 스마트폰에 일정을 저장하는 일상적 행위는 더 이상 우리가 모든 것을 직접 기억할 필요가 없음을 보여줍니다. 기억의 외부화 externalization of memory 현상으로, 기억의 저장소가 뇌를 넘어 컴퓨터, 스마트폰, 클라우드로 확장되는 과정을 의미합니다. 외부 메모리 관리 알고리즘 external memory management algorithm 은 이 과정에서 정보를 효율적으로 저장하고 불러오도록 하며, 기술 발전이 인간의 인지적 능력을 확장하면서 기억의 본질에 대한 근본적인 질문을 던집니다. 그 선봉에 선 철학자가 바로 베르나르 스티글러입니다.

> 디지털 테크놀로지는 파르마콘, 즉 약인 동시에 독이다. 마케팅이라는 목적과 단기적 이윤만을 위해 이용된다면 그것은 서서히, 그러나 확실하게 우리의 육체와 영혼을 사멸시키고 우리를 빈민화하는, 다시 말해 우리 자신의 능력을 박탈하고 우리의 앎 savoir, 할-줄-앎 savoir-faire 과 살-줄-앎 savoir-vivre 을 조직적으로 파괴하는 무시무시한 보조수단이 될 것이다.

스티글러는 《고용은 끝났다. 일이여 오라!》(문학과지성사, 2018)에서 디지털 정보를 파르마콘, 즉 독이자 약으로 규정하며, 현대의 자동화된 환경 속에서 디지털 정보가 가져오는 부정적 영향력을 역전시켜, 인간의 지성과 창의성을 되살리는 치유의 자원으로 바꾸는 방안을 시급히 모색해야 한다고 주장합니다. 스티글러에게 디지털 정보는 전달 수단을 넘어, 그 사용 방식에 따라 우리의 사고와 창조력을 억누르는 독이 될 수도 있고 이를 촉진하는 약이 될 수도 있는 양면적 힘을 지닌 존재입니다. 스티글러가 경고하는 디지털 파르마콘의 위험을 한마디로 요약하면, 계산된 정보가 지식을 대체하고, 자동화된 알고리즘이 인간의 주의력을 사로잡아 삶의 기술, 즉 삶을 이해하고 살아가는 능력을 갉아먹는다는 것이죠. 자동화된 사회에서 데이터와 계산의 테크놀로지가 정보의 선택, 해석, 결정 능력을 약화시키고, 삶을 지혜롭게 살아가는 특유의 지성을 소거시킵니다. 스마트 마케팅과 인지자본주의는 예측 불가능한 인간적 통찰과 목적의식을 자동화된 예측으로 치환하며, 이로 인해 알고리즘 통치가 자본주의의 새로운 방식으로 자리 잡게 됩니다. 스티글러는 인간의 해석과 결정을 통해 가치 있는 정보를 선택하는 대신 이제는 기계적 계산이 지배하는 정보가 이를 대신하며, 우리가 '자본주의'라고 부르는 시스템에 봉사하는 새로운 방식의 통제 형태가 등장했다고 보는 것이죠.

기억의 외부화는 현대 기술 사회에서 점점 더 중요한 철학적 논의 주제가 되었습니다. 과거에 인간은 정보를 외우거나 직접 기억했지만, 이제는 책, 디지털 장치, 클라우드와 같은 기술적 도구에 의존해 정보를 저장합니다. 일차원적으로 기억을 보조하는 것을 넘어, 기억의 본질과 인간 사고의 방식을 근본적으로 변화시키고 있지요. 질베르 시몽동은 질 들뢰즈, 브뤼노 라투르, 베르나르 스티글러에게 영감을 준 개체화 이론으로 가장 잘 알려진 프랑스 철학자입니다. 그는 인간과 기술이 상호작용하며 새로운 존재와 사고방식을 형성한다고 보면서, 기술이 인간의 내부 기억을 외부로 확장하며, 이를 통해 인간과 환경 사이의 상호작용으로 새로운 개체화 단계를 형성한다고 주장합니다.

기억의 외부화와 개체화,
인간과 기술의 공진화

질베르 시몽동은 개체화 개념을 통해 인간과 기술, 환경의 관계를 설명하며, 개체란 정적인 실체가 아니라 끊임없이 형성되고 변화하는 과정이라고 봅니다. 개체가 이미 완성된 존재로 주어지는 것이 아니라, 환경과의 지속적인 상호작용 속에서 개체성을 획득하는 존재라고 주장하죠. 시몽동은 이를 설명하며 "개체화individuation는 사물이 피상적으로 존재하는 상태가 아니라, 그것이 생성되는 방식과 관계된 것"이라고 말합니다. 즉, 개체화는 독립적 실체 그 자체는 물론 끊임없는 변화를 거듭하는 하나의 과정이라는 것입니다. 이 과정이 바로 변환transduction 과정으로 개체화가 이루어지는 핵심 메커니즘입니다. 한 상태에서 다른 상태로의 점진적이고 유기적인 변형 과정을 의미하죠. 그는 《형태와 정보 개념에 비추어 본 개체화》(그린비, 2017)에서 개체화가 정적인 변화가 아니라 내부적인 장field에서 에너지가 조직되면서 새로운 형태가 형성되는 방식이라고 설명합니다.

> 우리는 변환transduction이라는 말을 물리적이고, 생물학적이고, 정신적이고, 사회적인 하나의 작용으로 이해한다. 이 작용으로 인해서 어떤 활동이 차츰차츰 어떤 영역의 내부에 퍼져나가게 되며, 이 퍼져나감은 그 영역의 여기저기에서 실행된 구조화에 근거하여 이루어진다. 구성된 구조의 각 지역은 다음 지역에 구성의 원리로서 쓰인다. 그래서 이 구조화하는 작용과 동시에 점진적으로 변화가 확장된다. 매우 작은 씨앗에서 출발하여 모액의 모든 방향들로 확장

되며 커져가는 결정체는 변환 작용의 가장 단순한 이미지를 제공한다. 이미 구성된 각각의 분자층은 형성 도중에 있는 층을 구조화하는 토대로 쓰인다. 그 결과는 증폭하는 망상구조다. 변환 작용은 발전해 나가는 개체화다.

이어서 시몽동은 개체화 과정에서 세 가지 주요 단계를 제시했습니다. 첫 번째는 전前개체pré-individuel 상태, 즉 개체가 되기 이전의 가능성이 잠재된 상태, 개체화될 잠재력을 내포한 상태를 의미합니다. 두 번째 단계는 개체화 과정, 즉 개체가 환경과의 상호작용 속에서 점진적으로 형성되는 단계입니다. 마지막으로 초개체화transindividuation는 개체가 더 큰 관계망 속에서 새로운 방식으로 존재하는 단계로, 사회적·기술적 시스템과 결합하여 개체성을 확장하는 과정입니다. 그는 이를 설명하며 "개체는 완성된 실체가 아니라, 끊임없는 상호작용 속에서 형성되는 존재"라고 강조합니다.

특히 시몽동은 기술적 개체화에 주목하며, 기술이 인간의 사고방식과 존재 방식을 어떻게 변화시키는지 분석하죠. 과거에는 인간의 기억과 지식이 주로 내부적으로 저장되었지만, 현대 기술 사회에서는 기억이 점점 더 외부 기술 장치에 의존하는 현상이 발생합니다. 스마트폰, 클라우드, 디지털 데이터베이스와 같은 기술적 도구들은 인간의 기억을 보조하는 수준을 넘어, 기억의 외부화를 가속화하며 새로운 형태의 사고방식을 만들어내고 있습니다. 이에 대해 기술은 인간과 함께 새로운 존재 방식을 창출하는 과정 속에 있다고 말하며, 기술이 인간의 정체성과 사고방식에 미치는 영향을 강조했습니다. 시몽동은 이러한 변화가 질박한 기술적 진보가 아니라 인간 존재 방식의 근본적 변화를 의미한다고 보았습니다. 기술과 인간은 도구와 사용자 관계로 맞서는 존재가 아니라 서로 영향을 주고받으며 공진화co-evolution하는 관계에 놓여 있습니다. 그는 이 관계를 기술과 인간은 서로를 형성하는 관계 속에서 존재한다고 설명하며, 기술이 무심하게 인간의 외부에 위치하는 것이 아니라, 인간과 결합하여 새로운 정체성을 만들어가는 과정이라고 주장합니다.

기억과 미래,
파지와 예지를 확장하는 기술적 외부화

파지retention는 과거 기억을 현재로 끌어오는 능력을 의미하며, 기억의 외부화는 이 과정을 기술적으로 보완합니다. 책, 디지털 아카이브, 클라우드 서비스 등은 인간이 직접 기억하지 않아도 정보를 저장하고 필요할 때 불러옵니다. 시몽동은 이를 두고 기술적 기억은 인간의 파지를 확장하며, 새로운 사고를 위한 기반을 제공한다고 설명하는데, 인간의 기억 능력을 강화하면서도 기술적 도구와의 의존성을 수반하기 때문이죠. 반면 예지protention는 미래를 예측하고 준비하는 능력을 뜻하며, 기억의 외부화는 이를 확장하는 데 중요한 역할을 합니다. 시몽동의 관점에서 기억의 외부화는 과거와 현재뿐만 아니라 미래의 사고를 확장하는 데도 기여하며, 예지가 기술적 도구를 통해 새로운 차원으로 확장될 수 있다고 해석될 수 있습니다.

스티글러는 기억의 외부화를 기술과 인간의 관계를 재구성하는 과정으로 이해했습니다. 기술적 기억이 인간의 정체성과 사고방식에 미치는 영향을 분석하며, 파지와 예지가 이 과정에서 어떻게 변화하는지를 설명했습니다. 기술적 파지는 인간의 기억 능력을 보조하지만, 동시에 인간의 자율성을 약화시킬 위험도 존재합니다.

기억의 외부화 관점에서 육후이는 스승인 기술철학자 스티글러의 3차 파지tertiary retention 개념을 발전시켜 3차 예지tertiary protention를 제안합니다. 기억의 외부화란 인간의 기억이 외부 장치에 보존되고 확장되는 과정을 의미하며, 스티글러는 기술적 장치를 통해 기억이 별다른 이유 없이 보존될 뿐 아니라 새로운 형태의 예측과 기대를 만들어낸다고 보았습니다. 육후이는 이를 기술적 예지의 영역으로 확장하며, 기술이 인간의 상상력과 미래 지향성을 형성하는 과정을 깊이 사유합니다. 스티글러는 기억의 각 단계가 예지의 각 단계를 가능하게 한다고 보았습니다. 1차 파지primary retention는 방금 들은 선율처럼 순간적으로 기억된 정보를 의미하면서 바로 이어질 선율을 예측하는 1차 예지primary protention를 가능하게 합니다. 우리의 감각적 경험과 밀접하게 연결된 가장 기본적인 수준의 기억과 예지입니다. 2차 파지secondary retention는 과거 경험, 가령 이전 연주회에 대한 기억으로부터 형성되는데, 더 복잡하고 깊은 수준의 2차 예지secondary protention를 가능하게 합니다. 기억의 외부화가 본격적으로 논의되는 3차 파지는 비디오, 녹음기, 디지털 플랫폼 같은 기술적 장치를 통해 보존된 기억을 뜻합니다. 이런 외부 기억 장치는 새로운 형태의 예지, 즉 3차 예지를 가능하게 합니다. 정리하면, 3차 예지는 기억의 외부화가 예지와 상상의 과정을 어떻게 확장하고 변형시키는지를 보여줍니다. 기술은 인간의 기억을 별다른 의미 없이 보존하는 데서 한 걸음 더 나아가, 인간의 미래 지향적 사고와 기대를 형성하는 데도 적극적으로 개입합니다. 기술적 기억과 예지가 인간의 인지와 경험을 새로운 차원으로 확장하며, 기술과 인간이 함께 만들어 가는 상상력과 같은 창발적 실재를 형성한다고 볼 수 있습니다.

디지털 환경에서 시간은 어떻게 작동하는가?
위상학적 시간과 재귀적 알고리즘

얼마 전 저녁 산책을 하며 동네 카페에 들렀는데 평소와 다르게 사람들이 바글바글했습니다. 줄을 서 있는 사람에게 물어보니 인스타그램에서 이 카페의 디저트가 '인기 게시물'로 떠오르며 급격히 유명해졌다고 하더군요.

> 상상력 자체는 더 이상 주체의 상상력이 아니라 오히려 주체로부터 알고리즘과 디지털적 대상으로 옮겨간다.

육후이는《디지털적 대상의 존재에 대하여》(새물결, 2021)에서 디지털 환경에서의 대상이 단순한 물리적 실체를 넘어 새로운 존재 방식을 형성한다고 합니다. 디지털적 대상은 정보와 데이터로 구성된 동시에 인간과 기술 간 상호작용 속에서 의미를 얻습니다. 예를 들어, 동네 카페의 디저트가 알고리즘에 의해 떠오른 사건은 디지털적 대상이 어떻게 인간의 관심과 행동을 재구성하는지 보여줍니다. 디지털 환경에서 대상이 마냥 주어진 것이 아니라, 데이터와 알고리즘에 의해 새롭게 구성된 실재로 나타난다는 거죠. 또 디지털적 대상의 존재가 알고리즘의 개입으로 인해 더욱 역동적입니다. 알고리즘은 데이터를 분석하고, 인간의 관심을 끌 대상을 선별해 노출시키는 역할을 합니다. 유튜브나 인스타그램 같은 플랫폼에서 더 명확히 드러나죠. 인스타그램 알고리즘이 특정 디저트를 '인기 게시물'로 노출시킨 순간 해당 디저트는 원초적 본능의 충족 대상으로서 음식이 아니라 수많은 사람에게 공유되고 경험될 디지털적 대상이 됩니다. 육후이는 이를 두고 "기술이 대상의 존재와 가치를 재구성하는 과정"이라고 설명하며, 기술과 인간의 상호작용이 새로운 실재를 창출하는 방식에 주목합니다.

육후이는 디지털 환경에서 시간의 작동방식이 전통적인 선형적 시간 개념과는 다르다고 지적하며, '위상학적 시간'topological time이라는 개념으로 설명합니다. 디지털 환경에서는 과거와 미래가 무심코 시간 축 위에서 연속적으로 이어지는 것이 아니라 뒤얽힌 상호작용 형태로 나타난다는 것입니다. 인터넷에서 특정 키워드를 검색하는 행위는 일차원적으로 현재의 정보를 찾는 것을 넘어, 미래의 데이터 처리와 알고리즘적 예측, 즉 3차 예지를 가능하게 하는 현재의 중요한 요소로 작용합니다. 모든 검색은 재귀적으로 미래로부터 현재를 참조하게 마련입니다. 디지털 환경에서 시간은 과거와 현재, 미래가 끊임없이 상호작용하는 역동적 구조이기 때문입니다.

위상학적 시간은 컴퓨터 프로그래밍의 동작 방식에서도 드러납니다. 육후이는 특히 재귀 함수의 작동방식을 통해 설명합니다. 재귀 함수는 특정한 최종 상태, 즉 기저 조건에 도달하기 전까지 반복적으로 자신을 호출하며 실행됩니다. 각 호출은 다음에 도래할 상태를 참조하고 준비하지만, 동시에 과거의 호출 결과를 기반으로 작동합니다. 이러한 작동방식을 과거의 것이 항상 앞선다고 표현할 수 있습니다. 재귀 함수는 특정 결과를 목표로 삼으면서도 그 과정에서 과거와 미래의 상태를 동시에 표현합니다. 이처럼 재귀 함수는 미래를 위해 현재를 참조하고, 현재는 다시 과거의 결과에 의존하며 작동합니다. 이런 재귀적 구조를 인터넷 검색, 유튜브의 추천 알고리즘, 객체지향 프로그래밍과 같은 디지털 기술의 동작 방식과 연결합니다. 유튜브의 추천 알고리즘은 사용자의 과거 시청 기록을 기반으로 현재의 추천을 생성하고, 이 추천이 사용자의 미래 행동을 예측하는 구조를 가집니다. 재귀적 시간의 작동 원리를 극명하게 보여주는 사례라 할 수 있죠.

디지털 시대의 기억과 정체성, 기억의 외부화와 확장된 마음 이론

디지털 환경의 재귀적 과정에서 인간은 피상적 관찰자가 아니라 적극적 참여자입니다. 전통적인 사이버네틱스의 피드백 시스템에서의 안정적 수렴과 대조되죠. 일반적인 피드백 시스템에서는 입력과 출력의 되먹임을 통해 시스템이 안정된 상태에 도달하는 것이 목표입니다. 그러나 육후이는 디지털 환경에서 인간의 참여가 이 수렴을 방해하며, 오히려 새로운 가능성과 다양성을 창출한다고 말합니다. 인간은 디지털 환경에서 창조적이거나 비예측적인 행동을 통해 시스템을 변형시키고, 이를 '개체화'individuation로 설명합니다. 즉 디지털적 대상이 한낱 독립된 객체가 아니라 연합적 환경associated milieu 속에서 다른 대상, 시스템, 사용자와의 관계를 지속적으로 재설정하고 재협상하는 존재라고 말이죠. 디지털적 대상은 정적인 상태로 존재하지 않으며, 기분, 분위기, 기억, 집단성과 같은 감정적이고 집합적인 요소를 포함한 동적이고 관계적인 존재입니다. 이를 두고《디지털적 대상의 존재에 대하여》에서 디지털적 대상은 인간 존재의 행동 없이 단독으로는 기능할 수 없다고 언급하고 있는데, 디지털적 대상은 인간의 행동과 상호작용을 통해 계속해서 창조되고 변형되며, 인간의 창조적 개입이 디지털 환경을 구성하는 데 핵심적 역할을 하기 때문입니다. 인간은 디지털적 대상과 상호작용하는 과정에서 새로운 형태의 개체화가 발생합니다. 디지털적 대상은 그 자체로 고정된 의미나 기능을 갖지 않으며, 인간의 참여와 행동을 통해 지속적으로 변형되고 새롭게 구성됩니다. 소셜 네트워크 사이트에서 사용자가 게시물을 올리고, 댓글을 달며, 이모티콘을 추가하는 모든 행위는 디지털적 대상의 의미와 기능을 재구성한다고 할 수 있습니다.

물론 인간의 인지와 환경 간의 관계를 새롭게 정의하며, 효율적 사고와 학습을 위해 외부 자원을 능동적으로 활용하자는 반론도 있습니다. 앤디 클라크와 데이비드 차머스가 제안한 '확장된 마음'extended mind 이론이 대표적 사례로, 인간의 인지 능력이 피상적으로 두뇌에만 제한되지 않고 외부 환경과 결합하여 확장된 형태로 존재한다고 주장합니다. 이 이론의 핵심은 인간이 외부 도구와의 상호작용을 통해 인지 과정을 확장한다는 점입니다. 예를 들어, 우리는 계산기를 사용해 복잡한 수학 문제를 풀거나 스마트폰에 중요한 일정을 저장해 기억을 보조합니다. 클라크와 차머스는 이를 두고 "외부 환경이 우리의 인지적 구성 요소로 작용할 수 있다면, 그것은 우리의 마음의 일부로 간주"되어야 한다고 말합니다. 확장된 마음 이론은 특히 기억의 외부화라는 철학적 개념과 공명합니다. 우리는 두뇌의 한계를 넘어서기 위해 책, 인터넷, 스마트폰, 클라우드 서비스와 같은 외부 장치를 적극적으로 활용합니다. 이 외부 장치들은 별다른 의미 없이 정보 저장소 역할을 하는 것이 아니라, 우리가 정보를 처리하고 활용하는 방식 자체를 변화시킵니다. 클라크와 차머스는 이런 관점을 통해 우리가 외부 환경과 끊임없이 상호작용하며 사고의 경계를 재구성하고 있다고 강조합니다.

전통적으로 우리는 정신이 뇌 안에 있다고 가정해왔지만, 클라크와 그의 공동 저자인 철학자 데이비드 차머스는 '두개골과 피부 안에는 그 어떤 신성한 것도 없다'고 주장했다. 바깥 세계의 요소들은 의식을 '확장'하는 역할을 할 수 있고, 뇌의 추상적 사고방식으로는 불가능한 방법으로 우리가 생각할 수 있게 해준다.… 첫째, 사유는 두개골 안에서뿐만 아니라 세상 밖에서도 일어난다. 즉 지속적인 조립과 재조립을 통해 두뇌 바깥에 있는 자원들을 끌어당기는 행위라 할 수 있다. 둘째, 생각에 사용되는 재료가 생성된 생각의 본질과 질에 영향을 미친다. 마지막으로, 제대로 잘 생각할 수 있는 능력, 즉 지적 사고는 개인의 고정된 특징이 아니라 신경외적 자원과 그 자원을 이용하는 방법에 따라 바뀔 수 있다.

애니 머피 폴의 《익스텐드 마인드》(알에이치코리아, 2022)에서는 앤디 클라크와 데이비드 차머스의 확장된 마음 이론을 바탕으로, 사고가 두뇌 내부에만 국한되지 않고 외부 환경과의 상호작용을 통해 이루어진다고 설명합니다. 폴은 우리의 사유 과정이 외부 자원, 예컨대 메모, 도구, 디지털 기기, 심지어 다른 사람들과의 교류에 의존하며 확장된 형태로 존재한다고 주장합니다. 두개골을 넘어선 사고의 영역을 인정하며, 생각에 사용되는 외부적 자원이 사고의 질과 본질에 영향을 미친다는 점을 강조합니다. 폴은 특히 외부 환경과의 지속적인 조립과 재조립 과정을 통해 우리가 외부 자원을 활용해 사유를 확장한다고 봅니다. 예를 들어, 복잡한 문제를 해결하기 위해 우리는 종이에 아이디어를 그리거나 디지털 도구를 사용해 시각적으로 조직합니다. 이러한 외부 자원은 단순하게 기억을 보조하는 역할을 넘어 생각의 방식 자체를 변화시키고 새로운 통찰이 가능하다고 봅니다.

외부 메모리 관리 알고리즘과 기억의 외부화는 현대 사회에서 기억과 정보가 작동하는 방식을 근본적으로 변화시키고 있습니다. 기술의 발전은 우리의 기억을 별 의미 없이 확장하는 데 그치지 않고, 인간의 기억과 정체성을 클라우드에 업로드하는 가능성을 점점 더 현실로 만들고 있습니다. 뉴럴링크의 BCI$^{\text{brain-computer-interface}}$와 같은 기술은 이러한 미래를 가속화하며, 우리의 기억은 더 이상 개인적인 것에 머무르지 않고 공유되고 상업화되는 방향으로 나아갈 것입니다. 그리고 이제 어떤 기억을 저장하고, 어떤 기억을 잃어야 하는지, 클라우드에 이전된 우리의 정체성이 과연 무엇을 의미하는지 질문할 시간이 다가오고 있습니다. 기억과 정체성이 기술의 영역으로 이전되는 시대, 우리는 새로운 정체성을 받아들일 준비가 되어 있을까요?

9장

GAN 알고리즘과 이드·자아·초자아

내쉬 균형과 GAN,
인공지능의 진화하는 경쟁 구조

2018년, 경매회사 크리스티에서 한 그림이 43만 2500달러에 낙찰되었을 때, 사람들의 이목이 집중되었습니다. 이 작품은 원초적 의미의 예술작품이 아니었습니다. 〈에드몽 드 벨라미〉Edmond de Belamy는 GAN generative adversarial network이라는 인공지능 알고리즘이 제작한 그림이었죠. 서명란에도 인간 화가의 이름 대신 GAN 알고리즘의 학습 과정을 나타내는 수식이 적혀 있었습니다. GAN 알고리즘은 생성자generator와 판별자discriminator의 대립적 상호작용을 통해 데이터를 만듭니다. 생성자는 새로운 데이터를 만들어내고, 판별자는 그것이 진짜인지 가짜인지 판단하며, 두 모델은 경쟁 속에서 점점 더 정교한 결과를 만들어냅니다. 이 대립 구조는 프로이트의 정신분석 이론을 떠올리게 합니다. 프로이트는 인간의 심리를 이드^{Id}, 자아^{Ego}, 초자아^{Superego}라는 세 가지 구조가 균형을 이루며 작동한다고 설명했는데, GAN에서도 생성자와 판별자가 서로 대립하면서 균형을 찾아가는 과정을 통해 현실적이고 심지어 창의적이기까지 한 데이터를 만들어냅니다.

GAN의 학습 과정은 이처럼 대립적 구조로 설계되었습니다. GAN은 우리말로 '적대적 생성형 네트워크'로 불리는데, '적대적'이라고 명명된 이유이기도 하죠. 판별자는 진짜 데이터를 '진짜'로, 가짜 데이터를 '가짜'로 구별하려는 목표를 가지며, 생성자는 판별자를 속여 '가짜' 데이터를 '진짜'로 인식하게 만들려 합니다. 이 과정을 미니맥스^{minimax} 함수로 다시 표현하면 다음과 같습니다.[26]

$$\min_G \max_D [log(D(x))+log(1-D(G(z)))]$$

판별자 D는 주어진 데이터가 '진짜'인지 '가짜'인지를 구분하는 역할

---

[26] 미니맥스 함수는 게임 이론과 의사결정에서 중요한 개념으로, 서로 대립하는 두 플레이어가 있는 경쟁 문제를 해결하는 데 사용된다. '제로섬 게임'을 모델링할 경우 한쪽 플레이어의 이득이 곧 다른 플레이어의 손실을 의미한다. 한 플레이어(Maximizer)는 자신의 이익을 최대화하려 하고, 다른 플레이어(Minimizer)는 상대방의 이익을 최소화하려 한다. 미니맥스 함수의 목표는 최악의 상황에서도 최선의 결과를 보장할 전략을 찾는 것이다. 대표적 예로 체스나 틱택토 같은 게임을 들 수 있는데, 이런 게임에서는 각 플레이어가 자신의 승리 가능성을 최대화하면서 상대방의 승리 가능성을 최소화하려고 한다. 미니맥스 알고리즘은 가능한 모든 움직임을 미리 탐색해 각 결과에 점수를 매기고, 최적의 결과를 도출할 수 있는 움직임을 선택한다. 이 과정에서 최악의 상황을 고려해 가장 유리한 결정을 내리게 된다.

을 합니다. 진짜 데이터를 '진짜'로 잘 예측할수록, 그리고 가짜 데이터를 '가짜'로 잘 판별할수록 판별자의 성능이 향상되죠. 수식으로 표현하면, $log(D(x))$는 진짜 데이터를 진짜로 예측한 정도를, $log(1-D(G(z)))$는 가짜 데이터를 가짜로 예측한 정도를 나타냅니다. 판별자는 이 두 값을 최대화 max_D하려고 노력하며, 이를 통해 생성자가 만든 데이터를 더 잘 구별하게 됩니다. 반면 생성자 G는 가짜 데이터를 생성하며, 판별자를 속여 그것이 '진짜'라고 믿게 만드는 것이 목표입니다. $log(1-D(G(z)))$는 판별자가 가짜 데이터를 '가짜'로 예측한 정도를 의미하며, 생성자는 이 값을 최소화min_G하려고 합니다. 즉, 생성자는 판별자가 자신이 만든 가짜 데이터를 진짜로 분류하도록 학습하며, 이를 통해 점점 더 현실적인 데이터를 만들어냅니다. GAN의 학습 과정은 이렇게 두 모델이 서로 경쟁하며 발전하는 방식으로 이루어집니다. 이 과정은 게임 이론의 미니맥스 문제로 설명되며, 학습이 진행될수록 생성자는 점점 더 현실적인 데이터를 생성할 수 있습니다.

 미니맥스 문제와 게임 이론의 균형은 상반된 목표를 가진 두 주체가 최적의 결과를 추구하는 과정에서 유사성을 보입니다. 미니맥스 문제는 한 주체가 손실을 최소화하려는 목표를 가지는 반면, 다른 주체는 이 손실을 최대화하려는 목표를 가지는 대립적 구조를 설명하죠. 이 과정을 통해 두 주체는 서로의 전략을 예측하고 조정하며, 최종적으로 서로가 더 이상 전략을 바꿔도 유리하지 않은 상태, 즉 내쉬 균형Nash equilibrium에 도달합니다. 각 주체가 최적의 전략을 선택한 후 상대방 반응에 따라 더 나은 선택을 할 수 없게 되는 균형 상태를 의미합니다.[27] 마찬가지로 GAN의 학습 과정에서

---

27 내쉬 균형은 게임 이론에서 플레이어들이 각자의 전략을 선택했을 때, 어느 누구도 상대방 전략을 고정된 상태로 가정하면 자신의 전략을 변경해 더 나은 결과

생성자와 판별자는 서로의 성능을 향상시키며 점점 더 정교해집니다. 생성자는 판별자를 속이기 위해 더 현실적인 데이터를 생성하고, 판별자는 이를 더욱 정확히 구별하기 위해 발전하죠. 학습이 충분히 이루어지면, 두 모델은 내쉬 균형에 가까운 상태에 도달합니다. 이 시점에서 생성자가 생성한 데이터는 판별자가 진짜와 가짜를 구별할 수 없을 만큼 사실적이게 됩니다.

GAN과 프로이트,
인공지능이 인간 심리를 모방하는 방식

프로이트는 인간 심리를 이드, 자아, 초자아라는 세 가지 구성 요소로 설명했습니다. 이드[id]는 욕망과 본능의 원초적 부분으로, 쾌락 원칙에 따라 즉각적 만족을 추구합니다. 인간이 태어나면서부터 가지고 있는 본능적 충동으로, 배고픔, 성적 욕구, 분노와 같은 원초적 욕망을 말하죠. 이드는 현실에 대한 고려 없이 본능적 욕망을 충족하려 하기 때문에, 다른 심리 요소와 갈등을 일으키는 경우가 많습니다.

> 를 얻을 수 없는 상태를 뜻한다. 이 공로로 1994년 존 내쉬(John Nash)가 노벨 경제학상을 수상했으며, 경쟁과 협력의 복잡한 상호작용을 설명하는 강력한 도구로 사용되고 있다. 영화 〈뷰티풀 마인드〉의 술집 장면에서는 내쉬가 친구들과 함께 매력적인 금발 여성과 다른 여성들 사이에서 전략을 고민하는 상황이 묘사된다. 모든 남성이 금발 여성에게만 접근하면 서로 방해하며 모두 실패할 가능성이 큰 반면, 금발 여성 외의 여성들에게도 전략적으로 접근하면, 각자 더 나은 결과를 얻을 수 있다는 장면이 나온다. 물론 영화의 극적 연출을 위한 장치지만 내쉬 균형의 개념을 직관적으로 설명하고 있다.

자아Ego는 이드의 욕망을 현실 세계에 맞게 조정하며, 인간의 행동을 합리적이고 현실적으로 통제하는 역할을 합니다. 자아는 현실 원칙에 따라 작동하며, 이드의 충동과 초자아의 도덕적 요구 사이에서 중재자 역할을 합니다. 자아는 이드의 충동을 억제하거나 지연시켜 현실적으로 달성 가능한 방법으로 욕망을 충족시키는데, 이 과정에서 자신의 판단과 문제 해결 능력을 통해 현실과 본능 사이의 균형을 유지합니다.

초자아Superego는 도덕적 기준과 이상을 제시하며, 자아와 이드가 윤리적이고 사회적으로 적합한 방식으로 행동하도록 감독합니다. 초자아는 사회적 규범과 도덕적 가치에서 비롯된 이상적 자아의 목소리로, 이드의 충동을 억제하고 자아가 더 높은 도덕적 기준을 따르도록 압박합니다. 이드와 초자아는 종종 상반된 요구를 제시하면서 충돌하지만, 자아는 이 두 요소 사이에서 균형을 잡아 인간의 행동을 조정합니다. 이 세 요소가 끊임없이 상호작용하며 인간의 심리 구조와 행동을 형성한다는 것이 프로이트 정신분석 이론의 핵심입니다.

GAN의 구조는 프로이트의 심리 모델인 이드, 자아, 초자아와 흥미롭게도 유사한 대응 관계를 보여줍니다. 생성자는 이드와 같은 역할을 하며, 데이터의 진위를 신경 쓰지 않고 '그럴듯한 데이터'를 만드는 데 집중합니다. 생성자는 판별자를 속이기 위해 끊임없이 새로운 데이터를 생성하는데, 이드가 즉각적 만족과 욕망을 추구하는 쾌락 원칙과 닮았습니다. 생성자는 진짜 데이터를 모방해 현실적인 가짜 데이터를 만들어내지만, 생성형 AI가 그러하듯이 데이터의 도덕적 기준이나 진실성에 대해서는 고민하지 않습니다. 판별자는 초자아와 유사하게, 생성된 데이터가 실제 데이터와 얼마나 다른지를 평가하며 '도덕적 기준'을 설정합니다. 판별자는 가짜 데이터를 비판적으로 평가하고, 생성자가 더욱 현실적이고 정교한 데이터를 만들도록 압박하죠. 초자아가 도덕적 판단을 통해 이드의 본능적 욕구를 억제하고 행동을 규제하려는 역할과 닮았습니다.

GAN의 균형은 자아와 대응됩니다. 생성자와 판별자가 적절한 균형을 이루었을 때 GAN은 최적의 결과를 얻습니다. 마치 자아가 이드의 충동과 초자아의 도덕적 요구 사이에서 조화를 이룰 때 현실적이면서 합리적인 결정을 내리는 것과 유사하죠. 균형이 깨지면 생성자는 비현실적인 데이터를 만들거나, 판별자는 데이터를 지나치게 엄격히 평가해 학습이 제대로 진행되지 않을 수 있습니다.

현대 정신분석학에서 이드, 자아, 초자아 같은 구분은 여전히 심리적 갈등과 내적 역동을 설명하는 유용한 도구로 사용되지만, 하인츠 코헛의 자기심리학이나 멜라니 클라인의 객체관계이론처럼 이 개념은 보다 유연하게 재해석되고 있습니다. 개인의 심리적 구조보다는 관계적이고 맥락적 측면을 강조하는 이론들이 등장하고 있죠. 특히 신경과학은 프로이트의 구조적 모델을 직접적으로 확인하지는 못했지만, 일부 연구자들은 이들 개념을 뇌의 특정 기능과 은유적으로 연결하려는 시도를 하고 있습니다. 예를 들어, 이드는 변연계limbic system와 연관 지어 설명될 수 있습니다. 변연계는 감정, 욕구, 본능적 행동을 담당하는 뇌의 영역으로, 특히 쾌락과 보상 체계에 중요한 역할을 하는 편도체amygdala와 중격핵nucleus accumbens이 포함됩니다. 이드는 본능적 생존 욕구, 예를 들어 배고픔이나 성적 욕망과 같은 즉각적 충동과 관련이 있으며, 변연계는 이러한 충동을 감지하고 반응을 촉진하는 데 핵심 역할을 합니다. 자아와 초자아는 뇌의 고차원적 기능과 연결됩니다. 자아는 이드의 충동을 현실 원리에 맞게 조절하며, 이를 위해 전두엽$^{frontal\ lobe}$의 실행 기능이 관여합니다. 전두엽은 계획, 충동 억제, 의사결정 등 논리적이고 합리적인 사고를 관장합니다. 한편 초자아는 도덕적 판단과 사회적 규범의 내면화를 담당하며, 사회적 판단과 도덕적 행동을 처리하는 전측 대상피질$^{ventromedial\ prefrontal\ cortex}$과 후측 대상피질$^{posterior\ cingulate\ cortex}$의 활동과 연결될 수 있습니다. 초자아는 자아와 협력하며, 규범과 이상에 맞춰 행동하도록 압력을 가하는 역할을 합니다.

그런데 이드, 자아, 초자아라는 구분은 지나치게 단순화되어 현대 심리학과 신경과학의 복잡성을 모두 담아내지 못한다는 비판을 받기도 합니다. 또 이 구분은 서구 문화적 맥락에 기반한 것이어서 인간 심리를 보편적 정서로 받아들이기에는 여전히 한계가 있기도 하고요. 이런 이유로 현대 심리학에서는 이를 절대적인 이론이 아니라 하나의 접근법으로 간주합니다. 특히 하버드대학교 신경과학자 앨런 홉슨은 《프로이트가 꾸지 못한 13가지 꿈》(시그마북스, 2009)에서 프로이트의 꿈 이론에 대해 "50%는 맞고 100%는 틀렸다"고 평가하기도 하죠. 그는 프로이트가 "꿈의 내용에 지나치게 집착해 과학적 탐구를 방해했다"고 비판하며, 꿈의 본질을 무의식적 이야기로 보는 접근이 현대 과학의 길을 막았다고 강조합니다. 홉슨은 "꿈은 이야기로 구성된 의미가 아니라 뇌의 비선형적 활동에서 비롯된 무작위적 패턴"이라고 강조하며, 프로이트의 해석론이 과학적 검증을 회피한다고 비판하기도 합니다.

이드, 자아, 초자아라는 프로이트의 구분은 단순무구한 구조임에도 불구하고 인간의 내적 갈등과 행동 동기를 이해하는 데 여전히 중요한 역할을 합니다. 충동과 규율, 창조성과 판단 사이의 복잡한 상호작용을 포착하며, 인간 정신 구조의 역동성을 효과적으로 설명하기 때문이죠. GAN 알고리즘의 생성자와 판별자 간의 상호작용 또한 인간 심리에서 창조적 사고와 비판적 사고가 조화를 이루며 발전하는 과정과 유사한 면을 보여줍니다. GAN의 학습 메커니즘은 인간 정신 구조를 상징적으로 모사하는 모델로 이해될 수 있습니다. 그동안 철학은 사유라는 창을 통해 인간의 본질을 들여다보았다면, 이제 컴퓨터와 AI는 그 창을 거울로 바꾸어 우리를 되비추기 시작합니다. 인간 정신의 복잡한 미로를 탐험하던 철학의 길 위에, 기술은 빛을 더해 새로운 길목을 열고, 그곳에서 우리는 자신을 다시 마주하게 됩니다.

10장

추론 알고리즘과 온톨로지

계층적 구조와 상속을 통해 지식을 체계적으로 조직화

"기계가 세상을 이해할 수 있을까?"라는 고전적 질문을 조금 바꾸어보면, "기계는 세상과 관계를 맺고, 그 안에서 스스로의 위치를 발견할 수 있을까?"라는 존재의 의미와 상호작용의 본질을 탐구하는 좀 더 깊은 질문으로 이어집니다. 우리 주위에는 무수한 데이터와 객체, 그리고 이들 사이의 보이지 않는 관계가 얽혀 있습니다. 이 숨겨진 연결을 찾아내고, 새로운 의미를 부여하며, 지식을 스스로 확장해 나가는 것은 추상적인 연산을 넘어서는 일입니다. 그 중심에 서 있는 것이 바로 온톨로지ontology와 추론 알고리즘inference algorithm입니다. 이 두 가지가 결합될 때, 기계는 마치 사고하는 것처럼, 정보의 층위를 심화하고 새로운 지식 구조를 만들어냅니다.

온톨로지, 즉 존재론은 존재와 실재의 본질을 사유합니다. 무엇이 존재하는가, 그리고 존재는 어떻게 정의되고 상호작용하는가와 같은 질문을 다루죠. 특히 현대 철학에서는 피상적으로 '무엇이 존재하는가'를 넘어 존재들이 서로 맺고 있는 관계와 그 관계의 구조적 특성에 관심을 둡니다. 컴퓨터과학에서의 온톨로지는 특정 분야나 주제에 속하는 객체와 개념, 그리고 이들 간 관계를 체계적으로 구조화해 정의하는 지식 표현 방식입니다. 복잡한 정보들을 계층적으로 정리하고, 객체들이 서로 어떤 방식으로 연결되고 상호작용하는지 쉽게 이해할 수 있죠.

온톨로지의 기본 구성 요소는 개체, 클래스, 속성, 그리고 관계입니다. 개체는 온톨로지에서 특정한 물체나 개념을 의미하는 가장 기본적인 정보 단위입니다. '개'나 '고양이' 같은 구체적인 사물뿐만 아니라, '동물'처럼 추상적인 개념도 개체로 포함될 수 있습니다. 클래스는 개체들을 특정한 기준에 따라 분류하는 상위 개념으로, 유사한 속성을 지닌 개체들의 집합을 형성합니다. '포유류'라는 클래스는 개와 고양이를 포함하는 상위 개념이며, 이들은 모두 포유류의 일반적인 특성을 공유합니다. 속성은 개체의 고유한 특징을 나타내며, 이를 통해 개체의 구체성이 부여됩니다. '털이 있다'는 포유류의 일반적인 속성으로, 포유류에 속하는 개와 고양이에도 공통으로 적용됩니다. 마지막으로 관계는 개체들 간의 연결을 나타내며, 개체들이 서로 어떻게 연관되어 있는지를 설명합니다. '개는 포유류에 속한다'는 관계는 개라는 개체와 포유류라는 클래스 간의 포함 관계를 나타내며, '포유류는 동물에 속한다'는 관계를 통해 더 상위 개념과의 연결도 정의됩니다.

동물 온톨로지를 예로 들어 그 구조를 살펴보겠습니다. 동물 온톨로지에서 최상위 개념인 '동물'은 모든 동물 개체를 포함하는 클래스이며, 생명체로서의 기본적인 속성을 지닙니다. '움직인다'와 '호흡한다' 같은 속성이 모든 동물에게 공통적으로 적용되듯이 말이죠. 이러한 최상위 클래스 아래에는 '포유류'와 '조류' 같은 중간 수준의 클래스가 존재합니다. '포유류' 클래스는 '털이 있다'와 '젖을 먹인다' 같은 고유한 속성을 가지며, 이 범주에 속하는 개와 고양이 같은 개체들은 해당 속성을 상속받습니다. 마찬가지로, '조류' 클래스에 속하는 참새나 독수리 같은 개체들은 '날개가 있다'와 같은 조류의 특성을 공유합니다. 이처럼 온톨로지는 계층적 구조를 가지며, 상위 클래스에 정의된 속성이 하위 클래스와 개체로 자연스럽게 전달됩니다. 온톨로지는 계층적 구조와 속성 상속을 통해 지식을 체계적으로 조직합니다. 이러한 구조는 개체들 간의 의미 있는 관계를 정의하고 유지하는 역할을 합니다. 상위 클래스에서 정의된 속성이 하위 클래스와 개체에 자동으로 적용되므로, 새로운 개체를 추가하거나 변경할 때 전체 구조에 영향을 주지 않고도 일관된 지식을 관리할 수 있습니다. 예컨대, '동물은 움직인다'는 속성을 상위 클래스인 '동물'에 한 번 정의하면, 하위 클래스인 '포유류'나 개와 고양이 같은 개체들도 이 속성을 자동으로 상속받습니다. 이렇듯 복잡한 개체와 관계를 논리적으로 구조화할 수 있습니다.

이러한 개체, 클래스, 속성, 관계의 개념은 객체지향 프로그래밍과 유사한 구조를 가집니다. 온톨로지와 객체지향 프로그래밍 모두 개체를 구조화하고, 상속과 관계를 정의하는 방식을 통해 복잡한 정보를 체계적으로 관리할 수 있도록 설계됩니다. 다만, 객체지향 프로그래밍에서는 '객체'라는 용어를 사용하며, 클래스와 객체를 활용해 코드의 재사용성과 확장성을 높이는 데 초점을 맞춥니다. 반면, 온톨로지는 개념과 개체 간의 의미적 관계를 정의하여 지식의 일관성을 유지하는 데 중점을 둡니다. 따라서 두 개념은 개체 간 계층적 구조와 속성 상속의 원리를 공유하면서도, 객체지향 프로그래밍은 소프트웨어 개발의 맥락에서, 온톨로지는 지식 표현과 의미적 관계 정의의 맥락에서 활용된다는 차이가 있습니다.

온톨로지를 통해 기계가 세상과 관계 맺는 방법

추론 알고리즘은 온톨로지 내에서 정의된 개념, 개체, 속성, 그리고 관계를 활용하여 기존에 명시되지 않은 새로운 정보를 도출하거나 숨겨진 연결을 발견하는 역할을 합니다. 온톨로지는 "무엇이 무엇과 어떤 관계를 가지는가?"를 정의하는 구조를 제공하는 반면, 추론 알고리즘은 "이러한 관계를 바탕으로 무엇을 더 알 수 있는가?"를 분석하는 과정을 수행합니다. 즉, 온톨로지가 체계적인 지식 표현을 담당하는 프레임워크라면, 추론 알고리즘은 이를 바탕으로 논리적 결론을 도출하여 의미를 확장하는 도구라고 할 수 있습니다.

온톨로지 내에 "포유류는 온혈 동물이다"라는 규칙이 정의되어 있고, "개는 포유류다"라는 정보가 포함되어 있다고 가정해 보겠습니다. 이 경우, 추론 알고리즘은 "개는 포유류이므로 개도 온혈 동물일 것이다"라는 논리를 적용하여 자동으로 새로운 사실을 도출할 수 있습니다. 중요한 점은 온톨로지에 "개는 온혈 동물이다"라는 정보가 직접 기록되어 있지 않더라도, 추론 알고리즘이 기존 관계를 분석하여 이를 도출할 수 있다는 것입니다.

이러한 추론 방식은 보다 정교하고 확장 가능한 지식 체계를 구축하는 데 핵심적인 역할을 합니다. 만약 모든 동물의 특성을 개별적으로 기록해야 한다면, 온톨로지가 커질수록 관리가 어려워지고 오류 가능성도 높아질 것입니다. 그러나 추론 알고리즘을 적용하면, 기본적인 규칙과 개념만 정의해도 논리적으로 유추 가능한 정보들이 자동으로 생성되므로 보다 효율적이고 일관된 지식 관리가 가능합니다.

추론 알고리즘과 온톨로지는 의료, 법률, 자연어 처리, 추천 시스템 등 다양한 분야에서 활용될 수 있습니다. 의료 시스템에서는 "A 유전자는 특정 질병과 관련이 있다"는 규칙과 "B 유전자는 A 유전자와 유사한 기능을 한다"는 정보가 주어졌다고 가정해 보겠습니다. 이 경우, 추론 알고리즘은 B 유전자도 특정 질병과 관련될 가능성이 높다는 결론을 도출할 수 있습니다.

법률 시스템에서는 기존 판례와 법 조항을 기반으로 특정 사건이 어떤 법적 판단을 받을 가능성이 있는지를 추론할 수 있습니다. 자연어 처리 분야에서는 단어 간 관계를 분석하여 문장의 의미를 보다 정교하게 해석할 수 있으며, 추천 시스템에서는 사용자의 선호도를 분석하여 새로운 콘텐츠나 제품을 자동으로 추천할 수 있습니다.

결론적으로, 온톨로지와 추론 알고리즘은 상호 보완적인 역할을 하며, 함께 작동할 때 더욱 강력한 지식 시스템을 구축할 수 있습니다. 온톨로지가 지식을 구조적으로 정의하는 틀을 제공한다면, 추론 알고리즘은 이 틀을 활용하여 새로운 정보를 자동으로 생성하고 의미를 확장하는 기능을 수행합니다. 이를 통해 복잡한 데이터에서 논리적 패턴을 발견하고, 보다 지능적인 정보 활용이 가능해집니다.

구분	객체지향 프로그래밍	온톨로지	추론 알고리즘
정의	데이터와 동작을 하나의 객체로 묶어 소프트웨어를 설계하는 방식	개념, 개체, 속성 및 관계를 체계적으로 정의하여 지식을 구조화하는 방법론	온톨로지의 관계와 규칙을 바탕으로 새로운 정보를 도출하는 과정
목적	코드 재사용성, 유지보수성, 효율적인 프로그램 설계	개념 간 의미적 관계 정의, 지식의 체계적 관리	논리 규칙을 적용해 숨겨진 관계나 새로운 정보 추론
구성 요소	객체, 클래스, 속성, 메서드	개체, 개념, 속성, 관계	논리 규칙, 전제, 결론
작동 방식	객체 간 상속과 관계를 통해 코드 구조화	개념 간 의미적 연결을 정의하여 정보 체계 구축	주어진 정보와 논리 규칙을 적용해 자동으로 결론 도출
예시	'자동차' 클래스를 만들고, '소나타' 객체 생성	'포유류' 개념을 정의하고, '고양이'와 '강아지'를 하위 개념으로 설정	"모든 포유류는 온혈 동물이다"라는 규칙과 "개는 포유류다"라는 정보를 기반으로 "개는 온혈 동물이다"를 자동 도출
유형	클래스 기반 프로그래밍, 절차적 프로그래밍과 결합 가능	온톨로지 기반 지식 모델링, 시맨틱 웹, 지식 그래프	연역 추론, 귀납 추론, 확률적 추론
사용 언어	자바, C++, 파이썬 등	OWL, RDF, SPARQL[28] 등	프로로그, 파이썬, 퍼지 논리 시스템 등
활용 분야	소프트웨어 개발, 게임, 시스템 설계	검색 엔진, 의료 정보, 시맨틱 웹	의료 진단, 법률 자동화, 자연어 처리

[표 1] 객체지향 프로그래밍, 온톨로지, 추론 알고리즘 비교

28 SPARQL은 온톨로지 및 의미 기반 웹에서 데이터를 검색하고 조작하는 데 사용되는 질의 언어로, RDF형식으로 저장된 데이터를 대상으로 질의를 수행하며, 관계형 데이터베이스에서 사용하는 SQL과 유사한 구조를 갖고 있다. SPARQL을 이용하면 단순 조회뿐만 아니라 복잡한 관계를 탐색하고, 특정 패턴을 만족하는 정보를 추출할 수 있다. 예를 들어, "어떤 사람이 특정 책의 저자인가?" 또는 "두 개념이 어떻게 연결되어 있는가?"와 같은 질의를 실행할 수 있다. SPARQL은 온톨로지 기반 지식 그래프를 활용하는 시스템에서 필수적인 역할을 한다. 의미적으로 연결된 데이터를 효율적으로 탐색하고, 추론 알고리즘과 결합해 새로운 정보를 도출할 수도 있다. 특히 검색 엔진, 추천 시스템, 의료 정보 시스템과 같은 분야에서 SPARQL을 활용하면 복잡한 데이터 관계를 논리적으로 분석하고 유용한 패턴을 찾을 수 있다.

시맨틱 웹과 온톨로지, 데이터가 의미를 갖는 방식

시맨틱 웹Semantic Web은 1990년대 후반에 월드와이드웹을 만든 팀 버너스 리에 의해 제안된 개념이죠. 컴퓨터가 인터넷상 데이터의 '의미'를 이해할 수 있도록 조직하고 연결하기 위해 탄생했습니다. 시맨틱 웹은 데이터를 체계적으로 표현하고 연결하여 컴퓨터가 더 깊이 이해하고 스스로 새로운 정보도 생성할 수 있는데, RDF Resource Description Framework 와 OWL Web Ontology Language[29] 이라고 하는 언어 덕분입니다. 두 언어 모두 시맨틱 웹의 핵심 기술로, RDF는 데이터를 구조화하고 표현하는 표준을 제공하며, OWL은 RDF 위에서 논리적 관계와 온톨로지를 정의하는 데 사용됩니다.

'자원 서술 프레임워크'로 번역되는 RDF는 데이터를 구조화하고 관계를 표현하는 기본적인 언어로, 데이터를 주체-서술어-객체 형태의 삼중triple 구조로 나타냅니다. '개는 동물이다'라는 정보를 RDF로 표현하면, '개(주체)-이다(서술어)-동물(객체)'의 형태가 됩니다. 이런 구조 덕분에 컴퓨터는 데이터 간 관계를 명확하게 이해할 수 있습니다. 이 구조는 단순해 보이지

---

[29] OWL의 이름이 WOL이 아닌 이유는 발음과 상징성 때문이다. OWL은 영어 단어 '올빼미'(owl)와 발음이 같아 지혜와 지식을 상징하며, 온톨로지 언어가 복잡한 데이터를 논리적으로 표현하고 추론하는 기능과 잘 어울린다. 반면 WOL은 발음하기 어렵고 직관적이지 않아 기술 명칭으로 적합하지 않다. 또 약어 구성에서 모든 단어의 첫 글자를 따르는 것이 필수는 아니며, 의미 전달과 사용 편의성을 우선하기도 한다. 올빼미는 고대 로마 신화에서 지혜의 여신 미네르바(Minerva)와 연결된 동물로, 헤겔은 "미네르바의 올빼미는 황혼이 내린 후에야 날아오른다"라는 유명한 말을 남겼다. 철학이 사건이나 시대를 실시간으로 이끌기보다는 그 의미를 반성하고 이해하기 위해 사후적으로 나타난다는 뜻으로, 올빼미를 철학의 상징으로 사용했다.

만, 여러 소스의 데이터를 일관되게 표현하고, 다른 웹 서비스나 데이터베이스와 연동하여 데이터를 통합할 수 있게 합니다. 한 웹사이트에 '개는 동물'이라는 데이터가 있고, 다른 사이트에 '동물은 생명체'라는 정보가 있을 때, RDF 구조를 통해 컴퓨터는 개가 생명체라는 사실을 유추할 수 있습니다. 이렇게 RDF는 시맨틱 웹의 기본 표현 방식이 되어 데이터의 연결성과 의미를 강화합니다.

OWL은 RDF를 확장하여 데이터 간 관계를 더 정교하게 정의할 수 있게 합니다. OWL을 사용하면 단순한 관계 표현은 물론 논리적 규칙을 적용할 수 있어, 컴퓨터가 더욱 복잡한 의미까지 추론할 수 있습니다. '모든 포유류는 동물'이라는 규칙을 OWL로 정의할 수 있는데, 이 규칙이 정의되면 '개가 포유류'라는 데이터만 있어도 컴퓨터는 자동으로 개가 동물이라는 것을 이해할 수 있습니다. OWL은 상속 관계뿐만 아니라 '동등성' 등의 규칙을 통해 개념 간 다양한 관계를 표현합니다. '자동차'와 '차량'이 동일한 의미라는 규칙을 설정하면, 웹에서 자동차에 대한 정보를 찾을 때 차량이라는 용어도 동일하게 취급할 수 있죠. 이런 논리적 규칙을 통해 OWL은 RDF보다 더 복잡한 관계와 의미를 표현하여, 시맨틱 웹을 더욱 강력하게 만듭니다.

시맨틱 웹의 중요한 발전으로 지식 그래프가 널리 활용되고 있습니다. 구글, 아마존, 마이크로소프트 등 대형 기술 기업들은 데이터 간 관계와 맥락을 지식 그래프로 표현하여 검색과 추천 시스템 및 인공지능에 활용하고 있습니다. 지식 그래프는 RDF와 OWL의 구조를 기반으로 하지만, 특정 플랫폼에 맞춤형으로 구현되어 훨씬 더 방대한 규모의 데이터를 효율적으로 통합합니다. 구글의 지식 그래프는 다양한 출처의 데이터를 통합해 사람들이 검색할 때 더욱 의미 있는 답변을 해줄 수 있습니다. 검색엔진이 사용자의 질문에 대해 의미적으로 이해하고, 맥락에 맞는 답을 줄 수 있도록 지원하기 때문이죠.

온톨로지와 추론 알고리즘이 결합하면서 존재를 바라보는 방식이 크게 변했습니다. 전통적으로 존재는 그 자체로 고정된 실체였지만, 추론 알고리즘은 존재를 관계와 규칙 속에서 끊임없이 생성되고 재구성되는 실체로 만들어줍니다. 존재란 독립적 실체가 아니라 상호작용을 통해 형성되는 것이라는 현대 철학의 관점과도 맞닿아 있는 것입니다.

> 디지털 객체는 관련 환경 내에서 다른 객체, 시스템 및 사용자와의 관계를 지속적으로 재설정하고 재협상하는 과정에 있다. 디지털 객체는 또한 감정, 분위기, 집단성, 기억 등을 유지하는 기능을 차지한다. 이는 우리에게 디지털 객체에 대한 역동적이고 활력 있는 이해를 제공한다. 나는 이 과정을 개체화로 구별하고자 한다.

육후이는《디지털적 대상의 존재에 대하여》에서 디지털 객체가 전통적 존재론에서 말하는 고정된 실체로 정의될 수 없으며, 그것이 속한 환경과 관계의 맥락에서만 그 존재를 드러낸다고 설명합니다. 시맨틱 웹과 같은 기술적 프레임워크는 데이터와 객체가 관계를 통해 의미를 형성하는 방식을 근본적으로 바꿉니다. 예컨대 온톨로지와 추론 알고리즘을 통해 디지털 객체는 고유의 존재를 갖는 것이 아니라, 관계망 속에서 끊임없이 생성되고 재구성되는 존재로 이해될 수 있습니다.

FOAF와 온톨로지,
디지털 객체는 어떻게 관계 속에서 존재하는가?

또 육후이는 시맨틱 웹의 기술적 성격을 철학적으로 분석합니다. 특히 FOAF^{Friend of a Friend}와 같은 사례를 통해, 데이터와 객체가 인간적이면서 기술적인 관계를 기반으로 새로운 의미와 존재를 드러낸다고 말합니다. 이 관점은 디지털 객체가 일차원적인 계산의 결과물이 아니라 존재론적 지평에서 새로운 관계적 존재성을 가지는 과정으로 작용한다는 것을 강조합니다. 디지털 환경에서 존재는 고정된 실체에서 벗어나 동적이고 상호작용적인 것으로 확장됩니다.

> 소셜 네트워킹 맥락에서 관계는 친구, 객체가 위치한 공간과 시간 등 거의 모든 것을 좌우한다. 페이스북이 사용자의 '먼 친구'를 추천할 때, 이는 바로 관계를 접근하고 이를 조작하는 과정을 통해 이루어진다.… FOAF라는 예시에서 객체는 일반적 이름이 아닌 고유 이름으로 통합되며, 고유한 URI를 통해 식별되는 다양한 관계들로 구성된다.

이처럼 FOAF는 개인 정보를 저장하는 도구를 넘어, 디지털 환경에서 관계를 중심으로 객체를 식별하고 연결성을 강화하는 중요한 역할을 합니다. FOAF의 구조는 RDF를 기반으로 하며, 사용자는 자신과 친구들의 정보를 포함한 RDF 파일을 생성하고, 이를 통해 네트워크상에서 의미 있는 관계를 구축할 수 있습니다. 사용자가 자신의 FOAF 파일에 이름, 이메일, 친구관계 등을 기술하면, 이 데이터는 고유한 URI를 통해 다른 데이터 세트와 연결되죠. 이런 연결은 분산형 소셜 네트워크 구현의 기반구조가 됩니다. 실제로 초기 LinkedIn 프로토타입은 FOAF를 활용해 개인의 프로필을 구조화하고, 관계 네트워크를 의미론적으로 탐구하는 실험을 진행했습니다. 또 DBpedia와 같은 프로젝트에서는 FOAF를 사용해 사람과 관련된 정보를 위키피디아 데이터와 연결하여 풍부한 의미 네트워크를 구축했죠.[30] FOAF는 데이터 간 관계를 중심으로 작동하기 때문에, 있는 그대로의 친구 목록을 넘어서 사용자의 사회적 관계를 맥락적으로 해석할 수 있습니다. FOAF 데이터를 활용하면 특정 사용자와 공통된 관심사를 가진 사람들을 자동으로 식별하거나, 특정 이벤트와 관련된 연결망을 의미론적으로 분석할 수 있습니다.

온톨로지 내에서 객체들은 소박하게 서로 연결된 상태로만 머무르지 않습니다. 추론 알고리즘이 개입하면서 객체들 사이의 상호작용 속에서 새로운 의미가 만들어지고, 이로써 각 객체는 새롭게 의미 있는 존재론적 지위를 얻게 됩니다. 한 객체가 다른 객체와 관계를 맺을 때, 그 관계는 일차원적으로 'A와 B가 연결되어 있다'는 정보가 아니라, 두 객체가 상호작용

---

[30] DBpedia는 위키피디아에 있는 정보를 정리해 컴퓨터가 이해할 수 있는 구조화된 데이터로 제공하는 프로젝트다. 방대한 내용을 체계적으로 추출해 다양한 주제와 관련된 데이터를 연결된 데이터(Linked Data)로 활용할 수 있도록 만들어준다. 사용자는 특정 정보나 주제에 대해 쉽게 검색하고 분석할 수 있으며, DBpedia는 다른 데이터베이스와 연결되어 지식 그래프와 같은 다양한 응용에 활용된다. 다만 위키피디아의 정보가 완벽하지 않을 수 있고, DBpedia가 모든 변화를 즉각 반영하지는 못하는 한계가 있다. 그럼에도 불구하고 DBpedia는 데이터 분석, 학술 연구, 지식 그래프 구축 등에 중요한 도구로 사용되며, 누구나 무료로 접근할 수 있어 널리 활용된다.

하는 과정에서 발견되는 새로운 의미와 가치를 담아내게 되죠. 캐런 바라드가 《우주의 중간에서 만나기》에서 말했듯이, 물질은 고정된 물체가 아니라 생성 중에 있는 실질이며, 사물이 아니라 '행위'고 '행위성의 응결'이라고 합니다.

> 행위적 실재론적 사유에서 물질은 어떤 고정된 실제를 지칭하지 않는다. 그보다 물질이란 그것의 내부작용적/간-행적 생성 안에서의 실체다. 즉, 사물(thing)이 아니라 함(doing), 행위성/행위소의 응결이다.

추론 알고리즘은 바로 이런 '행위성'을 강화하며, 실재의 구조를 탐구하고 때로는 변형합니다. 즉, 존재를 독립된 개별적 실체로만 보지 않고, 관계와 상호작용을 통해 끊임없이 변형되는 존재로 바라보는 관계적 실재론과 맞닿아 있습니다. 온톨로지 속 객체들은 그저 단독으로 있는 것이 아니라 서로의 관계를 통해서만 정체성과 의미를 얻는 것이죠. 결국 추론 알고리즘은 온톨로지 내에서 객체 간 관계를 통해 지식을 창출하고 확장하게 만듭니다. 온톨로지는 추상적인 데이터 집합을 넘어, 서로 얽혀 있는 지식의 유기적 네트워크로 변모하게 됩니다. 그리고 그 네트워크 속에서 데이터는 개별적이고 고립된 정보가 아니라, 상호작용을 통해 의미를 만들어가는 살아 있는 지식의 연결망으로 작동하게 됩니다.

11장

마스터 알고리즘과 전일론

궁극의 알고리즘,
모든 데이터에서 패턴을 발견하라!

2000년 MIT 신경과학자들이 과학 저널 〈네이처〉에 아주 흥미로운 실험 결과를 발표했습니다. 흰담비의 눈에서 나온 신경을 청각 피질로, 귀에서 나온 신경을 시각 피질로 연결했죠. 이 극단적 재배치가 흰담비에게 치명적인 장애를 줄 것처럼 보였지만, 결과는 정반대였습니다. 이 발견은 신경세포가 오직 고정된 역할을 수행하는 것이 아니라, 환경과 위치에 따라 기능을 재구성할 수 있다는 점에서 하나의 보편적 알고리즘이 작동하고 있을 가능성을 보여줍니다. 이 실험은 페드로 도밍고스의《마스터 알고리즘》(비즈니스북스, 2016)에 소개된 사례로, 환경에 따라 유연하게 학습하는 머신러닝 모델을 떠올리게 합니다.

도밍고스의 마스터 알고리즘은 "이론상으로 어느 영역의 데이터에서도 지식을 발견해내는 범용 학습 알고리즘"입니다. 머신러닝의 다섯 가지 주요 패러다임을 통합해 하나의 단일 학습 체계를 구축하려는 야심 찬 시도이기도 하죠. 이 비전은 각 패러다임 간 상호작용에서 새로운 가능성을 창출하는 전일론Holism이라는 철학적 기반 위에 서 있습니다.

전일론은 개별 요소의 투박한 조합이라기보다, 요소 간 상호작용에서 새로운 속성이 창출된다는 철학적 원리입니다. 아리스토텔레스는《형이상학》에서 "전체는 부분의 합 이상"이라는 전일론적 개념을 제시했는데, 피상적으로 각 구성 요소의 기능을 이해하는 것만으로는 시스템의 본질을 파악할 수 없다는 의미입니다. 마스터 알고리즘의 비전도 이와 유사하게 다섯 가지 학습 패러다임, 즉 기호주의, 연결주의, 진화론, 베이즈주의, 유추주의를 단지 병렬적으로 병합하는 것이 아니라, 이들을 융합해 "모든 데이터에서 패턴을 학습할 수 있는" 궁극의 알고리즘을 개발하려는 시도입니다. 이러한 마스터 알고리즘은 데이터에서 자동으로 규칙을 추출하고, 인간 개입 없이 예측 및 결정을 내릴 수 있는 알고리즘들의 '통합체'라 할 수 있습니다. 이 개념은 본질적으로 환원주의적 접근을 내포하면서도 다양한 학습 패러다임의 협력과 융합을 강조한다는 점에서 전일론의 특성을 띠고 있습니다. 각각의 학습 패러다임을 간단히 살펴보겠습니다.

기호주의

기호주의symbolism는 논리와 규칙 기반 시스템을 통해 학습을 수행하는 접근법으로, 인간 사고를 명시적으로 모델링하려는 목표를 가지고 있습니다. 논리적 귀납과 추론을 핵심으로 하며, 데이터를 논리적 명제와 규칙으로 변환해 처리합니다. "모든 사람은 죽는다"라는 전제와 "소크라테스는 사람이다"라는 사실을 바탕으로 "소크라테스는 죽는다"라는 결론을 도출하는 과정은 기호주의의 전형적 방식이죠. 이런 접근 방식은 명확하고 체계적인 추론 과정을 통해 데이터를 해석하며, 그 결과를 인간이 쉽게 이해할 수 있습니다.

기호주의의 대표적인 특징은 논리적 표현과 설명 가능성입니다. 데이터를 명제와 규칙으로 구조화해 복잡한 문제를 체계적으로 해결하는 데 효과적이죠. 특히 역연역inverse deduction과 같은 방법론을 통해 결론에서 출발하여 이를 뒷받침하는 전제나 원인을 추론할 수 있습니다. "소크라테스는 죽는다"라는 결론에서 "모든 사람은 죽는다"와 "소크라테스는 사람이다"라는 전제를 역으로 도출하는 방식이 이에 해당합니다. 이런 역추론은 새로운 데이터와 패턴을 발견하거나 기존 지식을 보강하는 데 유용합니다.

기호주의는 의사결정 트리decision tree와 같은 알고리즘에서 효과적으로 구현됩니다. 의사결정 트리는 데이터를 분류하거나 예측하는 데 사용하는 규칙 기반 구조로, 각 노드에서 특정 조건을 평가하며 점진적으로 결론에 도달합니다. "날씨가 맑은가?"라는 질문으로 시작해 "온도는 적당한가?"라는 추가 조건을 평가하며 최종적으로 "야외 활동 가능"이라는 결론에 도달하는 방식입니다. 이러한 체계적이고 논리적인 접근은 기호주의가 데카르트적 합리주의의 철학적 이상을 현대 기술에 적용한 사례임을 잘 보여줍니다.

데카르트적 합리주의는 논리적 명료성과 체계적 사고를 중시합니다.

데카르트는 모든 지식을 이성reason에 기반하여 확실한 원리로부터 체계적으로 연역해야 한다고 보았습니다. 그는 《방법서설》에서, 진리를 탐구하기 위해 기존의 모든 믿음을 의심하고, 확실한 기초 위에 새로운 지식을 구축해야 한다고 주장했습니다. 이 과정에서 "나는 생각한다, 고로 존재한다"Cogito, ergo sum라는 원리는 모든 회의 과정을 통해 살아남은 진리가 가장 확실한 진리라고 말합니다. 데카르트적 합리주의는 추상적이고 보편적인 원리를 강조하며, 세상의 다양한 현상을 이해합니다. 이성을 통해 복잡한 문제를 최소화된 요소로 분해하고, 그 요소를 명료하고 논리적으로 연결하여 문제를 해결하는 방식이죠. 이 합리주의는 과학적 방법론의 기초로 이어졌으며, 기계적 사고와 논리적 추론을 통해 인간 사고를 이해하려는 다양한 시도로 확장되었습니다. 기호주의는 이러한 데카르트적 합리주의의 철학 기반 위에 서 있습니다. 데카르트처럼 기호주의도 명확성과 체계성을 목표로 하며, 데이터를 논리적 명제와 규칙으로 구조화해 처리합니다. 복잡한 문제를 단순화하고, 논리적 추론 과정을 통해 문제를 해결하며, 그 결과를 직관적으로 이해할 수 있습니다. 데카르트가 강조한 이성적이고 체계적인 사고 과정과 일맥상통하죠.

딥러닝의 핵심 원리, 연결주의, 역전파, 그리고 신경망의 진화

연결주의connectionism는 인공 신경망artificial neural network을 기반으로 한 학습 패러다임으로, 뇌의 구조와 작동방식을 모방해 데이터를 학습합니다.

이 접근법은 뇌의 뉴런과 시냅스 연결을 모델로 삼아, 데이터의 패턴을 학습하는 과정에서 뉴런 간 가중치를 조정합니다. 연결주의는 데이터를 처리하고 학습하는 데 있어 비선형적이고 동적인 과정을 구현하며, 복잡한 데이터의 패턴과 관계를 효과적으로 학습할 수 있습니다. 현재까지는 이 연결주의가 인간 사고와 유사한 유연성을 가진 학습 패러다임으로 자리 잡고 있습니다. 연결주의의 주요 특징은 비선형 모델링, 분산 표현, 자율적 학습으로 요약됩니다. 연결주의는 소박하게 명시적인 규칙을 따르지 않고, 데이터 간 상관관계를 기반으로 학습합니다. 데이터는 여러 뉴런에 걸쳐 분산적으로 표현되며, 학습 과정은 각 뉴런의 가중치를 조정하는 방식으로 이루어지는데, 이 연결주의는 복잡한 데이터의 비선형적 관계를 모델링하고, 새로운 데이터에 대해 높은 적응력을 보여줍니다.

연결주의 철학에는 초기의 퍼셉트론perceptron부터 현대의 딥러닝deep learning까지 다양한 알고리즘들이 있습니다. 이 연결주의 철학은 초기의 사이버네틱스cybernetics 운동과 밀접하게 연결되어 있으며, 그 시작은 매컬럭과 피츠의 혁신적 업적으로 거슬러 올라갑니다. 1943년, 매컬럭과 피츠는 "신경 활동의 논리적 계산"A Logical Calculus of the Ideas Immanent in Nervous Activity이라는 논문에서 인공 뉴런 개념을 제안했습니다. 그들은 생물학적 뉴런의 기능을 논리 게이트와 같은 수학적 모델로 설명하며, 뇌의 뉴런들이 정보를 처리하는 방식을 계산적으로 표현할 수 있음을 보여주었습니다. 이 연구는 신경망 모델의 기초를 마련했으며, 연결주의의 철학적 기반인 뇌의 구조와 학습 능력의 수학적 재현 가능성을 열어주었습니다. 매컬럭과 피츠의 작업은 이후 퍼셉트론의 개발과 인공 신경망의 발전으로 이어지며, 연결주의의 실현을 위한 중요한 초석이 되었습니다.

1958년, 로젠블랫이 퍼셉트론을 발표하면서 연결주의는 본격적으로 구현되기 시작했습니다. 퍼셉트론은 뉴런 간 연결 가중치를 조정해 학습을 수행하는 초기 신경망 모델로, 단층 구조에서 선형적으로 분리 가능한 문제를 해결할 수 있었습니다. 그러나 다층 구조가 아니기 때문에 XOR 문제와 같은 비선형 문제를 해결하지 못하는 한계가 있었죠. 이런 한계는 이후 다층 퍼셉트론multilayer perceptron과 역전파back propagation 알고리즘의 개발로 극복되었으며, 현대의 딥러닝으로 이어지는 연결주의 발전에 중요한 전환점이 되었습니다. 현대의 딥러닝은 매컬럭과 피츠가 제시한 뉴런 기반 모델의 철학을 엄청난 수준으로 확장시켜 대규모 데이터와 복잡한 비선형 문제를 처리할 수 있는 다층 신경망을 구현하기에 이르렀습니다. 딥러닝은 음성 인식, 이미지 분류, 자연어 처리와 같은 다양한 분야에서 놀라운 성과를 보여주며, 연결주의 철학이 기술적으로 실현되는 대표적 사례로 자리 잡고 있죠. 특히 연결주의는 역전파라는 핵심 알고리즘을 통해 학습 성능을 크게 향상시켰습니다. 역전파는 신경망이 잘못된 예측을 했을 때 이를 수정하는 방법입니다. 간단히 말해, 신경망은 먼저 입력 데이터를 처리해 결과를 내고, 그 결과와 실제 값의 차이를 계산합니다. 이 차이를 오차라고 부르며, 역전파는 이 오차를 줄이기 위해 신경망 내부의 각 연결(뉴런 간 가중치)을 조정하는 과정을 의미합니다. 이 과정을 쉽게 설명하면, 우선 신경망의 출력층에서 계산된 오차를 기반으로 각 연결이 오차에 얼마나 영향을 미쳤는지를 평가합니다. 그런 다음, 이 정보를 거꾸로 전파하여 숨겨진 층과 입력층까지 도달하며 가중치를 조금씩 조정합니다. 이 과정에서 오차를 줄이기 위한 방향으로 조정이 이루어지며, 신경망이 점차 더 나은 예측을 하도록 학습됩니다. "잘못된 예측을 했을 때 원인을 찾고 이를 고치는 과정"이라고 생각하면 됩니다. 딥러닝의 성공 뒤에는 이처럼 단순하면서도 강력한 학습 메커니즘인 역전파가 자리하고 있습니다.

진화주의, 자연선택에서 유전자 알고리즘까지

진화주의evolutionism는 진화론적 알고리즘을 통해 문제를 해결하는 접근법으로, 생물학적 진화의 원리를 학습 과정에 적용시킵니다. 자연선택의 원리를 바탕으로 여러 가능한 해결책, 즉 개체 중에서 가장 적합한 것을 선택하고 이를 지속해 개선하여 최적의 해결책을 '점진적으로' 찾아냅니다. 진화주의의 주요 특징은 적자생존, 유전자 기반 탐색, 탐색 효율성으로 요약됩니다. 학습 과정은 적합도가 높은 개체를 선택하고, 교배crossover와 돌연변이mutation를 통해 새로운 세대를 만들어 성능을 향상시킵니다. 대표적 알고리즘으로는 유전자 알고리즘genetic algorithm이 있습니다.

진화주의는 다원주의적 자연주의Darwinian naturalism와 깊은 연관이 있습니다. 이 이론은 찰스 다윈의 진화론을 기반으로 자연 현상과 생명체의 다양성을 자연적 과정을 통해 설명하죠. 생물의 복잡성과 적응은 초자연적 개입이 아닌 자연선택과 적응의 과정으로 형성됩니다. 다윈은 생물학적 진화가 개체 내의 유전적 변이와 생존 경쟁, 그리고 환경 변화의 상호작용을 통해 이루어진다고 말합니다. 이를 통해 종의 기원과 생명체의 다양성을 설명하죠. 다원주의적 자연주의는 진화가 우연적 변이와 필연적 선택의 결합으로 이루어진다고 강조합니다. 생물은 세대 간 유전적 변이를 통해 다양성을 형성하며, 이러한 변이 중 생존과 번식에 유리한 특징을 가진 개체가 자연선택을 통해 다음 세대로 그 특징을 전달합니다. 이 과정은 점진적 변화의 형태를 띠며, 장기적으로 생명체의 구조와 기능이 환경에 점점 더 잘 적응하게 됩니다. 따라서 다윈주의적 자연주의는 생물학적 사실에 기반하지만, 인간의 존재, 윤리, 지식의 기원 등을 철학적으로 해석할 수 있습니다. 인간의 도덕성이 자연선택의 산물이라는 주장이나, 진화론적 관점에서 자유의지와 결정론을 논의하는 작업은 철학적 자연주의의 영역에 속하기 때문입니다. 이러한 융합적 성격 때문에 다윈주의적 자연주의는 과학철학, 생물철학, 인식론 등 다학제적 성격이 많다고 할 수 있습니다.

베이즈주의, 확률적 추론과 경험 기반 학습의 만남

베이즈주의bayesianism는 확률론적 추론을 기반으로 데이터에서 패턴을 학습하는 접근법입니다. 이 패러다임은 베이즈 정리를 핵심 원리로 삼아 새로운 데이터가 주어질 때 기존 신념, 즉 사전 확률을 업데이트해 더 나은 예측을 가능하게 합니다. 확률 기반 추론, 사전 정보 활용, 통계적 해석이 주요 특징이라 할 수 있습니다. 이 접근법은 불확실성이 존재하는 상황에서도 데이터를 해석하고 추론할 수 있으며, 사전 정보를 반영해 학습 결과를 지속적으로 갱신합니다. 또 학습 결과는 확률적 형태로 표현되어 예측 신뢰도를 직관적으로 제공할 수 있어 복잡한 데이터라도 유연하게 처리할 수 있습니다. 대표적인 알고리즘으로는 나이브 베이즈naive bayes와 베이즈 네트워크bayesian networks가 있습니다. 따라서 베이즈 패러다임은 흄의 경험론에서 비롯된 경험 기반 학습과 현대 과학적 추론의 결합이라고 할 수 있습니다. 흄은 인간의 지식이 관찰된 경험을 통해 형성된다고 보았고, 베이즈 학습 또한 이를 확률론적 방식으로 구현해 관찰된 데이터를 기반으로 신념을 '점진적으로' 갱신하기 때문이죠.

유추주의, 유사성을 통한 학습과 패턴 인식의 원리

유추주의analogism는 데이터를 비교하고 유사성을 통해 학습하는 접근법으로, 아리스토텔레스의 유비적 추론analogical reasoning과 밀접한 연관이 있습니다. 아리스토텔레스는 서로 다른 두 사례 간 유사성을 발견하고 이를 바탕으로 새로운 지식을 도출하는 방식을 말한 바 있습니다. 아리스토텔레스가 언급한 유비적 추론은 두 대상이나 상황 간의 유사성을 바탕으로 하나의 특성을 다른 하나에도 적용할 수 있다고 추론하는 방식이죠. 'A는 B와 유사하고, B는 속성 X를 가지므로, A도 속성 X를 가질 것이다'라는 형태의 추론 방식을 말합니다. 아리스토텔레스는 이러한 유사성에 기반한 추론이 설득과 논증에서 중요한 역할을 한다고 보았습니다. 이런 유비적 추론의 중요성은 현대의 유추주의 학습 패러다임에도 반영되어 있습니다. 유추주의는 데이터 간 유사성을 기반으로 학습을 진행하며, 명시적 규칙보다는 사례 기반의 학습을 중시합니다.

유추주의는 데이터 간의 비슷한 점을 찾아 학습하고 예측하는 방법입니다. 새로운 데이터가 주어지면, 기존 데이터와 비교해 가장 유사한 데이터를 찾아 결과를 예측하거나 분류합니다. 예컨대 크기, 색깔, 모양처럼 새로운 과일의 특징을 기존에 알고 있는 과일들과 비교해 가장 비슷한 과일을 선택하는 방식이죠. 이때 데이터를 비교하는 기준으로 거리^{distance}를 사용하며, 가까울수록 더 유사하다고 판단합니다. 거리 계산에는 유클리드 거리$^{Euclidean\ distance}$라는 간단한 수식이 자주 사용됩니다. 두 데이터 간 거리는 $d = \sqrt{(x_1-x_2)^2 + (y_1-y_2)^2}$ 이죠. 예를 들면 크기나 색깔을 나타내는 두 점의 위치를 비교해 이 거리가 가장 짧은 데이터를 선택합니다. 이런 방식은 직관적이고 단순해서 새로운 데이터를 빠르게 처리할 수 있다는 장점이 있습니다. 서포트 벡터 머신^{SVM}은 데이터를 분류하는 데 사용하는 강력한 알고리즘인데, 데이터가 속한 그룹을 나누는 최적의 선, 즉 결정경계^{hyperplane}를 찾는 것이 목표입니다. 이를테면 삼각형과 원을 서로 나누는 가장 좋은 선을 학습해, 새로운 점이 삼각형 그룹인지 원들의 그룹인지 예측하죠. 이 과정에서 데이터 중 가장 경계에 가까운 점들이 중요한 역할을 하는데 이것을 '서포트 벡터'라고 부릅니다. 서포트 벡터 머신은 선형적으로 데이터를 나누는 것뿐만 아니라 비선형적인 복잡한 패턴도 처리할 수 있습니다. 아래 그림에서 알 수 있듯이, 삼각형과 원을 구분하기 위해 선형 함수를 사용한다면, 이를 효과적으로 수행했다고 말하기 어렵습니다. 그러나 비선형 함수를 사용하면 쉽게 수행할 수 있습니다. 전형적 사례로 우리가 제공한 이미지를 개 사진인지 고양이 사진인지 분류하는 알고리즘이 있다고 가정해보겠습니다. 그래프에서 삼각형은 고양이를, 원은 개를 나타낸다고 가정하면, 선형 활성화 함수를 사용할 경우 알고리즘은 총 6개의 사진을 정확히 분류하지 못할 것입니다. 삼각형 3개와 원 3개가 있어야 할 위치

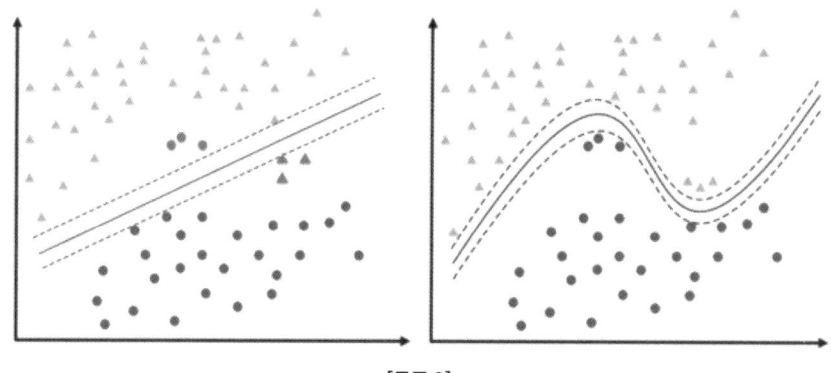

[도표 9]

에 있지 않기 때문입니다. 하지만 비선형 활성화 함수를 사용하면 이런 오류가 사라집니다. 다시 말해 비선형 함수를 통해 정확하게 구분할 수 있게 되죠. 이런 유연성과 강력함 덕분에 SVM은 텍스트 분류, 얼굴 인식 등 다양한 분야에서 널리 사용됩니다.

특히 K-최근접 이웃K-nearest neighbors이 대표적 알고리즘이며, 데이터가 풍부하지만 명시적 규칙을 정의하기가 까다로운 문제에 적합합니다. 즉, 새로운 데이터가 주어졌을 때, 기존 데이터 중에서 가장 가까운 k개의 데이터를 찾아 그들의 결과를 참고하여 새로운 데이터의 결과를 결정합니다. 학생의 시험 점수를 기반으로 합격 여부를 예측한다고 가정해보겠습니다. 기존 데이터에서 시험 점수와 합격 여부가 기록되어 있다면, K-최근접 이웃 알고리즘은 새로운 학생의 점수가 기존 데이터와 얼마나 가까운지를 계산합니다. 그리고 가장 가까운 k명의 학생(이웃)의 합격 여부를 살펴보고 다수결로 새로운 학생의 결과를 예측합니다. 만약 이웃 중 합격자가 더 많다면 새로운 학생도 합격으로 분류됩니다. K-최근접 이웃 알고리즘 또한 유클리드 거리와 같은 간단한 수학적 계산을 통해 작동하며, 데이터 간 유사성을 기반으로 동작하기 때문에 설명이 직관적이고 구현이 쉬운 장점이 있습니다.

지금까지 마스터 알고리즘을 찾기 위한 다섯 가지 학습 패러다임을 살펴보았습니다. 도밍고스 혹은 누군가 새로운 기계학습 패러다임을 만든다고 하더라도 단순화된 환원주의가 아니라 데이터와 학습 과정의 비선형적이고 복잡한 구조를 포용하는 방향, 즉 기존의 단일 패러다임으로는 달성할 수 없는 새로운 통찰과 기능을 창출하려는 전일론적 접근이 될 것입니다.

5부

우리가 선택하지 않은 미래, 알고리즘 사회

지금까지 우리는 알고리즘을 통해 어떻게 계산, 표상, 언어와 같은 추상적 개념들이 수학적 논리를 넘어 사이버네틱스, 존재론, 언어철학, 신유물론과 같은 다양한 철학적 전통과 연결되어 있는지를 살펴보았습니다. 또 알고리즘의 뿌리를 추적하고, 이를 이해하기 위해 추상화 및 프로세스 같은 알고리즘의 기본 개념에 대한 깊은 통찰을 바탕으로 '알고리즘으로 철학하기'라는 새로운 해석 방식을 시도해보았습니다.

이 책은 컴퓨터과학을 떠받치고 있는 기술로서의 알고리즘이 아니라, 계산을 근간으로 하는 과학과 기술 공간, 문화적 체계, 그리고 우리 인간의 인지 체계와 알고리즘이 어떻게 교차하고 있는지를 탐구했습니다. 현대 사회에서 컴퓨터과학과 IT가 인간 세계를 어떻게 변화시키고 있는지 깊이 이해하기 위해, 우리는 알고리즘에 대해 더 많은 질문을 던지고 사유해야 합니다. 이 책은 바로 그러한 알고리즘을 통한 철학적 해석을 사유하려는 실험 과정이었습니다. 하지만 알고리즘과 그 뿌리인 철학을 연결시키고 이해하는 것으로는 부족합니다. 이제는 이러한 알고리즘이 현대 사회를 어떻게 구성하고, 오늘날 우리 삶을 어떻게 바꾸고 있는지를 더 면밀히 살펴봐야 합니다. 알고리즘이 만들어가는 수많은 사회 체계와 그 영향에 대해 모두 논의할 수는 없지만, 알고리즘 사회의 대표적 모습에 대한 논의로 글을 맺으려 합니다.[31]

[31] 각 장에서 내용과 사례가 중복되는 경우가 있는데, 알고리즘이 현대 사회 전반에서 구조적으로 동일한 방식으로 작동하기 때문이다. 맞춤형 광고, 블랙박스 알고리즘, 데이터 자본주의, 플랫폼 자본주의, 그리고 테크노봉건주의는 모두 데이터의 수집과 활용을 통해 인간의 의사결정을 대체하거나 조정하는 알고리즘적 논리를 공유한다. 맞춤형 광고 알고리즘은 사용자의 데이터를 분석해 소비를 유도하는 방식으로 작동하는데, 블랙박스 알고리즘이 금융이나 사법 시스템에서 데이터를 기반으로 의사결정을 내리는 과정과 본질적으로 유사한 구조를 가진다. 이런

알고리즘이 특정 목적을 위해 최적화되는 과정에서 투명성을 상실하고, 인간이 그 작동 원리를 이해하거나 개입하기 어려워지는 문제는 공통적으로 나타난다. 따라서 사례의 중복은 개별 기술의 차이에 기인하는 것이 아니라, 알고리즘 사회의 근본적인 작동 원리와 그로 인해 발생하는 문제들이 구조적으로 유사하기 때문으로 해석될 수 있다. 더 나아가 데이터 자본주의, 플랫폼 자본주의, 그리고 테크노봉건주의는 알고리즘이 경제적 권력과 종속 구조를 형성하는 방식에서 긴밀한 연관성을 가진다. 데이터 자본주의에서는 알고리즘이 데이터를 가공하고 활용해 경제적 가치를 창출하는 핵심 도구로 작동하며, 플랫폼 자본주의에서는 이러한 알고리즘이 사용자 경험을 조정하고 시장을 지배하는 방식으로 활용된다. 나아가 테크노봉건주의는 알고리즘이 노동자와 소비자를 플랫폼에 종속시키는 경제적 질서를 형성하는 방식을 분석한다. 즉 동일한 알고리즘 원리에 기반하더라도 그 적용 맥락이 다를 뿐 모든 논의는 알고리즘이 현대 사회를 조직하는 근본적 힘이라는 공통된 문제의식을 공유하고 있다. 따라서 중복된 사례들은 알고리즘이 현대 사회를 구조화하는 방식과 개별 기술적 문제들이 거대한 시스템적 흐름 속에서 유기적으로 연결되어 있음을 설명하는 장치로 볼 수 있다.

1장

맞춤형 광고 알고리즘과 프라이버시 제로 사회

소비자의 욕망을 설계하는 알고리즘, 데이터 수집에서 행동 조작까지

데이터가 곧 권력이 되는 시대, 맞춤형 광고 알고리즘은 소비자에게 개인화된 상품을 추천하는 도구에 머물지 않습니다. 이 알고리즘은 우리가 클릭한 흔적, 머문 시간, 대화 속 단어들까지 모아 보이지 않는 곳에서 우리의 욕망과 행동을 예측하고 통제합니다. 이 과정에서 개인의 사적 영역은 점차 사라지고, 프라이버시 제로 사회라는 새로운 현실이 모습을 드러내고 있습니다. 맞춤형 광고 알고리즘의 작동 원리를 이해하기 위해서는 이를 구성하는 주요 알고리즘들을 하나씩 살펴보는 것이 중요합니다. 이 알고리즘들이 각각 특정한 역할을 수행하며, 사용자 데이터를 수집하고 분석하여 개인화된 광고를 제공하는 전체 과정을 완성하기 때문입니다.

데이터 수집 알고리즘은 사용자의 행동, 위치, 관심사 등 다양한 정보를 실시간으로 추적하고 기록하는 기술로, 데이터 자본주의 체제에서 핵심 역할을 담당합니다. 데이터를 자산화하는 과정의 첫 단계죠. 대규모 데이터를 효율적으로 수집하고 체계적으로 정리해 이후 분석과 활용의 기반을 마련합니다. 웹사이트에서 사용자의 활동을 기록하고 클릭 패턴과 검색 기록을 분석하는 트래킹 픽셀과 쿠키 기술은 이러한 알고리즘의 대표적인 사례입니다.[32] 또 스마트 기기와 센서를 통해 사용자 행동 데이터를 축적하는 IoT 기술 역시 데이터 수집 알고리즘의 주요 응용 분야로, 실시간 위치와 환경 설정 등 다양한 정보를 포착하여 활용합니다. 구체적 사례로는 구글 애널리틱스를 들 수 있겠네요. 웹사이트 방문자의 행동 데이터를 수집하고 분석해 운영자가 더 나은 사용자 경험을 설계할 수 있도록 지원합니다. 스마트폰 앱 역시 GPS, 검색 기록, 앱 사용 데이터를 활용해 사용자의 일상과 선호도를 파악하며, 개인 맞춤형 서비스를 제공하죠. 이러한 데이터 수집 알고리즘은 데이터 자본주의의 토대를 형성하며, 방대한 양의 데

---

[32] 트래킹 픽셀(tracking pixel)은 웹 비콘(web beacon)이라고도 하며, 웹사이트나 이메일 등에 삽입된 보이지 않는 아주 작은 크기의 투명 이미지를 통해 사용자의 활동 정보를 추적하는 기술이다. 사용자가 웹페이지를 방문하거나 이메일을 열 때 픽셀이 로드되면서 활성화되어, 사용자의 IP 주소, 브라우저 유형, 운영체제 정보, 접속 시간 및 위치 등 다양한 데이터를 자동으로 수집한다. 이렇게 수집된 데이터는 웹사이트 운영자나 마케터가 사용자의 관심사를 분석하고 광고의 효과성을 평가하는 데 활용된다. 웹사이트에서 사용자의 클릭 패턴과 검색 기록을 분석하는 쿠키(cookie) 기술 역시 이와 유사한 추적 기술이다. 쿠키는 사용자의 브라우저에 저장되는 작은 데이터 파일로, 웹사이트 방문자의 활동과 상호작용 기록을 저장하여, 사용자의 선호도에 맞는 맞춤형 콘텐츠 제공 및 광고 노출을 가능하게 한다. 이 두 가지 기술은 모두 알고리즘이 개인의 온라인 활동을 분석하고, 예측하며, 이에 따라 사용자 경험을 맞춤화하는 알고리즘 사회의 대표적인 사례라고 할 수 있다.

이터를 축적해 이후 분석 및 활용 단계를 위한 원재료로 제공합니다.

데이터 분석 알고리즘은 수집된 데이터를 처리하고, 유의미한 패턴을 도출하는 데 초점이 맞춰져 있습니다. 데이터 자본주의에서 소비자 행동을 예측하고, 기업이 전략적 의사 결정을 내리는 데 중요한 역할을 하죠. 데이터를 비구조적인 정보에서 자산으로 변환하는 과정에서 이러한 알고리즘은 핵심적 위치를 차지합니다. 데이터 분석 알고리즘은 군집화 및 분류를 통해 유사한 특성을 가진 데이터를 그룹화하고, 이를 기반으로 세분된 타겟팅을 가능하게 합니다. 또 과거 행동 데이터를 바탕으로 개인화된 콘텐츠나 제품을 추천하는 추천 시스템은 사용자의 관심을 유도하고 구매를 촉진하는 데 효과적입니다. 대표적 사례로, 넷플릭스는 시청 기록을 분석해 사용자에게 선호할 만한 콘텐츠를 추천하며 맞춤형 경험을 제공함으로써 개인화된 서비스를 강화하고 있습니다. 아마존은 구매 데이터를 분석해 관련 상품을 추천함으로써 고객의 추가 구매를 유도합니다. 유튜브는 사용자의 이전 시청 영상, 검색 기록, 시청 지속 시간, 좋아요나 댓글 같은 상호작용 데이터를 분석하여 개인화된 영상을 추천합니다. 특히 유튜브 채널을 운영하는 크리에이터들은 이 추천 알고리즘이 채널의 성공을 좌우한다는 점에서 이른바 '알고리즘 신'이라 부르며, 알고리즘의 선택을 받아 더 많은 사용자에게 자신의 콘텐츠가 노출되기를 학수고대합니다. 그래서 유튜버들은 알고리즘 신의 '간택'을 받기 위해 콘텐츠 기획과 제작 전략을 맞추고, 롱폼long form과 숏폼short form을 적절히 혼합하는 등 알고리즘 친화적인 영상 전략을 지속적으로 고민하게 되죠. 유튜브의 추천 알고리즘이 이제는 콘텐츠 소비를 유도하는 도구를 넘어 콘텐츠 창작자의 창작 방향과 사회적 담론 형성에까지 막강한 영향력을 행사하고 있음을 보여주는 대표적 사례라 할 수 있습니다.

행동 조작 알고리즘은 사용자의 행동을 유도하거나 변화시키는 데 사용되는 기술입니다. 사용자의 데이터를 분석하여 특정 행동을 촉진하거나 결정에 영향을 미치는 방식으로 설계되죠. 주로 소비를 증가시키고 기업의 이윤을 극대화하는 데 활용되며, 소비자와 기업 간 관계를 새롭게 재구성합니다. 이런 알고리즘은 소비자 행동을 예측하는 데 그치지 않고, 능동적으로 행동을 조작하여 기업이 원하는 결과를 만들어내는 데 초점이 맞춰져 있습니다. 행동 조작 알고리즘의 작동방식은 다양한 형태로 나타납니다. 대표적 예로 프라이싱pricing 알고리즘은 수요와 공급 데이터를 실시간으로 분석해 동적 가격 설정을 통해 구매를 유도합니다. 사용자는 최적의 가격으로 구매하는 기회를 얻은 것처럼 보이지만, 실제로는 알고리즘이 설정한 가격 구조에 따라 행동이 조정됩니다. 또 다른 예로, 소셜 미디어 플랫폼에서 활용되는 피드feed 알고리즘이 있습니다. 이 알고리즘은 사용자의 관심사와 감정을 정교하게 분석하여 가장 오랫동안 주의를 끌 수 있는 콘텐츠를 선별적으로 노출합니다. 사용자는 자신이 원하는 정보를 자유롭게 소비한다고 느끼지만, 실제로는 알고리즘이 최적화한 콘텐츠 흐름 속에서 특정한 행동 패턴을 형성하게 됩니다. 궁극적으로 사용자의 플랫폼 체류 시간을 극대화해 광고 노출을 증가시키고, 결과적으로 플랫폼의 수익성을 극대화하는 방식으로 작동합니다.

구체적 사례로, 우버Uber는 실시간 수요와 공급 데이터를 기반으로 요금을 동적으로 조정하는 프라이싱 알고리즘을 사용합니다. 서지 프라이싱surge pricing 전략은 우버의 서비스를 원하는 사람이 많아지는 시점에 소비자들에게 높은 서비스 가격을 매깁니다. 이러한 높은 서비스 가격은 드라이버들에게 일종의 단기적인 인센티브를 제공하는 형태가 되어 짧게 일하고 더 많은 돈을 벌고 싶어 하는 드라이버들이 운송 서비스를 제공하도록 유도할 수 있다고 봤던 것이죠. 경제학 이론상으로는 완벽해 보이는 이 서지 프라이싱 전략은 현실에서 소비자들의 불만을 초래하고, 긴급 상황이나 자연재해 발생 시에도 요금이 급격히 상승하는 부작용을 낳았습니다. 또 드라이버들이 높은 요금을 받을 수 있는 특정 시간대나 지역만을 선호하게 되어, 서비스 불균형이 발생하는 문제도 나타나기도 합니다.

광고 최적화 알고리즘은 데이터를 기반으로 개인화된 광고를 제작하고 배포하는 데 활용되는 기술로, 기업의 마케팅 전략을 혁신하고 광고 효과를 극대화하는 데 핵심적 역할을 합니다. 사용자의 행동 데이터, 검색 기록, 관심사 등을 분석해 적합한 광고를 특정 사용자 그룹에 맞춤형으로 제공함으로써 광고 효율성을 높이죠. 결과적으로 기업은 더 높은 전환율을 달성하고, 마케팅 비용 대비 수익을 극대화할 수 있습니다.

광고 최적화 알고리즘은 두 가지 주요 방식으로 작동합니다. 첫 번째는 타겟팅 광고로, 사용자의 행동 데이터를 기반으로 특정 사용자 그룹을 대상으로 광고를 노출합니다. 광고는 불특정 다수를 대상으로 한 접근 대신, 관심을 가질 가능성이 높은 사용자에게 초점을 맞추어 더 높은 참여율을 유도하죠. 두 번째는 실시간 입찰 시스템real-time bidding으로, 광고 노출 기회가 경매 방식으로 거래됩니다. 광고주가 특정 사용자에게 광고를 보여주기 위해 경쟁하며, 가장 높은 입찰가를 제시한 광고가 노출되는 방식으로 작동합니다. 여러분이 여름 휴가를 계획하며 베트남 여행 정보를 검색했다고 가정해볼까요? 이후 특정 뉴스 웹사이트에 방문했을 때 베트남 관련 여행사나 호텔, 항공사 광고가 바로 노출되는 경험을 해본 적이 있을 겁니다.

사용자의 검색 기록과 프로필을 바탕으로 여행사나 호텔, 항공사와 같은 광고주들이 사용자 관심사에 맞춰 실시간으로 입찰 경쟁에 참여했기 때문입니다. 입찰 과정은 사용자가 웹페이지를 열자마자 수 밀리초 안에 이루어지며, 가장 높은 금액을 제시한 광고가 즉각적으로 사용자에게 노출됩니다. 이처럼 실시간 입찰 시스템은 사용자에게 가장 적합한 광고를 빠르고 효율적으로 제공하기 위한 알고리즘 기반의 광고 기술입니다. 대표 사례로, 구글 애즈Google Ads는 사용자의 검색 기록과 클릭 데이터를 분석하여 맞춤형 광고를 제공합니다. 사용자가 특정 키워드를 검색하면, 관련성이 높은 광고를 실시간으로 표시하여 효율성을 높입니다. 페이스북 광고 플랫폼은 사용자의 관심사와 소셜 네트워크 활동을 분석하여 타겟팅 광고를 배포합니다. 광고를 더 개인화하고, 사용자가 필요로 하거나 선호할 가능성이 높은 제품이나 서비스를 노출하여 구매로 이어지도록 설계되었습니다.

    광고 최적화 알고리즘은 데이터 자본주의 체제에서 데이터를 자산으로 전환하는 강력한 도구로 작용합니다. 이 알고리즘은 데이터를 활용해 광고를 더 효과적으로 개인화함으로써 기업의 수익성을 높이지만, 이러한 개인화 과정에서 데이터의 과도한 수집과 사용이 프라이버시를 침해하는 경우가 많습니다.

맞춤형 광고와 프라이버시 위협, 데이터 보호 규제의 필요성

유럽연합EU의 '일반 개인정보 보호 규정'이라고 불리는 GDPR General Data

Protection Regulation은 개인정보 보호와 데이터 투명성을 강화하기 위해 엄격한 기준으로 위반 기업에 대해 과징금과 법적 제재를 가합니다. 대표 사례로, 2019년 프랑스의 개인정보 보호 감독기관 CNIL은 구글에 대해 5,000만 유로의 과징금을 부과한 바 있습니다. 구글이 맞춤형 광고를 위한 개인정보 처리 과정에서 사용자 동의를 충분히 명확하고 투명하게 설명하지 않아 GDPR의 동의 요건을 위반했다고 판단한 것이죠. 또 메타Meta(구 페이스북)는 맞춤형 광고 목적의 개인정보 수집 및 처리 과정에서 사용자 동의의 유효성을 확보하지 못하고, 데이터 처리의 투명성을 결여하며, 데이터 최소화 원칙을 준수하지 않아 GDPR 규정을 위반했다는 판결을 받기도 했습니다. 최근에는 유럽연합의 최고 사법 기관 EU법재판소CJEU에서도 메타가 사용자 동의 없이 개인정보를 무제한 수집하고 처리한 행위가 GDPR을 위반한 것으로 판단했는데, 데이터 사용의 투명성과 목적 제한 원칙을 위반한 대표적 사례로 꼽힙니다. 물론 한국에서도 유사한 사례가 지속적으로 발생하고 있습니다. 한국의 개인정보 보호 감독기관인 '개인정보보호위원회'에서도 구글과 메타가 이용자 동의 없이 행태 정보를 수집하여 맞춤형 광고에 활용한 행위가 개인정보보호법을 위반했다고 판단하고, 구글에 692억 원, 메타에 308억 원의 과징금을 부과한 적이 있죠. 이 사례는 글로벌 기업의 온라인 맞춤형 광고 플랫폼에 대한 첫 번째 제재이면서, 개인정보보호 법규 위반으로는 가장 큰 규모의 과징금 부과 사례로 기록되었습니다. 맞춤형 광고 알고리즘을 무분별하게 사용하는 기업에 대해서는 감독기구의 규제 강화가 필수적입니다.

맞춤형 광고는 개인 데이터를 활용해 사용자에게 최적화된 광고를 제공하는 과정에서 프라이버시 침해와 데이터 남용의 위험을 내포할 수 있기 때문에, 이를 예방하기 위한 강력한 제도적·기술적 장치가 요구됩니다. 애플Apple의 앱 추적 투명성app tracking transparency이 그 대표적인 기능이라 할 수 있는데요. 이 기능은 앱이 사용자 데이터를 추적하려 할 때마다 사용자에게 명확한 동의를 요청하며, 데이터가 광고 목적으로 어떻게 사용되는지를 명시적으로 알려줍니다. 사용자는 데이터 추적 여부를 직접 선택할 수 있을 뿐 아니라, 자신의 데이터를 보다 쉽게 관리할 수 있는 도구를 제공받죠. 데이터 활용에 대한 사용자의 알 권리와 선택권을 보장하며, 데이터 수집 및 처리 과정의 투명성을 강화하는 데 많은 도움을 줍니다. 앱 추적 투명성 기능은 기술적 편의를 제공은 물론 맞춤형 광고 알고리즘이 사회적 책임을 준수하면서 작동하도록 유도하는 중요한 사례입니다. 애플처럼 기업의 자발적 접근은 기업이 데이터 처리 과정에서 최소 수집의 원칙과 목적 제한의 원칙을 준수하고, 사용자가 자신의 데이터를 능동적으로 통제할 수 있는 환경을 만들 수 있습니다.

사용자에게 제공되는 동의 요청은 한낱 형식적인 절차를 넘어서야 합니다. 데이터 수집의 목적과 범위는 사용자가 명확히 이해할 수 있도록 투명하게 전달되어야 하는데, 개인정보가 합법적이고 정당하게 처리되도록 하는 가장 기본적인 요건입니다. 동의는 자발적이고 구체적인 판단이어야 하며, 데이터 수집 과정에서 목적 제한 원칙과 최소 수집 원칙이 반드시 준수되어야 합니다. 이런 전제조건이 해결되어야 사용자가 데이터 수집 및 처리 과정을 능동적으로 이해하고 통제할 수 있는 환경이 조성됩니다. 또 사용자는 자신의 개인정보에 대한 실질적 통제권을 보장받아야 합니다. 사용자는 자신의 데이터를 정정하거나 삭제할 권리뿐 아니라 필요한 경우 기업에게 즉각 데이터 처리를 중단하도록 요청할 수 있어야 합니다.

맞춤형 광고 알고리즘은 '프라이버시 제로 사회'로의 전환을 가속화하는 핵심 요인이라 해도 무방합니다. 온라인 행동은 끊임없이 추적되고, 수집된 데이터는 상업적 목적으로 활용되며, 이 과정에서 우리는 감시 자본주의라는 구조 속에서 개인의 프라이버시와 자율성을 잃어가고 있습니다. 이런 사회에서 사용자는 자신의 의지와 상관없이 기업의 이익을 위해 설계된 소비 경로 안에서 제한된 선택만 할 수 있습니다. 프라이버시와 자율성을 보호하기 위해서는 맞춤형 광고 알고리즘의 투명성 강화가 필수적입니다. 데이터가 어떻게 수집되고 처리되는지 명확히 공개하고, 사용자가 데이터 활용 과정에 대해 충분한 정보를 얻고 통제할 수 있도록 보장해야 합니다. 이를 위해서는 개인정보 보호 규제를 보다 엄격하게 적용하고, 사용자의 동의 절차를 강화하며, 데이터 관리 권한을 실질적으로 보장하는 정책적 노력이 필요합니다.

2장

블랙박스 알고리즘과 블랙박스 사회

블랙박스 알고리즘과 감시 자본주의, 보이지 않는 권력의 작동 방식

당신이 드라마 〈오징어 게임〉의 참가자가 되었는데, 정작 규칙을 알지 못한 채 게임에 던져졌다면 어떤 심정일까요? 당신은 목숨을 걸고 무언가를 선택하고 있지만, 왜 그런 결과가 나오지, 누가 당신의 운명을 결정하는지 전혀 알 수 없습니다. 당신의 운명은 보이지 않는 누군가의 손에 의해 결정되고, 그들은 철저히 감춰진 채로 모든 것을 통제합니다. 블랙박스 알고리즘Black Box Algorithm이 현대 사회에서 작동하는 방식과 다르지 않습니다. 블랙박스 사회는 바로 이런 불투명한 알고리즘이 우리 삶을 통제하는 현실을 비유하는 말입니다. 게임에서 탈출하려면 규칙을 이해해야 하듯이, 우리 삶을 결정하는 이 블랙박스 알고리즘이 어떻게 작동하는지, 그것이 사회적 불평등과 권력 집중에 어떤 영향을 미치는지 알아볼 필요가 있습니다.

블랙박스 알고리즘은 그 내부 구조와 작동방식을 외부에서 명확하게 이해하거나 접근할 수 없는 알고리즘을 의미합니다. 특히 인공지능과 머신 러닝의 발전으로 인해 알고리즘이 스스로 학습하며 복잡한 결정을 내리지만, 그 결정이 왜 내려졌는지를 알기 어려운 경우가 많죠. 이런 알고리즘의 특징을 한마디로 기술적 불투명성으로 요약할 수 있습니다. 알고리즘의 설계자나 운영자조차 알고리즘의 특정 결과나 결정을 명확히 설명하지 못하는 경우를 말합니다. 이러한 블랙박스 알고리즘이 우리 일상에 깊숙이 자리 잡고 있습니다. 대출 승인을 판단하는 알고리즘, 채용 결정을 내리는 알고리즘, 그리고 범죄 위험성을 평가하는 알고리즘 등이 사용되고 있습니다. 하지만 이 알고리즘들이 어떻게 결정을 내리는지에 대해 대부분의 사람은 알지 못하며, 결과에 이의를 제기할 수 있는 명확한 통로도 알려져 있지 않습니다.

프랭크 파스콸레는《블랙박스 사회》(안티고네, 2016)에서 현대 사회에서 작동하는 블랙박스 알고리즘이 어떻게 정보의 흐름과 권력 구조를 변화시키고 있는지 비판적으로 분석합니다. 파스콸레는 "블랙박스 알고리즘은 그 작동 원리가 불투명하다는 점에서 문제"라며, 이런 불투명성이 단지 기술적 문제를 넘어서서 사회적 불평등을 강화하는 중요한 요소라고 지적합니다. 알고리즘이 금융, 의료, 교육, 법 집행 등 다양한 영역에서 중요한 결정을 내리는데, 그 과정이 공개되지 않고 감춰져 있습니다. 대중은 그 결과가 어떻게 도출되는지 이해할 수 없는 것이죠. 블랙박스 알고리즘은 정보를 처리하고 결정을 내리는 방식을 감추면서 권력을 소수의 손에 집중시키는 도구로 사용될 수 있습니다. 특히 거대 기술 기업들과 정부가 블랙박스 알고리즘을 통해 개인의 데이터를 수집하고, 그 데이터를 이용해 사람들의 행동을 통제하거나 조작할 수 있는 잠재력을 가질 수 있습니다.

블랙박스 사회는 감시 자본주의와 밀접하게 연결되어 있으며, 현대 사회의 핵심적인 특성 중 하나입니다. 쇼사나 주보프는 《감시 자본주의 시대》(문학사상, 2021)에서 현대 자본주의가 어떻게 데이터를 착취하고, 그 데이터를 알고리즘을 통해 처리하면서 사람들의 행동을 예측하고 조작하는지를 상세히 설명합니다. 주보프는 이를 감시 자본주의라고 부르며, 이러한 시스템이 단순하게 개인의 프라이버시를 침해하는 것에서 그치지 않고 사람들의 삶을 통제하는 강력한 수단으로 변질된다고 경고합니다. 감시 자본주의는 인간 경험을 상업적 이익을 위한 원료로 전환하는 새로운 경제 논리로 정의될 수 있으며, 거대 기업은 사람들의 행동을 예측하고 유도합니다.

감시 자본주의는 디지털 기술을 통해 물리적 세계와 디지털 세계의 경계를 점점 더 허물고 있습니다. 기업들은 스마트폰 위치 추적, 음성 인식 기술, 사물인터넷IoT 기기 등을 활용해 일상적 행동과 결정을 포착하고, 데이터로 변환하여 예측력을 극대화합니다. 이러한 데이터 추출 과정에서 개인의 사적 영역은 점차 디지털화되며, 사용자는 자신의 동의와 무관하게 감시 자본주의의 시스템에 깊이 편입됩니다. 궁극적으로 이러한 데이터 수집과 예측의 목적은 소비자의 행동을 미리 파악하고, 맞춤형 광고와 마케팅 전략을 강화함으로써 수익을 극대화하는 데 있습니다. 그러나 인간 행동의 모든 측면을 통제 가능한 자산으로 전환하려는 이 움직임은 사회 전반의 프라이버시와 자유에 심각한 도전을 제기하며, 감시 자본주의가 가져올 윤리적·사회적 영향을 재고할 필요성을 절실히 요구합니다.

캐시 오닐 또한《대량살상 수학무기》에서 블랙박스 알고리즘의 위험성을 사회적 불평등 관점에서 설명합니다. 오닐은 알고리즘이 불투명한 방식으로 작동할 때, 그 결과가 불공정하고 차별적일 수 있음을 경고합니다. 신용 평가, 범죄 예측, 채용 시스템 등 다양한 분야에서 알고리즘이 어떻게 특정 계층이나 집단을 불리하게 만들 수 있는지에 대해 구체적 사례를 꼼꼼히 제시하고 있는데요. 이 알고리즘들은 사회적 문제를 해결하려는 것처럼 보이지만, 실제로는 사회적 불평등을 확대하는 경향이 있으며, 알고리즘의 데이터 수집과 처리 과정에서 투명성이 결여될 때 그 피해는 주로 사회적 약자에게 돌아갑니다. 범죄 예측 시스템에서 사용되는 알고리즘은 과거 데이터를 바탕으로 범죄 가능성을 예측하지만, 그 데이터가 인종적·사회적 편향을 반영한다면 특정 인종이나 계층이 부당하게 높은 위험도로 평가될 수 있습니다. 특정 지역에서의 경찰 감시를 강화하거나 불필요한 법 집행을 초래해 사회적 불평등을 더욱 심화시킬 수 있습니다.

기계는 미지의 것의 목자가 될 것인가?
감각할 수 없는 것을 사유하기

블랙박스 알고리즘이 사회에서 가장 우려되는 점은 이러한 알고리즘이 점점 더 많은 권력과 결합되면서 발생하는 권력 구조의 비대칭성일 것입니다. 알고리즘은 수많은 정보를 처리하고, 그 정보를 바탕으로 사람들의 행동을 예측하고 관리할 수 있지만, 대부분의 사람은 그 알고리즘이 어떻게 작동하는지에 대해 거의 알지 못합니다. 특정 엘리트 집단이나 기술 전문가들이 권력을 독점하게 만들고, 대중은 그들의 결정에 수동적으로 따를 수밖에 없는 구조를 만들죠. 파스콸레는 이와 같은 블랙박스 시스템이 정보 접근에 대한 불균형을 만들며, 사람들이 더 이상 자신의 데이터나 정보를 통제할 수 없게 된다고 경고합니다. 정보의 비대칭성이 감시 사회로 이어질 수 있으며, 시민의 자율성과 권리를 제한할 수 있습니다.

육후이는 인간이 알고리즘의 작동방식 자체를 완전히 이해할 수 없다는 사실에서 출발하여 이와 같은 기술적 불투명성이 우리의 사고와 상상력에 미치는 영향을 사유합니다. 알고리즘은 인간이 직접 경험하거나 감각할 수 없는 복잡한 연산과 논리를 통해 작동하지만, 그 결과는 우리의 일상과 사유 속에 깊이 개입합니다. 《디지털적 대상의 존재에 대하여》에서는 이를 두고, 경험할 수 없는 것이 구체적으로 우리의 상상력 속에 참여할 때 어떤 일이 일어나는지를 묻습니다. 기술은 물리적 도구나 장치로 우리의 환경을 채우는 것을 넘어, 기계적 연산과 논리적 능력이라는 비물질적 차원에서 인간의 사유 과정에 점점 더 깊이 스며들고 있습니다. 알고리즘 기반의 검색엔진, 추천 시스템, 자동화된 의사결정 도구는 우리가 정보를 수집하고 해석하며 결론에 이르는 방식을 근본적으로 변화시킵니다. 기술적 개입은 우리의 사고를 보조하는 동시에 재구성하며, 인간의 주체성과 상상력이 알고리즘 사고의 틀 속에서 재형성됩니다. 기술적 환경이 인간의 사고를 도와주는 것을 넘어 인간 사고의 경계를 확장하거나 제한할 수도 있습니다. 알고리즘이 인간의 상상력을 새로운 가능성으로 이끌 수도 있지만, 기술적 논리에 종속될 위험성도 존재한다는 것이죠. 또한 육후이는 《예술과 코스모테크닉스》에서도 기계는 인간의 감각적 접근을 넘어선 '미지의 것'에 대한 새로운 관점과 지식을 제공하면서 새로운 형태의 목자로 기능할 수 있다고 우려합니다.

> 현대의 계산 기계는 인간의 정신보다 더 많은 데이터를 저장하고 더 정밀하게 분석한다. 게다가 기계 내부에서 일어나는 일은 기계 스스로에게만 '가시적인 것'으로 보이며, 흔히 '블랙박스'라고 불리는 복잡성 때문에 인간 관찰자에게는 불투명하게 남아 있다. 인간을 넘어 기계는 미지의 것에 대한 목자가 된다. 그렇다면 인공지능은 어떻게 아직 감각적이지 않고 결코 그와 같이 현존할 수 없는 것을 우리에게 보여줄 수 있는가?

현대의 인공지능과 알고리즘 기반 시스템이 가진 가장 큰 역설은 그것이 우리에게 더 많은 데이터를 분석하고 예측하며 보다 정교한 지식을 제공함에도 불구하고 정작 그것의 작동 방식과 결과를 만들어내는 과정을 우리 스스로는 완벽히 이해하거나 경험할 수 없다는 점이죠. 우리가 전통적으로 가지고 있던 지식과 감각의 기준에서 벗어나 있음을 의미합니다. 육후이는 기술을 단지 도구로 보는 전통적 관점에서 벗어나, 기술이 특정 문화적이고 우주론적cosmological 맥락 안에서 이해되는 존재론적 구성요소라고 주장하며 이를 '코스모테크닉스'cosmotechnics라고 명명합니다. 기술이 새로운 형태의 지식을 생산할 뿐 아니라 존재를 이해하는 독자적인 우주론적 지평을 열어놓을 수 있다고 말이죠. 이런 맥락에서 육후이가 던지는 철학적 질문은 중요한 의미를 지닙니다. 인공지능은 어떻게 감각의 영역을 초월하여 결코 인간의 방식대로 현존할 수 없는 미지의 영역을 우리에게 현시할 수 있는가? 이 질문은 기술과 존재 사이의 새로운 존재론적 관계에 대한 깊은 성찰과 이해를 우리에게 요구합니다. 기술이 인간의 경험과 지식을 재정의하는 현시대에 우리는 인공지능과 알고리즘이 형성하는 이러한 새로운 존재론적 풍경을 더욱 정교한 철학적 논의를 통해 탐구해야 할 것입니다.

3장

데이터 자본주의의
핵심 도구로서의 알고리즘

데이터는 누구의 것인가?
데이터 자본주의와 정보 권력의 재구성

데이터는 더 이상 단순한 정보가 아닙니다. 스마트폰을 열고 소셜 미디어를 스크롤할 때, 우리의 모든 디지털 발자국은 거대 기업의 자산으로 변모하고 있습니다. 데이터 자본주의 data capitalism 는 현대 자본주의의 새로운 얼굴로, 기업들은 우리 일상을 기록하고 예측하여 막대한 경제적 이익을 창출하고 있습니다. 이제 데이터는 석유처럼 중요한 원자재로 여겨지며, 기술 기업들은 방대한 데이터를 독점해 사용자 행동을 통제하는 알고리즘을 구축함으로써 그들의 지배력을 넓혀갑니다. 그러나 이 과정이 소박하게 수익 창출로만 끝나는 것은 아닙니다. 데이터 독점과 프라이버시 침해, 그리고 사회적 불평등은 데이터 자본주의가 야기하는 어두운 그림자입니다.

데이터 주도의 현대 사회를 전망한 사람은 의외로 포스트모더니즘 철학자인 장 프랑수아 리오타르입니다. 1979년 프랑스에서 처음 출판된 《포스트모던의 조건》에서 정보 장악을 위한 경쟁, 데이터 활용 경쟁이 펼쳐질 것이라고 아래와 같이 전망했죠.

> 데이터뱅크는 미래의 백과사전이다. 데이터뱅크는 개별 사용자의 능력을 넘어선다. 데이터뱅크는 포스트모던 인간의 '자연'이다.… 최고의 수행성은 데이터를 새로운 방식으로 배열하는 데 있다. 적절히 표현하면 이것은 '수'를 구성하는 것이다. 이와 같은 새 배열은 통상 이전에는 따로 떨어져 있던 일련의 데이터를 함께 결합해 가능해진다. 따로 분리돼 있었던 것을 접합하는 이 능력을 상상력이라고 부를 수 있다. 속도는 상상력의 속도 가운데 하나이다.

리오타르는 데이터뱅크를 "미래의 백과사전"이라고 표현하며, 현대 사회에서 데이터뱅크가 시작 단계로서 정보 저장소 이상의 의미를 가진다고 설명합니다. 데이터뱅크는 개별 사용자의 능력을 넘어서는 방대한 정보를 포함하고 있어, 포스트모던 사회의 인간에게는 자연스러운 환경처럼 자리 잡고 있습니다. 데이터뱅크에서 가장 중요한 것은 무차별적으로 데이터만 축적하는 것이 아니라, 그 데이터를 새로운 방식으로 배열하고 활용하는 능력입니다. 이 새로운 배열은, 이전에는 관련이 없던 데이터들을 창의적 방식으로 결합해 새로운 지식을 만들어내는 것이죠. 리오타르는 이런 결합 능력을 '상상력'으로 정의하며, 상상력은 기존 한계를 넘어 데이터 사이의 관계를 재구성하는 창의적 속도와 관련이 있다고 설명합니다. 따라서 데이터의 세계에서 중요한 것은 양이나 크기가 아니라, 그 데이터를 어떻게 조합하고 새로운 의미를 끌어내는가에 달렸습니다. 그러나 이 상상력은 자본주의에 포섭되고, 데이터가 상품화되면서 자본의 한 형태로 기능하게 되었습니다. 사용자가 인터넷과 모바일 환경에서 생성하는 방대한 데이터를 수집해 이를 자산화하는 방식이 보편화되었기 때문이죠. 기술 기업들은 사용자들의 검색 기록, 위치 정보, 소비 패턴 등을 수집하고 이를 기반으로 개인 맞춤형 광고와 추천 서비스를 제공함으로써 수익을 창출합니다.

데이터가 가져올 산업의 혁신을 미리 알고 데이터 자본주의를 이끈 사람은 아마존 창업자인 제프 베조스가 아닐까 생각합니다. 2002년 베조스는 직원에게 이런 이메일을 보냅니다.

1. 지금부터 모든 팀은 서비스 인터페이스API를 통해 모든 프로그램 기능과 데이터를 공개해야 합니다.
2. 모든 팀은 이 인터페이스를 통해서만 다른 팀과 소통해야 합니다.
3. 다른 내부 소통, 즉 직접 연결, 다른 팀과의 저장된 데이터를 직접 가져오는 것, 메모리상의 데이터 모델 공유 그리고 이를 위한 그 어떤 뒷거래 작업도 허락하지 않습니다. 유일한 허락된 내부 소통은 네트워크를 통한 서비스 인터페이스만 사용해야 합니다.
4. 이를 위한 어떤 기술을 사용하든 상관없습니다.
5. 모든 서비스 인터페이스는 예외 없이 처음부터 외부와 소통을 할 수 있도록 설계되어야 합니다. 즉, 팀은 외부 세계의 개발자에게 인터페이스를 노출할 수 있도록 계획하고 설계해야 합니다.

예외 없이 이처럼 하지 않은 사람은 누구든지 해고될 것입니다. 즐거운 하루 보내세요.

《데이터는 어떻게 자산이 되는가?》(이지스퍼블리싱, 2021)는 제프 베조스의 이메일이 소매 유통업체에서 시작한 아마존이 ICT클라우드 기업이자 시가 총액 1위 기업으로 올라서는 중요한 전환점이 된 과정을 보여줍니다. 모든 팀이 API[33]를 통해 데이터를 공유하도록 강제한 이 원칙은 데이터를 구조화하고 표준화하며, 그것을 자산으로 전환하는 시스템을 구축하

---

33 API(Application Programming Interface)는 프로그램과 프로그램이 서로 대화하는 방법을 정해놓은 일종의 '언어'이자 '규칙'을 의미한다. 응용 프로그램 인터페이스라고 번역되지만, 기술적 맥락에서는 영어 그대로 'API'라는 용어를 쓰는 것이 일반적이다. 우리가 사람들과 원활하게 소통하려면 공통된 언어와 대화 방식이 필요하듯이, 소프트웨어라는 객체들도 API를 통해 서로 연결되고 정보를 주고받는다. 신유물론적 관점에서 API를 바라보면, 소프트웨어적 규칙으로 규정 짓기보다는 프로그램들이 상호작용하고 연결되는 방식 자체를 물질적으로 매개하는 행위자(actant)로 볼 수 있다. 인간 사회에서 법이나 규칙이 개인과 집단 간 관계를 조율하는 것이 아니라, 오히려 그러한 관계를 구성하고 생성하는 물질적 작용으로 작동하듯이, API 역시 프로그램 간 관계를 피상적으로 중재하는 것이 아니라, 새로운 관계성과 존재 방식을 만들어내는 매개적 요소가 된다. 즉 API는 프로그램들이 독립성을 유지하면서도 전체 시스템 안에서 상호작용할 수 있도록 하는 개별자로서의 도구가 아니라, 개별 소프트웨어가 어떻게 기능하고 서로를 인식하며 연결되는지를 규정하는 기술적-물질적 인프라다. API가 프로그램들의 소통을 가능하게 할 뿐만 아니라, 그 존재 방식 자체를 형성하고 재구성하는 역할을 한다는 점에서, 신유물론적 기술철학이 강조하는 비인간 행위자의 구성적 역할을 보여준다. API는 데이터 흐름과 알고리즘적 상호작용을 조정하는 역동적인 물질적-연산적 과정 그 자체인 것이다. 데이터 자본주의 시대에서 API는 정보의 흐름을 통제하고, 데이터가 가치 있는 자원이 되도록 만드는 핵심 구조다. 기업이 API를 통해 데이터를 개방하면 새로운 서비스와 혁신이 가능해지지만, 동시에 데이터를 소유한 기업은 그 흐름을 조정하면서 강력한 영향력을 행사할 수 있다. 즉 API는 현대 사회에서 데이터가 작동하는 방식을 결정짓는 일종의 '보이지 않는 규칙'이라고도 할 수 있다.

는 과정이었던 거죠. 아마존의 내부 데이터는 실시간으로 연결되고 활용될 수 있는 형태로 정리되었으며, 이후 아마존이 인공지능과 머신러닝을 통해 비즈니스 모델을 최적화하는 데 중요한 기반이 되었습니다. 즉 알고리즘이 기업 운영의 중심이 되는 환경이 자연스럽게 조성된 것이죠. 이러한 알고리즘 기반 운영 방식은 아마존이 데이터 자본주의의 선두주자로 자리 잡는 데 핵심적 역할을 했습니다. 방대한 데이터가 API를 통해 유기적으로 흐르는 환경에서 아마존은 정교한 추천 시스템, 동적 가격 조정, 물류 최적화 등의 알고리즘을 지속적으로 발전시킬 수 있었습니다. 특히 고객의 행동 데이터를 실시간으로 분석하고, 이를 토대로 맞춤형 광고나 상품 추천을 제공하는 알고리즘은 아마존의 경쟁력을 극대화하는 요소가 되었죠. 데이터를 기반으로 끊임없이 학습하고 최적화하는 알고리즘이 기업의 핵심 자산이 되는 데이터 자본주의의 전형적 사례라 할 수 있습니다.

이처럼 데이터 자본주의에서는 데이터가 일종의 원자재로 취급되며, 이러한 원자재가 축적되면 될수록 기업은 더 많은 자본을 구축하게 됩니다. 이를 통해 데이터는 경제적 가치의 중요한 원천이 되며, 데이터 독점을 통해 경제적 이익을 극대화하려는 기업 간 경쟁이 심화되고 있습니다. 마이어쉰버거와 쿠키어는 《빅 데이터가 만드는 세상》(21세기북스, 2013)에서 "데이터는 이제 기업이 소유할 수 있는 자산이며, 이를 통해 다른 모든 자산의 가치를 강화할 수 있다"고 설명합니다. 기업은 수집한 데이터를 통해 사용자의 관심과 행동을 예측함으로써 데이터 자체가 자산으로서 기능하게 됩니다.

궁극적으로 데이터의 가치는 그것을 이용하는 사람에 달려 있다.

어떤 방식이 되었건 가능한 쓰임새를 찾아내 가치를 끌어내면 그것이 곧 그 데이터의 가치다. 무한한 듯 보이는 이 잠재적 용도는 마치 옵션과 같다. 금융 상품을 말하는 것이 아니라 선택 가능성을 뜻하는 일상적 의미의 옵션 말이다. 데이터의 가치는 이런 선택 가능성들의 총계이고, 이것이 말하자면 데이터의 '옵션 가치'다. 과거에는 데이터의 주된 용도가 달성되고 나면 그 데이터는 임무를 다한 것으로, 그래서 지우면 되는 것으로 생각한 경우가 많았다. 핵심적 가치를 뽑아낸 걸로 보였으니까 말이다. 하지만 빅 데이터 시대에 데이터는 마치 마법의 다이아몬드 광산과 같다. 주된 가치는 이미 다 꺼내 쓴 지 오래지만 아직도 파면 팔수록 계속 뭔가 나오는 다이아몬드 광산 말이다. 데이터의 옵션 가치를 깨우는 강력한 방법이 세 가지 있다. 바로 기본적 재사용, 데이터 집합 합치기, '반값 할인' 찾기다.

데이터의 '옵션 가치'가 기업에 주는 핵심적 의미는, 기존 자산에 비해 데이터를 재활용하고 확장할 가능성이 무궁무진하다는 점입니다. 기업은 데이터 사용을 한낱 일회성으로 생각하는 것이 아니라, 자산으로서 지속적으로 활용할 수 있는 선택지를 확보하는 데 집중합니다. 기본적 재사용, 데이터 집합의 통합, 새로운 패턴을 발견하는 방식 등 다양한 방식으로 데이터를 조합하고 분석하여 새로운 가치를 창출합니다. 기업이 한 번 수집한 소비자 데이터를 재분석해 잠재적 시장을 예측하거나, 다른 데이터와의 결합을 통해 사용자 맞춤형 서비스를 강화하는 방식으로 자산의 가치를 극대화할 수 있습니다. 데이터의 '옵션 가치'는 파면 팔수록 더 많은 가치를 제공하는 광산과 같아서, 한 번 채굴된 이후에도 끊임없이 새로운 자산적 가치를 창출할 수 있습니다. 기업은 이를 통해 데이터라는 자산을 기반으로 더욱 높은 수준의 경쟁력을 확보할 수 있게 되는 것입니다.

우리는 소비자인가, 상품인가?
데이터 경제의 어두운 그림자

우리는 구글의 서비스에 사용료를 내지 않는다. 하지만 누군가는 구글의 엔지니어 수천 명에게 들어가는 비용을 지불해야 하고, 그것은 바로 광고주들이다. 구글의 거의 모든 수입은, 구글이 남아돌 정도로 확보하고 있는 타깃 고객들에게 도달하려 애쓰는 기업 마케터들에게서 나왔다. 우리는 서비스를 사용하는 대가로 마케팅의 원료인 자신의 데이터와 관심을 지불했다. 미국 상원의원 알 프랑켄이 월드와이드웹 사용자들에게 경고했듯이 당신은 구글의 고객이 아니라 '상품'이다.

파스콸레는《블랙박스 사회》에서 블랙박스 시스템은 사용자의 데이터와 관심을 철저히 상품화해 수익을 창출하는 구조를 형성한다고 고발합니다. 사용자는 서비스를 무료로 제공받는 것처럼 보이지만, 사실상 그 대가로 자신의 데이터와 주목을 넘겨주고 있는 셈이죠. 단순 광고의 목적이 아닌 사용자의 행동과 선호를 예측하고 조작하는 방식으로 발전하며, 플랫폼의 수익 모델에 깊이 연계됩니다. 결과적으로 사용자는 자신의 데이터가 어떻게 활용되는지 알 수 없고 통제할 수도 없는 상황에 놓이게 됩니다. 이처럼 투명성이 결여된 블랙박스 시스템 속에서 사용자는 소비자이자 이용자로서의 권리를 잃고 점차 자율성과 프라이버시가 희생되는 구조 속으로 밀려 들어갑니다. 기업들이 사용자 경험의 모든 요소를 장악하며 사용자를 "상품화된 데이터"로 바라보게 되는 현대 자본주의의 일면을 단적으로 보여줍니다.

데이터 자본주의는 국가 간 데이터 주권 문제를 야기하기도 합니다. 특정 국가의 법이나 규제에 따라 데이터 관리와 보호가 이루어지지만, 글로벌 기술 기업들은 국경을 초월해 데이터를 수집하고 처리하기 때문에, 국가의 법적 통제가 제한됩니다. 이로 인해 데이터 자본주의에서는 각국의 데이터 주권이 약화되며, 개인정보 보호 규제가 실효성을 잃을 위험이 있습니다. 앞서 언급한 유럽연합의 일반 개인정보 보호 규정인 GDPR은 유럽연합에 속했거나 유럽경제 지역에 속한 모든 인구의 사생활 보호와 개인정보를 보호해주는 법률입니다. 데이터 자본주의 체제에서 개인정보 보호를 강화하려는 강력한 법적 규제라 할 수 있죠. 그러나 글로벌 기업들은 자사의 알고리즘과 데이터 처리 방식을 숨기고 데이터 접근을 제한하는 등의 방식으로 법적 규제를 우회하고 있습니다. 이로 인해 개인정보 보호와 데이터 주권의 약화가 심화되고 있습니다. 마이어쇤버거와 쿠키어는 데이터는 국경을 초월해 이동하지만, 이를 규제할 법과 권력은 국가에 종속되어 있어 데이터 주권을 확보하기가 어렵다고 지적합니다. 데이터 자본주의가 전 세계적으로 데이터 주권을 약화시키며, 개인정보 보호와 국가의 통제력 약화를 가져오는 문제로 이어지고 있습니다.

데이터 자본주의에서는 기업들이 사용자 데이터를 바탕으로 예측한 정보를 제공하여 사용자들이 자율적으로 행동하는 것처럼 느끼게 만듭니다. 그러나 실상은 개인의 선택이 기업의 데이터 분석과 알고리즘 결정에 의해 상당 부분 제한되고 있습니다. 사용자들이 자율적 선택을 할 수 없게 만들며, 특정 기업의 이익에 따라 행동하도록 유도하는 방식으로 작용합니다. 프랭크 파스콸레는《블랙박스 사회》에서 이런 현상을 "알고리즘은 우리가 무엇을 보고 무엇을 믿을지 결정하며, 사용자가 자율적 선택을 하는 것처럼 느끼도록 설계된다"고 설명합니다. 사용자들은 자신이 주체적으로 선택하고 있다고 생각하지만, 실제로는 알고리즘에 의해 정보와 선택지가 제한되는 환경에 놓이게 됩니다.

데이터 자본주의는 데이터를 새로운 자본으로 삼아 가치로 전환시키는 현대 자본주의의 또 다른 얼굴입니다. 기업들은 알고리즘이라는 연금술을 통해 데이터를 분석하고 활용하며 경제적 가치를 창출하지만, 그 이면에는 불편한 진실이 자리합니다. 프라이버시는 투명한 막처럼 쉽게 무너지고, 데이터 독점은 불평등의 골을 더욱 깊게 만들고, 개인의 자율성은 보이지 않는 클라우드 센터 서버들의 소음 속으로 희미해지고 있습니다. 데이터 자본주의는 번영의 약속과 함께 디지털 시대의 가장 우울한 딜레마를 우리 앞에 내밀고 있습니다.

4장

알고리즘의 힘과 플랫폼 자본주의

알고리즘 제국, 플랫폼 기업의 부상과 데이터 지배 체제

플랫폼 자본주의platform capitalism는 사용자가 디지털 플랫폼에 접속할 때마다 생성되는 데이터를 수집하고 분석하여 수익화하는 구조입니다. 각 플랫폼은 방대한 사용 데이터를 축적하고, 이를 기반으로 소비 패턴과 선호도를 파악해 맞춤형 광고와 서비스를 제공하죠. 닉 서르닉은《플랫폼 자본주의》에서 플랫폼은 알고리즘을 통해 수집한 데이터로 사용자 행동을 예측하고 통제하여 자본을 축적하는 새로운 경제 모델이라고 설명합니다.

쇼샤나 주보프 또한《감시 자본주의 시대》에서 플랫폼 자본주의는 사용자의 행동 데이터를 상품화하고, 이를 통해 미래의 행동을 예측하여 수익을 창출한다고 설명하며, 이 과정에서 사용자가 플랫폼에 종속되는 위험이 있다고 경고한 바 있습니다.

> 감시 자본주의의 중심 운동은 더 예측력이 강한 행동잉여의 신규 원천을 축적하는 일이다. 현실 세계에서 우리가 하는 어떤 행동은 결과를 보장한다. 감시 자본주의의 목표는 현실 세계에서의 그런 행동에 견줄 만큼 높은 예측력을 달성하는 것이다. 추출은 온라인에서 시작되지만 예측에 대한 절박한 요청이 모멘텀을 증가시킴에 따라 현실 세계에서의 새로운 원천을 찾아 나서게 만든다.

현실 세계에서 감시 자본주의는 온라인을 넘어 오프라인 일상으로 그 손길을 넓히고 있습니다. 기업들은 우리가 일상적으로 내리는 선택과 행동을 포착해, 이를 통해 예측 모델을 더욱 정교하게 발전시키고자 합니다. 스마트폰의 위치 정보와 IoT 기기, 감시 카메라 등 다양한 기술이 활용되면서, 개인의 사적 영역까지 추적이 이루어지고 있습니다. 결국 감시 자본주의의 목표는 일상에서 수집한 모든 데이터를 통해 미래의 행동을 예측하고, 최적화된 광고와 맞춤형 서비스를 제공함으로써 경제적 이익을 극대화하는 데 있습니다. 하지만 이런 예측 시스템은 사적 영역의 통제 가능성까지 내포하고 있으며, 이에 대한 비판적 접근과 감시가 필수적입니다.

플랫폼 자본주의는 다양한 유형의 플랫폼을 포함하며, 각 플랫폼은 독특한 수익 모델을 통해 경제적 이익을 창출합니다. 대표적인 플랫폼 유형과 수익 모델을 세 가지 유형으로 요약할 수 있습니다. 첫째는 광고 기반 플랫폼입니다. 구글이나 페이스북 같은 플랫폼은 사용자 데이터를 기반으로 맞춤형 광고를 제공해 수익을 창출합니다. 사용자는 무료로 플랫폼을 이용하지만, 실제로는 데이터가 상품화되어 광고주의 요구에 맞춰 운영됩니다. 두 번째 유형으로는 중개 플랫폼을 들 수 있습니다. 우버나 에어비앤비와 같은 플랫폼이 이에 해당되죠. 수요자와 공급자를 연결해주고 거래 수수료를 부과합니다. 이들 플랫폼은 사용자 데이터를 통해 수요와 공급을 분석하고 가격을 최적화하며, 이를 통해 중개 수익을 얻습니다. 세 번째 유형으로는 클라우드 플랫폼으로 아마존 AWS, 구글 클라우드와 같은 플랫폼입니다. 클라우드 인프라를 대여해주고 수익을 창출하죠. 데이터 저장 및 분석을 포함한 서비스를 제공하며, 이를 통해 막대한 데이터 자산을 축적하고 분석하는 능력을 강화합니다. 플랫폼 자본주의에서 각 플랫폼은 사용자 데이터를 통해 제공하는 서비스에 따라 다양한 수익 모델을 구축하며, 이를 통해 자본을 축적합니다.

플랫폼 자본주의는 네트워크 효과를 통해 사용자 수가 증가할수록 플랫폼의 가치가 높아지는 구조를 가집니다. 플랫폼의 사용자 수가 많아질수록 더 많은 데이터가 축적되고, 플랫폼은 이를 통해 더욱 정교한 알고리즘과 개인화된 서비스를 제공할 수 있게 됩니다. 페이스북은 사용자 간 관계망을 기반으로 네트워크 효과를 극대화하고, 구글은 사용자의 검색 데이터를 축적해 검색 알고리즘을 개선합니다. 이로 인해 플랫폼에 더 많은 사용자가 유입되며, 이는 데이터 집중과 경제적 지배력을 강화하는 결과를 낳습니다. 네트워크 효과는 플랫폼 기업이 경쟁 우위를 유지하는 데 중요한 역할을 하며, 사용자 수가 많을수록 다른 경쟁자가 이 시장에 진입하기 어려운 환경을 만듭니다. 닉 서르닉은 같은 책에서 플랫폼 기업들이 네트워크 효과를 통해 데이터를 축적하고, 이를 통해 독점적 지위를 강화한다고 설명합니다. 플랫폼은 데이터 추출과 네트워크 효과의 창출에 기초하며,

이러한 특성이 플랫폼 기업의 독점 경향을 촉진한다고 말이죠.

> 자본주의는 위기가 일어나면 재편되는 경향이 있다. 새로운 기술, 새로운 조직 형태, 새로운 착취 양식, 새로운 일자리, 새로운 시장, 이 모두가 출현해 자본의 새로운 축적 양식을 전개한다.

오늘날 급부상한 이 플랫폼 자본은 기본적인 데이터 보유자를 넘어선 새로운 형태의 자본주의 기업입니다. 핵심은, 이들이 자본주의의 본질적 명령에 따라 움직이면서도 기존 자본과는 다른 새로운 속성을 지니고 있다는 점이죠. 그 차별점을 좀 더 들여다보겠습니다. 첫째, 데이터를 새로운 원료로 활용하는 것입니다. 플랫폼 자본은 데이터를 자산화해 경제적 가치를 창출하며, 이와 함께 네트워크 효과를 통해 지속적인 가치를 형성해 나갑니다. 둘째, 노동 형태도 변화시킵니다. 물질적 생산이 아니라 지식, 문화 콘텐츠, 감정, 서비스, 미디어와 같은 비물질적 노동을 기반으로 하죠. 여기에는 토론방 참여나 블로그나 웹사이트 관리까지 포함됩니다. 마지막으로 이들은 새로운 계급으로 부상하면서 경제 전반에 영향력을 행사하고 있으며, 사회기반시설의 소유자로서의 역할까지 떠맡게 됩니다. 국내의 모 메신저 서비스가 국가 기간망은 물론 재난안전통신망과 같은 역할을 하고 있는 것처럼, 사회적·경제적 활동의 필수 인프라로 자리 잡고 있습니다. 게다가 플랫폼 자본은 비물질적 영역에만 머물지 않고, 서비스와 유통을 넘어 산업 플랫폼, 사물인터넷 등으로 확장하고 있습니다. 전통적인 제조업도 이제는 이들 플랫폼의 도움 없이는 생존하기 어려워졌습니다.

플랫폼 노동의 덫,
자율성 없는 유연성과 경제적 불안정

플랫폼 자본주의는 노동의 플랫폼화를 통해 한국에서도 경제적 불안정성을 가중시키고 있습니다. 우버, 배달의민족, 쿠팡이츠와 같은 플랫폼을 통해 일하는 노동자들은 유연한 노동 환경을 제공받는 대신, 고용 안정성이나 노동 보호를 충분히 보장받지 못하는 현실에 처해 있습니다. 이들 플랫폼 노동자들은 대부분 독립 계약자 혹은 프리랜서로 간주되어 의료보험이나 국민연금과 같은 사회적 안전망에서 소외되는 경우가 많습니다. 이들은 정규직 노동자가 제공받는 복지 혜택이나 법적 보호가 부족한 상황에서 플랫폼 경제의 성장 뒤에 숨은 불안정한 경제 구조 속에서 불안감을 느끼며 일하게 됩니다. 결과적으로 플랫폼 자본주의는 한국 노동자들에게 전통적인 고용 관계와는 다른 형태의 경제적 불안정을 안기며, 이들이 플랫폼 자본주의의 착취적 구조에 놓여 있다고 인식하게 만듭니다.

플랫폼 자본주의는 노동 과정을 표준화해 공장이나 사무실을 넘어 다양한 작업 공간과 방식으로 이윤 추구의 구조를 새롭게 재편하고 있습니다. 특히 인공지능과 알고리즘에 기반한 관리 방식은 갈수록 정교해지고 있으며, 이로 인해 플랫폼 노동자들은 시간 압박, 휴게시간 부족, 작업 강도 증가와 같은 문제를 호소하고 있습니다. 플랫폼 노동의 확산은 노동자들의 자율성과 전문성을 크게 약화시키고 있습니다. 과거에는 많은 경험과 숙련된 기술자로 붐비던 노동 현장이 이제는 차갑고 무미건조한 앱의 지시에 따라 움직이는 공간이 되었습니다. 노동자는 더 이상 창조와 결정의 주체가 아닌 규격화된 알고리즘의 톱니바퀴로 축소되고, 이 과정에서 살아 있는 노동의 온기는 이미 사라졌습니다. 대신 그 자리를 채우는 것은 무력감과 고립감, 그리고 자신이 점점 더 기계의 일부로 흡수되는 듯한 서늘한 감각뿐입니다. 이런 상황은 플랫폼 자본주의가 노동자들에 대한 통제를 극단적으로 강화하는 방향으로 나아가고 있음을 보여줍니다. '디지털 테일러리즘'이라고 불릴 만큼, 21세기의 보호받지 못하는 노동 착취의 전형적 모습으로 자리 잡고 있습니다. 알고리즘이 노동의 방향을 지시하는 시대에 개인의 자율성은 점차 플랫폼이 설정한 궤도 속에 갇혀 사라지고 있습니다. 플랫폼 자본주의는 보이지 않는 손길로 노동을 통제하고 착취하며, 새로운 형태의 권력 구조로 자리 잡았습니다. 이 거대한 흐름을 바로잡기 위해 우리는 플랫폼 자본주의의 작동 원리를 명확히 이해하고, 알고리즘이 행사하는 은밀한 권력을 투명하게 드러내야 합니다. 더 나아가 디지털 경제를 공정하고 포괄적인 체계로 재구성하기 위해 알고리즘의 투명성을 확보하고, 이를 법적 혹은 정책적으로 견고히 뒷받침하는 노력이 필요합니다.

5장

테크노퓨달리즘,
알고리즘이 만든 새로운 종속 구조

디지털 영지에서의 삶,
우리는 누구의 데이터 소작농인가?

테크노봉건주의techno-feudalism는 현대 기술과 플랫폼 자본주의가 결합하면서 경제적 권력이 소수의 거대 기업에 집중되고 다수의 노동자와 소비자가 경제적으로 종속되는 현상을 뜻합니다. 이 개념은 전통적인 봉건제에서 영주와 농노의 관계와 유사한 구조를 현대 경제 체제에서도 발견할 수 있다는 점에서 비롯되었죠. 즉 디지털 플랫폼을 소유한 거대 기술 기업big tech이 오늘날의 '영주' 역할을 하며, 사용자는 '디지털 농노'처럼 플랫폼에 종속되는 구조가 형성된다는 분석입니다.

테크노퓨달리즘의 주요 개념은 다음과 같은 철학적·경제적 논의와 철학적·경제적 논의와 맞닿아 있습니다. 얀니스 바루파키스는《테크노퓨달리즘》(21세기북스, 2024)에서 플랫폼 경제가 기존 자본주의와 다른 형태의 권력 집중을 초래한다고 분석했고, 쇼샤나 주보프 또한 《감시 자본주의의 시대》에서 데이터가 새로운 형태의 경제적 착취를 가능하게 하며, 플랫폼 기업이 디지털 환경을 지배한다고 주장했죠. 테크노봉건주의는 기술 기업의 성장 문제에 그치지 않고 디지털 경제 속에서 권력과 부의 재분배가 어떻게 이루어지는지를 근본적으로 분석하는 이론적 틀이라고 할 수 있습니다.

테크노봉건주의의 핵심 특징 중 하나는 플랫폼 자본주의가 전통적인 시장 경쟁을 약화시키고, 거대 플랫폼 기업이 경제적 지배력을 강화한다는 점입니다. 구글, 아마존, 페이스북, 애플과 같은 디지털 플랫폼 기업들은 인터넷 경제의 핵심 인프라를 독점하고 있으며, 노동자는 플랫폼을 통해 수익을 얻지만 플랫폼 자체를 소유할 수 없고, 그 운영 방식과 규칙에 종속될 수밖에 없습니다. 또 데이터가 노동보다 더 중요한 자원이 되면서 사용자는 플랫폼 경제의 일부로 편입되지만, 그로 인한 경제적 이익을 공유하지 못하고 있습니다. 이런 구조는 전통적인 자본주의의 시장 경쟁 원리가 점차 사라지고, 봉건제와 유사한 '디지털 영지'digital fiefdoms가 형성되는 과정으로 해석될 수 있습니다.

테크노봉건주의는 데이터가 새로운 생산수단으로 작동하면서, 기업이 사용자 데이터를 통해 권력을 강화하는 방식을 설명합니다. 구글과 페이스북은 사용자의 검색 기록, 클릭 패턴, 사회적 관계 데이터를 분석해 맞춤형 광고를 제공하지만, 정작 데이터 생산자인 사용자는 그 이익을 공유하지 못합니다. 아마존과 우버는 플랫폼 알고리즘을 활용해 노동자와 소비자의 행동을 조정하지만, 이 과정에서 노동자와 사용자는 플랫폼에 의존할 수밖에 없는 구조에 놓이게 됩니다. 이런 현상은 감시 자본주의 개념과 맞닿아 있으며, 소수의 플랫폼 기업이 사회적 데이터를 통제하면서 '디지털 군주제'digital monarchy를 형성하는 방식으로 작동하고 있습니다.

우리가 의존하는 많은 인터넷 업체들과 우리의 관계는 전통적인 기업-고객 관계가 아니다. 기본적으로 우리가 고객이 아니기 때문이다. 우리는 그 업체들이 자신들의 실제 고객에게 판매하는 상품이다. 이 관계는 상업적인 관계가 아니라 봉건적인 관계에 가깝다. 기업은 봉건영주이고 우리는 그들의 가신이거나 농민이거나 일진이 사나운 날에는 농노가 된다. 우리는 기업이 소유한 땅에서 데이터를 생산하면서 일을 하는 소작농이며, 기업들은 우리가 생산한 데이터를 돈을 받고 판매한다.… 그러나 그 업체들 중 하나에 충성을 맹세하지 않고 살아가기는 점점 더 어려워지고 있다.… 생활의 많은 부분이 온라인에서 이루어지고 있다. 달리 말하면 생활의 많은 부분이 대기업에서 정한 규칙에 따라 움직이고 있다는 이야기다. 이 사기업들은 크게 규제받지도, 치열한 시장 경쟁에 영향을 받지도 않는다.… 이미 현대 생활의 도구이며 직장 생활과 사교에 필수적이다. 우리 대부분에게 그냥 손을 떼는 것은 실행 가능한 선택지가 아니다. 이미 현대 생활의 아주 실질적인 규범으로 자리 잡은 것을 어기는 행동이기 때문이다. 그리고 여러 제공업체 중 한 곳을 선택하는 일은 감시를 받느냐 받지 않느냐의 선택이 아니라 어떤 봉건영주에게 당신을 염탐하게 할지의 선택일 뿐이다.

'세계 최고의 보안 전문가' 혹은 '보안 구루'라고 불리는 브루스 슈나이어는《당신은 데이터의 주인이 아니다》(반비, 2016)에서 오늘날 인터넷 기업들은 일차원적인 기업-고객 관계를 넘어서서 새로운 봉건적 질서를 구축하고 있음을 보여줍니다. 우리는 이 거대 기술 기업들의 '디지털 영지' 안에서 소작농처럼 데이터를 생산하고, 그들은 우리의 데이터를 팔아 거대한 이익을 창출합니다. 이제는 특정 기업에 충성을 맹세하지 않고는 생활의 대부분을 영위하기 어려운 상황에 이르렀죠. 이들 기업이 정한 규칙에 따라 우리의 온라인 생활이 좌우되는 현실, 그것이 바로 테크노퓨달리즘입니다. 자유로운 선택은 사라졌고, 우리의 선택은 단지 어떤 '디지털 영주'에게 나를 내맡길지 결정하는 것일 뿐입니다.

NFT와 메타버스는 해방인가 새로운 봉건제인가?

테크노봉건주의에서는 알고리즘과 자동화가 노동을 관리하는 방식 또한 중요한 논의 대상입니다. 플랫폼 알고리즘은 우버 드라이버나 배달 플랫폼 노동자의 업무 배정을 자동화하며, 아마존의 동적 가격 책정 시스템처럼 AI가 실시간으로 가격을 조정해 소비자 행동을 유도하기도 합니다. 특히 자동화된 성과 평가 시스템을 통해 기업은 알고리즘을 활용하여 노동자를 관리하고, 심지어 해고까지 결정하는 상황에 이르렀습니다. 이런 구조 속에서 인간 노동자는 플랫폼의 통제 아래 '디지털 농노'처럼 종속되며, 노동자의 협상력은 점차 약화되고 기업의 데이터 독점은 더욱 강화되는 방향으로 작동하고 있습니다.

과학기술과 플랫폼 자본주의의 결합은 경제적 권력이 소수 기업에 집중되는 현상을 초래하고 있습니다. 이 과정에서 디지털 경제의 구조는 기존 자본주의와는 다른 형태로 변화하고 있으며, 이를 설명하는 개념이 바로 테크노봉건주의입니다. 테크노봉건주의는 현대의 플랫폼 경제가 전통적 시장 경쟁 원리를 벗어나 봉건제와 유사한 방식으로 경제 권력이 집중되는 구조를 형성한다는 점에서 그 개념적 토대를 갖습니다.

테크노봉건주의가 봉건제와 유사한 구조를 형성하는 또 다른 요소는 알고리즘과 자동화 시스템이 노동을 통제하는 방식입니다. 전통적 자본주의에서는 기업과 노동자가 협상을 통해 임금과 근로 조건을 결정했지만, 플랫폼 노동에서는 이러한 협상 과정이 점점 사라지고 있습니다. 우버Uber나 딜리버루Deliveroo와 같은 기업에서는 노동자가 인간 관리자와 직접 소통하는 것이 아니라, 알고리즘이 업무 배정을 조정하고, 성과를 평가하며, 필요할 경우 해고까지 결정하는 역할을 합니다. 노동자는 플랫폼이 설정한 규칙을 따를 수밖에 없으며, 자신의 노동 방식에 대한 통제권을 갖기 어려운 구조에 놓이게 됩니다.

이런 문제는 경제적 불평등을 넘어, 디지털 경제에서 새로운 형태의 권력 집중을 의미합니다. 과거 봉건제에서 영주가 토지를 소유하고 농노가 그 땅을 경작했던 것처럼, 오늘날 디지털 경제에서는 플랫폼 기업이 인터넷의 핵심 인프라를 장악하며, 사용자는 이 시스템에서 벗어나기 어려운 환경에 놓였습니다. 구글과 애플의 앱스토어는 디지털 경제의 필수 인프라로 기능하지만, 개발자들은 이 플랫폼을 이용하기 위해 높은 수수료를 지불해야 하며, 플랫폼 기업이 정한 규칙을 따를 수밖에 없습니다. 플랫폼 경제가 사용자와 노동자를 종속시키는 경제적 질서를 형성하고 있음을 보여주는 사례라 할 수 있습니다.

테크노봉건주의의 또 다른 특징은 NFT[34]와 메타버스 경제와 같은 새로운 디지털 자산 시스템이 기존 경제적 불평등을 더욱 심화시킬 가능성이 있다는 점입니다. NFT와 메타버스 경제는 디지털 공간에서 자산을 소유할 수 있는 새로운 방식을 제공하지만, 이 역시 플랫폼 기업들이 통제하는 구조 속에서 운영됩니다. 가상 부동산 시장에서 일부 기업이 '디지털 토지'를 독점적으로 소유하고, 사용자는 이를 임대하는 방식으로 경제 활동을 해야 한다는 점에서, 기존 자본주의와는 또 다른 형태의 경제적 종속 관계를 형성할 수 있습니다. 즉 현실의 자산 불평등이 디지털 공간에서도 재현되거나 더욱 강화되는 것이죠.

---

[34] NFT(Non-Fungible Token)는 블록체인 기술을 기반으로 한 대체 불가능한 토큰으로, 디지털 자산의 고유성과 소유권을 증명하는 역할을 한다. 쉽게 말해, NFT는 디지털 공간에서 특정한 아이템이 '원본'임을 보장하고 이를 소유할 수 있도록 만드는 기술이다. 디지털 그림이나 음악 파일은 무한 복제가 가능하지만, NFT를 통해 특정 파일이 원본이라는 점이 블록체인에 기록되면, 해당 디지털 자산은 희소성과 소유권을 갖게 된다. 마치 예술작품의 진품이 감정서를 통해 인증되는 것과 유사한 방식이다. NFT는 다양한 디지털 콘텐츠에 적용될 수 있다. 예술가들은 자신의 작품을 NFT로 만들어 판매할 수 있으며, 게임에서는 희귀한 아이템을 NFT로 거래할 수 있다. 또 가상 부동산 시장에서도 NFT를 통해 디지털 토지를 매매하는 사례가 늘어나고 있다. 그러나 이런 시스템은 새로운 경제적 종속 구조를 형성하는 방식으로도 작동할 수 있다. 테크노봉건주의 관점에서, NFT는 디지털 자산의 소유권을 일부 사용자에게 집중시키며, 플랫폼 기업이 거래와 유통을 통제하는 방식으로 운영된다. 결국 NFT는 디지털 경제에서 자율성과 민주화를 보장하는 기술이 아니라, 새로운 형태의 디지털 영지를 창출하며, 소수 자본이 디지털 자산을 독점하는 구조로 이어질 가능성을 내포하고 있다. NFT가 디지털 경제에서 소유와 권력이 어떻게 작동하는지를 보여주는 중요한 사례로 평가되는 이유도 여기에 있다.

플랫폼 독점과 데이터 주권, 그리고 공공 디지털 플랫폼 가능성

테크노봉건주의를 둘러싼 주요 논쟁 중 하나는 이것이 기존 자본주의의 연장선인지 아니면 전혀 새로운 경제 체제인지에 대한 문제입니다. 바루파키스는 테크노봉건주의가 진화의 연속상에 있는 자본주의의 변형이 아니라, 완전히 새로운 경제적 논리를 가진 시스템으로 변화하고 있음을 강조합니다. 기존의 시장 경쟁이 사라지고 플랫폼 기업들이 모든 경제 활동을 통제하는 방향으로 전환되고 있다고 말이죠. 반면 일부 경제학자들은 테크노봉건주의가 기존 독점 자본주의의 연장선상에 있으며, 단지 경제적 권력이 더욱 집중된 형태로 나타나는 것일 뿐이라고 분석하기도 합니다. 이러한 문제를 해결하기 위해 제안되는 방안 중 하나는 플랫폼 노동자들에게 데이터 소유권을 부여하고 공정한 알고리즘 규제를 도입하는 것입니다.

유럽연합은 디지털시장법 Digital Markets Act을 통해 빅테크 기업들의 시장 독점을 견제하고, 데이터 독점 구조를 해체하는 방향으로 정책을 추진하고 있습니다. 이 법안은 구글, 아마존, 애플, 메타, 마이크로소프트와 같은 대형 플랫폼 기업들이 시장에서 차별적 우위를 점하지 못하도록 규제하는 것을 목표로 합니다. 플랫폼이 경쟁사 제품을 배제하지 못하도록 하고, 자사 서비스에 유리한 방식으로 검색 알고리즘을 조정하는 행위를 금지하는 조항이 포함되어 있습니다. 또한 데이터의 상호운용성을 강화해 플랫폼 이용자들이 특정 기업의 생태계에 종속되지 않고 자유롭게 서비스를 선택할 수 있도록 하는 것이 핵심 취지입니다.

우리나라는 디지털 경제에서의 공정한 경쟁과 데이터 주권을 확보하기 위해 기업 친화적 규제를 우선하는 미국보다는 유럽연합의 디지털시장법과 같은 강력한 규제 정책을 롤모델로 삼을 필요가 있습니다. 미국은 빅테크 기업들의 혁신을 장려하는 명목으로 상대적으로 완화된 규제 환경을 유지해 왔지만, 그 결과 데이터 독점과 플랫폼 경제의 불균형이 심화되었다는 비판을 받고 있죠. 반면 유럽연합은 디지털 시장에서의 독과점 구조를 방지하고 플랫폼 기업들이 자사 이익을 위해 소비자와 중소기업을 착취하는 행태를 견제하는 방향으로 정책을 추진하고 있습니다. 우리나라 역시 네이버, 카카오, 쿠팡과 같은 국내 플랫폼 기업들의 영향력이 점점 커지고 있는 만큼, 데이터 독점 문제와 알고리즘 불투명성에 대한 규제를 강화해 보다 공정한 디지털 시장 환경을 조성해야 합니다. 이를 위해 유럽연합의 규제 모델을 참고하고, 공공 디지털 인프라 확대 및 데이터 공유 체계를 구축하는 방안을 적극적으로 검토해야 합니다.

한편 일부 학자는 보다 근본적인 해결책으로 공공 디지털 플랫폼 구축을 제안하고 있습니다. 플랫폼 경제의 핵심 인프라를 일부 공공화하거나 협동조합 형태로 운영함으로써, 사용자와 노동자가 플랫폼을 공동 소유하고 관리할 수 있도록 하자는 구상이죠. 배달 플랫폼이나 차량 공유 서비스가 특정 기업의 이윤을 극대화하는 방식이 아니라 노동자와 소비자가 공동으로 운영하는 모델을 도입하면, 데이터 수익이 특정 기업이 아닌 플랫폼을 이용하는 모든 참여자에게 공정하게 분배될 수 있습니다. 이런 방식은 데이터 민주주의와 디지털 공공재 개념과도 연결되며, 알고리즘과 데이터가 특정 기업의 자산이 아니라 사회적 자원으로 활용될 수 있도록 하는 방향을 모색하는 움직임이라 할 수 있습니다.

나오며

 알고리즘과 철학이라는 어울리지 않을 것 같은 주제로 책을 쓰는 과정은 결코 쉽지 않았습니다. 철학을 독학으로 공부하다 보니, 깊이 있는 이해 없이 컴퓨터과학과 연결하려는 시도가 무모한 것은 아닐까 걱정되기도 했습니다. 하지만 때로는 무지가 용기를 주듯, 선입견에 얽매이지 않고 자유롭게 상상의 나래를 펼칠 수 있었고, 그 과정 자체가 무척 즐거운 여정이었습니다. 그럼에도 불구하고 책을 집필하며 특히 조심했던 점은 철학적 깊이를 손상시키지 않으면서도 컴퓨터과학의 논리적 명료함을 살리는 균형을 유지하는 것이었습니다.
 철학은 복잡성과 추상성, 그리고 인간 경험의 깊이를 탐구하는 반면, 알고리즘적 사고는 명확하고 체계적인 해결책을 추구합니다. 이 두 접근 방식 사이의 간극을 고려할 때, 알고리즘이 철학의 복합성을 지나치게 단순화하거나 중요한 맥락을 배제하지 않도록 신중을 기해야 합니다. 이에 따라 몇 가지 점을 특히 유념하며 접근했습니다.

첫째, 철학적 추상성을 유지하는 것에 집중했습니다. 수학을 기반으로 한 알고리즘은 명확한 답을 도출하는 데 뛰어나지만, 철학의 본령인 다층적이고 다면적인 사고를 충분히 반영하지 못할 위험이 있습니다. 화이트헤드는 《과학과 근대세계》(서광사, 2008)에서 잘못 놓여진 구체성의 오류fallacy of misplaced concreteness를 지적하며, 추상적 개념을 현실과 동일시하는 것은 철학적 사고를 단순화하는 오류를 초래할 수 있다고 경고한 바 있죠. 철학이 수치화나 정형화된 해답으로 깔끔하게 해결될 수 없는 경우가 많다는 의미입니다. 따라서 알고리즘 접근 방식을 철학에 적용할 때, 철학의 복합성과 개념적 유연성을 온전히 유지하는 것이 중요합니다. 수학(혹은 이에 기반한 알고리즘)은 인간 경험을 초월한 추상 체계로 작동할 수 있지만, 철학은 그러한 추상성을 기반으로 하면서도 현실과의 연결을 잃지 않아야 합니다. 이 점에서 철학과 알고리즘이 결합될 때 순박한 규칙 기반 사고로 환원되지 않도록 신중한 접근이 필요합니다.

둘째, 맥락과 인간적 요소의 고려를 중시했습니다. 철학은 특정 시대와 사회적 배경 속에서 형성된 사유 체계로, 개념과 이론은 그 시대적 맥락과 분리될 수 없습니다. 예컨대 플라톤의 이데아론이나 칸트의 순수이성비판은 각각 고대 그리스의 형이상학적 전통과 근대 계몽주의 시대의 인식론적 문제의식을 반영하고 있죠. 따라서 철학적 개념을 분석할 때 논리적 구조로 단순 환원시키는 것이 아니라 역사적 흐름과 사유 방식의 변천 속에서 이해하는 것이 중요합니다. 알고리즘 사고는 보편적이고 객관적인 문제 해결을 추구하지만, 철학적 사유는 감정, 직관, 가치 판단, 사회적 맥락과 깊이 얽혀 있습니다. 윤리학에서 선과 악을 판단하는 기준이 논리 연산으로 결정될 수 없듯이, 철학적 개념을 알고리즘으로 형식화할 때는 열린 해석 가능성과 인간적 경험의 복합성을 고려해야 합니다. 알고리즘이 특정 결론을 도출하는 과정에서 중요한 철학적 요소들이 희생되지 않도록 신중한 접근이 필요하며, 철학적 개념이 갖는 다층적 의미와 유연성을 유지하는 것이 핵심 과제입니다.

셋째, 다양한 해석 가능성을 잊지 않았습니다. 철학적 문제는 단일한 정답이 아니라, 다층적인 의미와 다양한 해석의 가능성을 내포합니다. 동일한 개념이나 사상이라도 해석하는 철학자나 시대적 배경에 따라 전혀 다른 의미로 읽힐 수 있죠. 이를테면, 니체의 "신은 죽었다"라는 일성은 종교적 믿음의 종말을 의미할 수도 있고, 새로운 가치 창조의 필요성을 강조하는 의미로도 해석될 수 있습니다. 따라서 철학적 개념을 다룰 때는 하나의 정해진 답을 찾기보다 그것이 제기하는 다양한 관점을 탐색하는 과정이 중요합니다.

넷째, 단순화의 위험성을 경계했습니다. 알고리즘 사고의 강점은 복잡한 문제를 구조적으로 단순화하고 체계적으로 분석하는 데 있지만, 이 과정에서 문제의 본질적 복잡성을 지나치게 축소할 위험이 있습니다. 철학적 논의는 본질적으로 다층적인 의미, 다양한 시각, 열린 해석 가능성을 포함하는데, 알고리즘은 이를 명확한 규칙과 논리적 구조로 환원하려는 성향이 강합니다. 윤리적 판단을 알고리즘으로 분석하려는 시도에서, 특정한 규칙이나 데이터 패턴만을 기반으로 도출된 결론은 인간 사회의 복잡한 가치 체계를 반영하지 못할 가능성이 큽니다. 윤리적 문제는 옳고 그름의 투박한 이분법으로 나뉠 수 없으며, 사회적·문화적 맥락에 따라 가변적이기 때문입니다.

다섯째, 사회 시스템의 단순화입니다. 특히 5부에서처럼 사회적 문제나 정치적 구조를 알고리즘으로 분석할 때, 복잡한 역사적·문화적 배경이 배제될 가능성이 있습니다. 필요 이상으로 단순화시킬 경우 사회적 불평등이나 권력 구조와 같은 중요한 문제를 피상적으로 다루게 만들 수 있습니다. 사회 시스템의 복잡성을 충분히 반영하지 못하면, 알고리즘이 제안하는 해법은 현실적 맥락을 놓칠 가능성이 큽니다.

알고리즘 사고가 철학의 복잡성과 유연성을 지나치게 단순화할 위험이 있다는 비판을 각오하고 알고리즘이라는 방법을 통해 철학을 탐구하려 한 이 시도는, 철학적 사고를 보다 구조적으로 정리하고 복잡한 개념을 분석하는 새로운 접근법을 제시할 수 있다는 점에서 의미가 있습니다. 철학은 본질적으로 시대와 환경에 따라 변화하는 학문이며, 오늘날 컴퓨터과학과 알고리즘이 우리의 사고방식에 깊이 스며든 만큼, 철학 역시 이를 탐구의 도구로 활용할 필요가 있기 때문입니다. 이 책은 그러한 여정의 첫걸음으로, 독자 여러분과 함께 새로운 가능성을 탐구하고자 하는 시도였습니다. 이 여정이 독자 여러분께 온전히 전해져 새로운 시선과 사유의 계기가 되었다면 그것만으로 저자로서 더할 나위 없이 큰 기쁨과 보람일 것입니다.

참고문헌

고트프리트 라이프니츠,《모나드론》, 책세상, 2007.
그레이엄 하먼,《쿼드러플 오브젝트》, 현실문화연구, 2019.
김광석 외,《현대 기술·미디어 철학의 갈래들》, 그린비, 2016
김선희 외,《인공지능 시대의 철학자들》, 사월의책, 2024.
김용운,《수학사대전》, 경문사, 2010.
김옥기,《데이터는 어떻게 자산이 되는가?》, 이지스퍼블리싱, 2021
노버트 위너,《사이버네틱스》, 읻다, 2023.
니클라스 루만,《사회적 체계들》, 한길사, 2020.
_____,《생태적 커뮤니케이션》, 에코리브르, 2014.
대니얼 데닛,《마음의 진화》, 사이언스북스, 2006.
대니얼 림,《컴퓨터로 철학하기》, 이상북스, 2025.
더글러스 호프스태터,《괴델, 에셔, 바흐》, 까치, 2017.
데이비드 벌린스키,《수학의 역사》, 을유문화사, 2014.
데이비드 흄,《인간 본성에 관한 논고》, BOOKK, 2019.
도널드 커누스,《The Art of Computer Programming》, 한빛미디어, 2006.
루이스 캐럴,《이상한 나라의 앨리스》, 아르누보, 2021.
_____,《거울나라의 앨리스》, 더스토리, 2017.
루치아노 플로리디,《정보철학 입문》, 필로소픽, 2022.
루트비히 비트겐슈타인,《철학적 탐구》, 책세상, 2019.
마르셀 프루스트,《잃어버린 시간을 찾아서》, 민음사, 2012.
빅토르 마이어 쇤버거·케네스 쿠키어,《빅 데이터가 만드는 세상》, 21세기북스, 2013.
마이클 샌델,《정의란 무엇인가》, 와이즈베리, 2014.
마틴 데이비스,《오늘날 우리는 컴퓨터라 부른다》, 인사이트, 2023.
마틴 하이데거,《강연과 논문》, 이학사, 2008.
_____,《존재와 시간》, 동서문화사, 2016.
막스 베버,《프로테스탄트 윤리와 자본주의 정신》, 현대지성, 2018.

미셸 푸코, 《감시와 처벌》, 나남, 2020.
_____, 《지식의 고고학》, 민음사, 2000.
바뤼흐 스피노자, 《에티카》, 서광사, 2007.
박신현, 《캐런 바라드》, 커뮤니케이션북스, 2023.
버트런트 러셀, 《서양철학사》, 을유문화사, 2020.
베르나르 스티글러, 《고용은 끝났다. 일이여 오라!》, 문학과지성사, 2018.
_____, 《자동화 사회 1》, 새물결, 2019.
브루스 슈나이어, 《당신은 데이터의 주인이 아니다》, 반비, 2016.
브뤼노 라투르, 《인간·사물·동맹》, 이음, 2010.
_____, 《판도라의 희망》, 휴머니스트, 2018.
_____, 《행위자-네트워크 이론》, 이음, 2010.
브뤼노 라투르·스티브 울가, 《실험실 생활》, 한울아카데미, 2019.
쇼샤나 주보프, 《감시 자본주의 시대》, 문학사상, 2021.
스테파노프와 로즈, 《알고리즘 산책: 수학에서 제네릭 프로그래밍까지》, 길벗, 2018.
아네르스 블록·토르벤 엘고르 옌센, 《처음 읽는 브뤼노 라투르》, 사월의책, 2017.
아리스토텔레스, 《니코마코스 윤리학》, 현대지성, 2022.
_____, 《형이상학》, 동서문화사, 2019.
아이스킬로스, 《사슬에 묶인 프로메테우스》, 지만지드라마, 2019.
알프레드 노스 화이트헤드, 《과학과 근대세계》, 서광사, 2008.
_____, 《과정과 실재》, 민음사, 2003.
야콥 폰 윅스퀼, 《동물들의 세계와 인간의 세계》, 도서출판비, 2012
에릭 브린욜프슨, 앤드루 맥아피, 《제2의 기계시대》, 청림출판, 2014.
애니 머피 폴, 《익스텐드 마인드》, 알에이치코리아, 2022.
앨런 홉슨, 《프로이트가 꾸지 못한 13가지 꿈: 꿈의 신경과학적 해석》, 시그마북스, 2009.
엘리 프레이저, 《생각 조종자들: 당신의 의사결정을 설계하는 위험한 집단》, 알키, 2011.
유발 하라리, 《호모 데우스》, 김영사, 2017.
유클리드, 《원론》, 아카넷, 2022.
육후이(許煜), 《디지털적 대상의 존재에 대하여》, 새물결, 2021.
_____, 《예술과 코스모테크닉스》, 새물결, 2024.
_____, 《재귀성과 우연성》, 새물결, 2023.
_____, 《중국에서의 기술에 관한 물음》, 새물결, 2019.
이언 해킹, 《표상하기와 개입하기》, 한울아카데미, 2020.

자크 엘륄,《기술 체계》, 대장간, 2013.
장 자크 루소,《사회계약론》, 문예출판사, 2013.
장 프랑수아 리오타르,《포스트모던의 조건》, 민음사, 2018.
장 폴 사르트르,《존재와 무》, 살림출판사, 2005.
제인 베넷,《생동하는 물질》, 현실문화, 2020.
조르주 바타이유,《저주의 몫》, 문학동네, 2000.
조지 오웰,《1984》, 민음사, 2003.
조지프 마주르,《수학기호의 역사》, 반니, 2017.
존 로크,《정부론》, 다락원, 2009.
지즈강,《수학의 역사》, 더숲, 2011.
질베르 시몽동,《형태와 정보 개념에 비추어 본 개체화》, 그린비, 2017.
카타리나 츠바이크,《무자비한 알고리즘》, 니케북스, 2021.
칼 마르크스,《자본론》1권, 비봉출판사, 2015.
칼 포퍼,《열린 우주》, 철학과현실사, 2020.
_____,《추측과 반복》, 민음사, 2001.
캐런 바라드,《우주와 중간에서 만나기》, 수유너머 파랑(전방욱·박준영 번역).
캐시 오닐,《대량살상 수학무기》, 흐름출판, 2017.
크리스토퍼 스타이너,《알고리즘으로 세상을 지배하라》, 에이콘출판사, 2016.
토마스 네일,《존재와 운동》, 앨피, 2021.
토마스 쿤,《과학혁명의 구조》, 까치, 2013.
토마스 홉스,《리바이어던》, 동서문화사, 2021.
페드로 도밍고스,《마스터 알고리즘》, 비즈니스북스, 2016.
프랭크 파스콸레,《블랙박스 사회》, 안티고네, 2016.
프리드리히 니체,《차라투스트라는 이렇게 말했다》, 민음사, 2004.
한스 요나스,《책임의 원칙》, 서광사, 1994.

찾아보기(용어)

ㄱ

가우스 소거법 30, 32
객체지향 철학 251, 256-261, 263
객체지향 프로그래밍 251-255, 257, 259-260, 263, 283, 297-298, 300
게슈탈트 이론 212, 216-217, 219-220
결정론 79, 135, 177-184
결정불가능성 82, 124-125
경험주의 160, 221-226
계산 가능성 72, 74, 121-123
계산 불가능성 72, 74
공리 19
공정성 233
과학적 추론 236, 238-239, 241-242, 249, 315
구문분석 알고리즘 205, 208-210
귀납(법) 238, 300, 309
귀류법 134-135, 163, 165-167
그래프 이론 137, 170-171, 175
기계학습 61, 226-228, 318
기술철학(자) 245, 249, 280, 342
기억의 외부화 274-280, 283-284, 286
기하학(적) 17-19, 29, 33, 36

ㄴ

난수 생성기 72
난수 70-71, 195, 201
네트워크 사유 134, 168-169, 172-173, 175-176
논리 연산 44, 47, 50, 56, 363

ㄷ

다원성 134, 143, 145, 147
다익스트라 알고리즘 138
대수학 35
데이터
  데이터 구조 82, 85, 87-90, 99, 104, 106, 112, 134
  데이터 연결성 302
  데이터 자본주의 320-321, 324-325, 328, 339, 341-343, 346-347
  데이터 주권 346, 360-361
  데이터 편향(성) 14, 250
동적 계획법 41, 43
딥러닝 56, 61, 144, 197, 215, 217, 310-313

ㅁ

마스터 알고리즘 307-308, 318
맞춤형 광고 320, 323, 328-331, 334, 341, 343, 348-349, 355

369

메모이제이션 41, 53
명제 19-20, 56, 72-73, 92, 113, 159, 161, 164-166, 309-310
몬테카를로 알고리즘(방식) 194-197, 222
미적분학 44-46, 52

ㅂ

바빌로니아 (수학) 16, 17, 82
반복문 24-27, 49, 67-68, 76, 83, 97-101, 106, 134
백트래킹 134-135, 163-164, 166-167, 205, 207
범죄 예측 229-234, 335
베이즈 알고리즘 236-237, 239
베이즈 정리 236, 238-241, 314
병렬 처리 55, 134, 143-144, 147
복잡도 40, 43, 67-71, 196
복잡성 337
분할정복 28, 158-161
  분할정복 방식 134-135, 157, 160
불대수 50, 55-56, 58-59
블랙박스 337
  블랙박스 사회(《블랙박스 사회》) 332-334, 345, 347
  블랙박스 시스템 336, 345-346
  블랙박스 알고리즘 320, 332-335
비지도 학습 213

ㅅ

사이버네틱스(적)(《사이버네틱스》) 60-62, 199-200, 226, 228, 283, 311, 320
《산반서》 38, 42-43
설명 가능한 인공지능 234
수열 38-43, 52
숫자 체계 38
신경망 56, 61, 212, 215, 310-312
신유물론(적) 123, 264-269, 271, 273, 320, 342

ㅇ

알고리즘 사고 19-20, 28, 44, 52, 76, 82, 87, 94, 106, 130, 336, 363-365
암호 알고리즘 71
암호학 71
압축(하다) 59, 63-64, 66, 198
양자역학 76
언어철학 204-205, 320
에이전트 기반 모델링 264-266, 268-269, 273
엔트로피 58-64, 66-67, 70-72, 135, 185-186, 191-193
연립 방정식 30-32
연역
  역연역 309
  연역(적) 19, 310
  연역법 238
오토포이에시스 135, 185, 187-189, 191

유전자 알고리즘 135, 177-180, 184, 313
유클리드 알고리즘 18, 20-21, 24
　《원론》 18, 20, 32
유형 83, 98, 111-117, 123, 134, 170, 195,
　　254, 270, 300, 324, 349-350
윤리학 8, 19, 204, 233, 363
이드, 자아, 초자아 287-288, 290-293
이진수 18, 77
인공지능 윤리 15

제어 구조 55, 83, 97-98, 101, 134
존재론(적) 7-8, 83, 104, 127-128, 135,
　　256-258, 295, 303-305, 320, 337-
　　338
증명(된), 증명하다 19-20, 44, 47, 72-75,
　　124, 164-166, 210, 239, 359
지도학습 222
지식 그래프 300, 302, 305
지혜의 집 34

ㅈ

자기참조(적) 73, 82, 104-110, 126-127,
　　134, 149, 154-155, 187-188, 198-
　　200
자기생성적 199
자기조직(화) 79, 135, 150, 152, 154, 185-
　　188, 191
자동화된 의사결정 336
자유의지 79, 135, 177-180, 182-184,
　　233, 314
재귀(적) 19-20, 24-27, 38-41, 43, 53, 67,
　　70, 82, 104-110, 122, 128, 134, 149-
　　153, 155, 195, 205, 281-283
재귀성 26, 104, 126-127, 134, 149-156
재귀 함수 27, 108-109, 282
전일론(적) 307-308, 318
정보이론 59-60, 62-64, 67, 70-71, 186
정수론 52
정의론 229, 231-233
제네릭 프로그래밍 83, 111-114, 134

ㅊ

책임성 14-15, 230, 233-234
최대공약수 20-26
최적화 56, 68, 70, 79, 95, 113, 123, 127,
　　134, 137, 140-141, 143-144, 196,
　　222, 224-225, 239, 264, 321, 326-
　　329, 343, 349-350
　최적화 문제 41, 137
추론 알고리즘 295, 298-300, 303, 305-
　　306

ㅌ

탐욕 알고리즘 134, 137-142
튜링 기계 47, 74-76, 120-121, 123

ㅍ

파피루스 17-18
패턴 인식 212, 216, 219, 315
편향(성) 14-15, 229-232, 234, 250, 335
표상 82, 85-87, 89-90, 92, 94, 112, 123, 134, 320
프라이버시 323, 328-329, 331, 334, 339, 346-347
플랫폼 자본주의 320-321, 348-350, 352-355, 358
피보나치 수열 38-43

ㅎ

행렬 연산 144
확률 알고리즘 135, 194-195, 198, 201
회로 설계 58
힌두-아라비아 숫자 38, 42

GAN 알고리즘 287, 293

찾아보기(인명)

박신현 267
홍성욱 173

ㄱ

괴델, 쿠르트(Kurt Gödel) 72-73, 109, 149

ㄴ

네일, 토마스(Thomas Nail) 257-258
뉴먼, 막스(Max Newman) 73
니체, 프리드리히(Friedrich Nietzsche) 100-101, 131, 364

ㄷ

데닛, 대니얼(Daniel Dennett) 79, 182-184
데리다, 자크(Jacques Derrida) 14-15
데카르트, 르네(René Descartes) 8, 157
　데카르트적 273, 309-310
도밍고스, 페드로(Pedro Domingos) 307-308, 318
들뢰즈, 질(Gilles Deleuze) 131, 276

ㄹ

라이프니츠, 고트프리트(Gottfried Wilhelm
　　Leibniz) 44, 46-50
라투르, 브뤼노(Bruno Latour) 168-171,
　　173, 175, 245-249, 269-270, 276
러브레이스, 에이다(Ada Lovelace) 50-55
러셀, 버트런드(Bertrand Russell) 109-110,
　　159-161
로젠블랫, 프랭크(Frank Rosenblatt) 312
로크, 존(John Locke) 221, 227
롤스, 존(John Rawls) 231-233
루만, 니클라스(Niklas Luhmann) 149,
　　154-155, 191, 199-200
류후이(劉慈) 28
리오타르, 장 프랑수아(Jean-François
　　Lyotard) 145-148, 340
림, 대니얼(Daniel Lim) 183, 213

ㅁ

마이어쇤버거, 빅토르(Viktor Mayer-
　　Schonberger) 343, 346
마주르, 조지프(Joseph Mazur) 49
마투라나, 움베르토(Humberto Maturana)
　　187-189
매컬럭, 워렌(Warren McCulloch) 311-312
맥스웰, 제임스 클러크(James Clerk
　　Maxwell) 236
머스크, 일론(Elon Musk) 274

ㅂ

바라드, 캐런(Karen Barad) 266-267, 306
바렐라, 프란시스코(Francisco Varela) 187-
　　189
바루파키스, 야니스(Yanis Varoufakis) 354,
　　361
반 오만 콰인, 윌러드(Willard Van Orman
　　Quine) 118
배비지, 찰스(Charles Babbage) 47, 50-51,
　　54
벌린스키, 데이비드(David Berlinski) 46
베넷, 제인(Jane Bennett) 271-272
베버, 막스(Max Weber) 139
베이컨, 프랜시스(Francis Bacon) 8
볼츠만, 루트비히(Ludwig Boltzmann) 236
불, 조지(George Boole) 50, 55-56
블록, 아네르스(Anders Blok) 246

ㅅ

사르트르, 장 폴(Jean-Paul Sartre) 181, 234
섀넌, 클로드(Claude E. Shannon) 58-59,
　　62-64, 67, 70-72, 186
서르닉, 닉(Nick Srnicek) 348, 350
슈나이어, 브루스(Bruce Schneier) 357
슈뢰딩거, 에르빈(Erwin Schrödinger) 60,
　　186
스티글러, 베르나르(Bernard Stiegler) 131,
　　275-276, 279-280
스피노자, 바뤼흐(Baruch Spinoza) 19

373

시몽동, 질베르(Gilbert Simondon) 276-279

ㅇ

알 콰리즈미(Al-Khwarizmi) 34-37
옌센, 토르벤 엘고르(Torben Elgaard Jensen) 246
오닐, 캐시(Cathy O'Neil) 230-231, 235, 335
울람, 스타니스와프(Stanislaw Ulam) 79
울프램, 스티븐(Stephen Wolfram) 15-16
위너, 노버트(Norbert Wiener) 60-63, 151, 226-227
윅스퀼, 야콥 폰 (Jakob von Uexküll) 189-190
윌키스, 모리스(Maurice Wilkes) 55
유클리드(Euclid) 18-22, 24, 32, 316-317
육후이(Yuk Hui) 128, 149, 151-153, 197, 199-200, 280-283, 303-304, 336-337

ㅈ

자카르, 조제프 마리(Joseph Marie Jacquard) 50
주보프, 쇼샤나(Shoshana Zuboff) 334, 348, 355

ㅊ

차머스, 데이비드(David Chalmers) 284-285
처치, 알론조(Alonzo Church) 121-123

ㅋ

카뮈, 알베르(Albert Camus) 177-178
캐럴, 루이스(Lewis Carroll) 110
코헛, 하인츠(Heinz Kohut) 292
콘웨이, 존(John Conway) 79, 183-184
쿠키어, 케네스(Kenneth Cukier) 343, 346
쿤, 토마스(Thomas Kuhn) 237, 244, 247
클라우지우스, 루돌프(Rudolf Clausius) 59
클라인, 멜라니(Melanie Klein) 292
클라크, 앤디(Andy Clark) 284-285

ㅌ

튜링, 앨런(Alan Turing) 47, 72-76, 120-121, 123, 210-211

ㅍ

파스콸레, 프랭크(Frank Pasquale) 333, 336, 345, 347
포퍼, 칼(Karl Popper) 242-244
폰 노이만, 존(John von Neumann) 76-79

푸코, 미셸(Michel Foucault) 145
플로이드, 로버트(Robert Floyd) 205, 207, 210
피보나치(Fibonacci)(본명 레오나르도 피사노) 38-43, 56
피츠, 월터(Walter Pitts) 311-312
핀버그, 앤드루(Andrew Feenberg) 245

ㅎ

하먼, 그레이엄(Graham Harman) 256, 260
하이데거, 마틴(Martin Heidegger) 140-141, 152, 261-263
헤겔, 프리드리히(Georg Wilhelm Friedrich Hegel) 149-150, 152, 301
호프스태터, 더글러스(Douglas Hofstadter) 109, 149, 153-154
흄, 데이비드(David Hume) 180-181, 221, 224-225, 227, 315

알고리즘으로 철학하기
코드 너머의 사유, 기술과 존재를 잇다

초판 1쇄 발행	2025년 4월 30일
초판 2쇄 발행	2025년 11월 27일
지은이	변정수
펴낸곳	이상북스
펴낸이	김영미
출판등록	제313-2009-7호(2009년 1월 13일)
주소	03711 서울특별시 서대문구 가재울미래로 2, 108-1102
전화번호	02-6082-2562
팩스	02-2178-9108
이메일	klaff@hanmail.net

ISBN 979-11-94144-07-6   03100

- 책값은 뒤표지에 표기되어 있습니다.
- 파본은 구입하신 서점에서 교환해 드립니다.
- 이 책의 전부 또는 일부 내용을 재사용하려면 반드시 저작권자의 사전 동의를 받아야 합니다.